KB012327

새로운 세대를 위한

● 일러두기

- 이 책은 민족문화추진회에서 간행한 《삼국유사》를 저본으로 삼아 엮어 옮긴이가 그
  일부를 발췌하고, 가급적 누구나 이해하기 쉽도록 풀어 옮기되 원문의 내용과 문맥을
  충실히 따랐다. 다만 필요에 따라서는 엮어 옮긴이의 설명이나 해석을 첨언하기도 하
  였다.
- 원문에 오기가 있는 경우는 아예 올바르게 고치거나 ( ) 안에 올바른 한자를 밝혔으며,
  엮어 옮긴이가 독자의 이해를 돕기 위해 부가한 말과 원문과 역어가 다른 말은 [ ] 안
  에 넣었다. 그리고 원본의 체제에 의거하여 일연이 쓴 원주나 부연 설명도 괄호 안에
  넣었다.
- 역주는 본문 하단에 실었으며 가능한 한 그 출전을 밝혔다.
- 맞춤법과 띄어쓰기는 한글맞춤법을 따랐고 외래어는 외래어표기법을 따랐다.
- 단행본은 《 》, 개별 작품이나 논문은 〈 〉로 표시했다.

三國
遺史

새로운
세대를
위한

삼국
유사

인문학적 상상력을 키워주는 우리 인물 이야기

일연 지음
김원중 엮어 옮김

Humanist

차례

3장　불교 전파에 기여한 승려들

4장 　승려들의 신통력과 기이한 이야기

5장 　인간과 귀신의 세계를 넘나든 사람들

6장　　재치와 지혜가 담긴 이야기

7장 진실한 마음을 다룬 이야기

《삼국유사》는 역사서요, 민속학의 보고이며, 우리 고대사의 모든 것을 간직하고 있는 소중한 유산이다. 민족의 탄생 과정에 얽힌 신화가 들어 있고, 불교를 주축으로 한 승려 이야기가 많으며, 민간의 설화를 바탕으로 한 내용도 있다. 향가 14수가 수록되어 있어 한국 고대 문학의 실증적 가치를 지닌 문헌이기도 하다.

무엇보다 어디를 펼쳐 보아도 흥미진진하게 읽힌다. 우리 고대사의 흥망성쇠를 다룬 부분도 신화와 전설, 그리고 유사(遺事)를 바탕으로 쓴 것이기에 잘 읽힌다. 불교 이야기와 고승들의 이야기, 탑과 불상에 관한 이야기나 신도들의 이야기 등 신비롭고 기이한 내용들이 많아 굳이 노력하지 않더라도 없이 술술 읽힌다. 일연은 역사가가 아니라 절에서 한평생을 보낸 승려이기에 이야기 형식을 통해 우리 민족의 이야기를 전해 주려 하였다.

50만여 독자의 사랑을 받은 2002년 MBC '느낌표 선정 도서'《삼국유사》(완역본)를 재분류해서 새로운 세대가 쉽고 편하게 읽을 수 있도록 이 책을 만들었다.《삼국유사》의 이야기를 가려 뽑아 평이한 어투로 바꾸는 작업을 하면서 절대로 원전의 의미를 훼손시키거나 곡해하지 않겠다는 원칙을 세우고 지키려 했다. 원전의 테두리 안에 머물면서 그 의미를 해치지 않는 선에서 문장의 결을 손보았고, 때로는 풀어쓰고자 했다.

　이렇게 하여 2012년에《김원중 교수의 청소년을 위한 삼국유사》를 출간하였는데, 이 책은 그 개정판이다. 초판의 전체 구성은 유지하면서도, 각주의 내용을 보완하고 본문에서 의미가 다소 불분명한 곳이나 거친 표현 등을 세세하게 다듬었다. 그리고《삼국유사》와 지은이 일연에 관한 해제를 새롭게 추가하여 독자의 이해를 돕고자 했다.

　이 모든 과정에는 일연이라는 탁월한 재담꾼의 이야기에 좀 더 많은 사람들이 쉽게 접근할 수 있기를 바라는 마음이 자리 잡고 있다. 이 책을 읽고 독자 여러분이《삼국유사》를 이해하는 데 조금이라도 도움을 받을 수 있다면 다행이겠다.

　불광불급(不狂不及), 미치지 않으면 이루어지는 일은 없는 법이다.

2017년 6월
죽전의 연구실에서
김원중

1. 다채로운 성격을 지닌 민속학의 보고

《삼국유사》는 참 다채로운 성격을 지닌 작품이다. 행간에서 작가의 숨결이 느껴지는 문학 작품인 동시에 나라의 건국과 인류의 기원을 다룬 신화의 성격을 띠고 있다. 또 세상에서 일어난 여러 가지 기이한 사건을 집대성한 기서(奇書)이자, 불교와 승려의 이야기를 많이 담고 있는 불교 설화집이기도 하다. 그런 한편 백성들의 일상적인 모습을 담은 보통 사람들의 소박한 이야기책 역할도 하고 있다. 우리나라 고대 왕조의 성립과 그 흥망성쇠를 서술한 역사서이면서 민족의 탄생 과정과 함께 왕과 귀인, 고승과 일반 서민에 이르기까지 다양한 사람들의 이야기가 모두 들어 있는 것이다. 그러니《삼국유사》의 어디를 펼쳐 읽든 소설보다 재미있을 수밖에 없다. 제1권의 〈고조선〉 조(條)에 나오는 곰과 호랑이 이야기만 보더라도, 곰이 여자의 몸으로 태어나 웅녀가 되었고 그녀가 환웅과 결혼하여 단군왕검을 낳았다는 내용은 현실성이 떨어지는 한 편의 신화이지만 여기에는 우리 민족의 숨결이 담겨 있다.

지은이 일연은 김부식이 《삼국사기》에서 유학적 관점을 내세워 우리 민족의 자주성과 주체성을 폄훼하고 있다는 문제의식을 가지고 있었다. 그래서 그는 《삼국유사》에서 자신이 가장 잘 알고 있는 불교문화를 위주로 다양한 인간들의 삶의 모습을 문화적 관점에서 재해석하고자 하였다. 이 작업을 통해 우리 민족의 자존심을 세우고, 중화제일주의 시각이 담긴 《삼국사기》에 대한 비판적 대안을 제시하고자 한 것이다. 이런 의도에서 그는 소신을 가지고 '고조선'을 우리 역사의 정통으로 삼았으며, 이를 마한이 계승한 것으로 확대했다. 우리나라 상고대의 국가 계승 체계를 확립해, 삼국이 성립되고 통일 신라 시대를 거쳐 후삼국의 통일이 고려 건국으로 이어지게 하려는 의도를 가지고 있었던 것이다.

《삼국유사》는 우리 민족의 탄생과 성쇠 과정뿐만 아니라 주류 역사서에서는 찾아보기 어려운 민간의 설화와 신화, 불교와 민속 신앙 등이 망라된 민속학의 보고이다. 특히 향찰로 표기된 〈혜성가〉 등 14수의 신라 향가는 한국 고대 문학을 실증하는 절대적 가치를 지닌다. 그렇기에 육당 최남선 역시 《삼국유사》를 《삼국사기》보다 우위에 두지 않았을까?

2. 일연, 희대의 탁월한 이야기꾼

1206년 장산군에서 태어난 일연의 원래 이름은 성은 김(金), 이름은 밝은 것을 본다는 의미의 견명(見明)이었다. 처음 승려가 되어서는 회연(晦然)이라는 이름을 썼으나 말년에 일연(一然)으로 이름을 바꿨다. 일연은 일찍 아버지를 여의고 아홉 살 때 어머니의 손에 이끌려 광주의 무량사(無量寺)로 들어가 공부를 하였다. 열네 살에 승려가 되기 위해 강원도 양양의 진전사(陳田寺)로 들어가는 등 그의 공부 편력은 지속되었다. 그는 스물두 살 때 승과 시험에 응시하여 장원급제를 했을 정도로 명석한 두뇌의 소유자였다. 관운이 따라 마흔네 살에 남해 정림사(定林寺)의 주지로 초빙되었고, 이를 계기로 왕명을 받아 주요 불사(佛事)를 주관했을 뿐 아니라 수행과 불법을 펼치는 데에도 정성을 다했다. 만년의 나이인 일흔다섯 살 때 왕명에 따라 청도의 운문사(雲門寺)로 옮겼고 잠시 국사(國師)에 책봉되기도 했을 정도로 고려 불교계에서 상당히 높은 위상을 갖고 있었다. 효성이 지극하여 연로한 어머니를 모시기 위해 왕의 만류에도 일흔아홉 살에 인각사(麟角寺)로 거처를 옮겼고, 그곳에서 《삼국유사》를 완성했다. 세상을 떠날 때는 제자들과 선문답(禪門答)을 나눈 뒤 손으로 금강인(金剛印)을 맺고 입적했으니 그의 나이 여든 넷이었다. 시호는 보각(普覺)이며, 인각사에 그의 탑과 비석이, 운문사에 행적비가 아직도 남아서 그의 얼을 기리고 있다.

3. 한국 고대 문화를 종합한 문화유산

'권 제1'은 〈왕력(王曆) 제1〉과 〈기이(紀異) 제1〉을 수록하고 있다. 고조선, 삼한, 부여, 고구려, 통일 이전의 신라 등 고대 국가의 흥망성쇠를 다룬 다양한 신화와 전설에 관한 유사(遺事) 36개의 이야기를 모았다. '권 제2'는 〈기이 제2〉를 수록하고 있는데, 통일 신라의 문무왕부터 마지막 임금인 경순왕까지의 신라 왕조와 백제, 후백제, 가락국 등 25편의 유사를 여기에 담았다. '권 제3'은 〈흥법(興法) 제3〉과 〈탑상(塔像) 제4〉를 수록하고 있다. 〈흥법 제3〉에는 신하 중심의 불교 이야기와 고승들의 기이한 행적 등을 서술한 일곱 편의 이야기가 있고, 〈탑상 제4〉에는 탑과 불상에 관한 이야기가 있는데 30편이나 된다. '권 제4'는 〈의해(義解) 제5〉를 수록하고 있는데, 고승들의 행적을 중심으로 14편의 이야기가 펼쳐진다. 마지막 '권 제5'는 〈신주(神呪) 제6〉, 〈감통(感通) 제7〉, 〈피은(避隱) 제8〉, 〈효선(孝善) 제9〉를 수록하고 있다. '권 제5'에는 모두 28편의 유사가 수록되어 있는데, 〈신주 제6〉에는 밀교 등과 관련된 이야기 3편이, 〈감통 제7〉에는 신도들이 부처와 영적 교감을 나눈 신비롭고 기이한 이야기 10편이 있다. 〈피은 제8〉에는 세상을 피해 은둔한 고승들의 이적이 10편 수록되어 있으며, 〈효선 제9〉에는 효도와 선행 등에 관한 아름다운 이야기가 수록되어 있다.

이러한 이야기들은 우리가 아는 역사와 다르다. 일연이 역사가가 아닌 승려였다는 점과 그가 영남 지방을 중심으로 활동했다는 점을 고려할 때,《삼국유사》가 신라와 불교 중심의 이야기가 되는 것은 필연이라

할 수 있다. 그렇기에 '유사(遺事)'라는 제목을 붙이지 않았던가. 제목이 암시하듯, 신라가 아닌 다른 나라의 기록에는 소홀한 편이며 인용한 전적에 더러 문제가 있고 잘못 기록된 것들도 있다. 그럼에도 일연의 신분과 당대 상황을 종합해 볼 때 이런 수준의 책이 나왔다는 것은 대단히 경이로운 일이다. 고대까지 추적하여 성씨, 지명, 신앙, 사상 등을 종합적이고 체계적으로 정리하여 상당한 식견을 보여 주었다는 점에서 한국 고대의 사회와 문화를 알 수 있는 소중한 문화유산이다.

4. 《삼국유사》의 다양한 주인공들과 불교 사상

일연이 활동한 당시는 무신 정권과 몽골의 침탈 등 나라의 정세가 어수선하고 불안정한 상황이었다. 이러한 역사적 맥락에서 일연은 오랜 기간 수집하고 연구해 온 자료들을 '역사의 설화화, 설화의 역사화'라는 치밀한 구도를 가지고 철저히 자신의 시각에서 정리하여 우리 민족의 뿌리를 일깨워 주고자 했던 것이다.

53년간 재위한 진평왕을 논하면서 하늘이 내려 준 옥대를 받은 '천사옥대(天賜玉帶)' 이야기 하나로 정리해 버리는 그의 촌철살인 기술법이라든지, 일반 서민이나 지위가 낮은 스님 등을 이야기의 중심으로 끌어들여 그들의 시각에서 바라본 세계를 과감하게 그려 넣는 시도는 자유롭고 개성적인 상상력으로 완전무장한 탁월한 이야기꾼의 면모를 가감 없이 보여 준다.

이러한 일련의 이야기는 일연의 철저한 역사 인식에 바탕을 둔 서술이기에 그저 만록(漫錄) 수준으로 폄하해서는 곤란하다. 물론, 불교 관련 이야기가 지나치게 많고 객관성이 부족하다는 비판을 받을 수도 있다. 그러나 당시는 불교의 중흥기였기에 불교 편향은 어느 정도 피할 수 없었을 것이다. 《삼국유사》에는 승려들의 비화가 적지 않다. 외래 종교인 불교가 전파되는 과정에서 문화적 충돌을 피하지 못하고 상당한 난관이 발생했다. 우리에게 널리 알려진 이차돈의 이야기가 대표적이다. 신라의 승려로서 한국 불교 사상 최초의 순교자로 기록된 이차돈은 죽을 때 기적이 일어나 신라 불교사의 전설적 인물이 되었다. 중국 유학을 다녀와 신라 불교를 부흥시킨 원광 법사는 중국과 한국의 불교 발전에 획기적인 공을 세운 고승이다. 일연은 불교를 전파하고 정착시키는 데 기여한 이야기들을 통해 대중이 자연스럽게 불교를 믿게 되거나 조상들의 정신과 숨결을 불교적 삶에서 찾을 수 있게 되기를 의도했을 것이다.

5. 우리 민족의 살아 숨 쉬는 얼을 느끼다

《삼국유사》에는 인간 세계와 귀신의 세계를 넘나든 사람들의 이야기도 있다. 어디까지가 진실이고 어디까지가 거짓인지 구분하기 어렵고, 이야기 속 주인공들이 실제로 그런 신통력을 가지고 있었는지 의문이 들기도 한다. 그렇지만 《삼국유사》를 우리 선조들의 상상력과 지혜의 보따리로 본다면 요즘의 판타지 소설 못지않게 흥미로울 것이다. 고조선, 단군왕검, 홍익인간 등 우리 민족의 고유한 얼이 스며들어 있는 《삼국유사》는 한국인의 정체성을 가장 확고히 담은 우리 모두의 책이요, 세계의 문화유산인 것이다.

《삼국유사》의 이야기들은 다소 황당하고 설득력이 떨어질지라도 대체로 세상을 아름답고 윤기 있게 바꾸는 모티브를 제공한다는 점에서 범세계적인 확장 가능성을 지닌다. 내용들이 허황되고 믿기 어렵다는 부정적인 평가도 있으나, 조선 초기부터 많이 인용되고 간행과 유통도 활발하게 진행되어 왔다는 점에서 《삼국유사》의 가치는 이미 충분히 입증됐다고 볼 수 있다. 맛깔스러운 어투와 인문학적 상상력이 일연의 역사의식과 어우러지면서 《삼국유사》는 무궁무진한 이야기들의 보고이자, 우리 문화의 원형 콘텐츠의 산실로 평가되고 있다.

관례처럼 무서운 것도 없다. 기존의 방식을 따르면 무리 없이 넘어가고 순탄한데, 굳이 나름의 잣대에 따라 재해석하고 재평가하면 봉변이 따라올 수도 있지 않은가? 이런 면에서, 관례에서 벗어나 우리의 역사를 대등하게 바라보려는 점이 《삼국유사》의 가치와 그 위대함을 입증한다. 새로운 세대들이 《삼국유사》를 읽어야 하는 이유가 바로 여기에 있다. 고대 사료의 원형을 그대로 읽는 것이 아니라, 일연이라는 탁월한 이야기꾼이 재현한 우리 고대의 총체적인 문화적 숨결 속에 존재하는 우리 민족의 살아 숨 쉬는 얼을 느끼는 것이다.

1장

—

나라를 세운
주인공들

1장은 우리의 자랑스러운 민족 문화를 알려 주는 내용을 담았다. 민족의 뿌리를 찾아 떠나는 이번 여행은 이 땅에 우리 역사를 있게 한 시조 단군왕검 그리고 거기서 다시 갈려 나간 개별 왕국의 시조에 대한 이야기들이다.

단군왕검은 곰 여인의 아들로, 어머니의 피나는 인내 끝에 태어난 자식이다. 단군왕검은 평양성에 도읍을 정해 '조선'이라는 이름으로 나라를 세웠고 다시 아사달로 천도해 1,500년 동안 나라를 다스렸다. 단군왕검의 탄생 신화에서 특히 사람이 되고 싶었던 곰과 호랑이의 이야기는 우리 민족의 은근과 끈기라는 측면에서 눈여겨보아야 할 부분이다.

주몽 이야기는 열두 살 나이에 고구려를 세운 시조 주몽의 설화를 다루고 있다. 주몽은 어머니 유화가 낳은 알에서 태어났는데 사람이 알을 낳았다는 것도 그렇지만, 개와 돼지를 비롯하여 어떤 짐승들도 그 알을 먹어 치우지 않고 들판에 버려도 오히려 잘 품고 보살펴 그 안에서 사람이 태어났다는 대목은 그의 탄생 자체가 범상치 않았다는 것을 의미한다. 동시에 힘겨운 탄생 과정을 거쳐 열두 살의 나이에 나라를 세운 시조가 있었기에 고구려가 중국의 수나라나 당나라와 자웅을 겨루며 드넓은 만주를 차지할 정도로 국력이 강해진 것이라고 주장하고자 하는 지은이의 의도도 담겨 있다.

이와 비슷하게 박혁거세(朴赫居世) 역시 여섯 고을 촌장들이 우물가에 웅크리고 있는 말 곁에서 발견한 알에서 태어난 신비한 소년이었다. 그는 커다랗고 둥근 박과 같은 알에서 태어났기 때문에 박씨라는 성을 얻었다. 그의 이름인 혁거세에는 해와 달이 밝게 빛나고 온갖 새와 짐승들이 축복하는 가운데 태어났다는 의미가 담겨 있다. 박혁거세는 무려 61년간이나 나라를 다스렸고 결국 천년 왕국 신라의 기초를 다진 시조가 되었다.

금와(金蛙)는 글자 그대로 금빛 개구리 같이 생긴 아이라 이런 이름을 받았다. 그는 아들이 없었던 해부루의 뒤를 이어 동부여의 왕이 되었다. 가야를 세운 김수로는 여섯 개의 알들 중 첫 번째로 알에서 나와 왕의 자리에 올랐고 그 외 나머지 다섯 아이들은 다섯 가야의 왕이 되었다. 빛을 내는 황금 궤짝에서 나온 경주 김씨의 시조 김알지는 왕위에 오르지는 못했지만 그 후손인 미추가 신라의 왕이 되었다.

지렁이의 아들로 후백제를 세웠다는 견훤의 이야기는 황당하고 허황된 소리로 들린다. 유언비어로 신라의 선화 공주를 꾀어내 결혼에 성공한 서동의 이야기는 미소를 머금게 만든다. 국가와 신분을 초월한 지고 지순한 사랑 이야기다.

이런 이야기들은 우리가 살고 있는 이 '현재'라는 시간과 공간이 주몽이나 박혁거세, 김알지 등 수많은 시조들로 인해 존재할 수 있었다는 사실을 일깨워 준다.

그렇다면 우리는 이런 이야기들을 읽을 때, 아니 《삼국유사》에 등장하는 단군왕검의 신화를 읽을 때 과연 어떤 것을 염두에 두어야 하는가? 그것은 바로 《삼국유사》와 그 안에 등장하는 이야기들이 우리의 뿌리와 민족주의의 근거, 더 나아가 사대주의나 중화사상 혹은 동북공정과 같은 거창한 제국의 논리에 맞서는 대안이 될 수 있는 일차적 문헌이라는 점이다. 이와 비슷하게, 중국의 사성 사마천도 《사기본기(史記本紀)》의 첫머리에서 신화와 전설 속 인물들인 오제¹를 중국인의 조상으로 내세워 황제의 자손이니 염황의 자손이니 하지 않았던가?

우리는 왜 《삼국유사》를 지금 다시 읽어야 하는가? 《삼국유사》에서 다루는 시조들의 탄생 과정이나 건국 이야기들을 그저 기이한 옛이야기로만 생각한다면 《삼국유사》를 제대로 읽었다고 말할 수 없다. 뒤이어 2장에서 다루어 보겠지만, 특정한 왕과 그 왕이 다스리던 시기에 일어났던 특징적인 사건들을 묶어 기술하는 일연의 방식은, 김부식이 《삼국사기》에서 다룬 정사의 틀에서 벗어나 그 나름의 일목요연함을 갖추고 '유사(遺事)'라는 책 제목에 걸맞은 사건들을 수록하겠다는 의식에

----

1   중국 고대 전설에 나오는 다섯 성군(聖君)으로 소호(少昊), 전욱(顓頊), 제곡(帝嚳), 요(堯), 순(舜)을 말한다. 소호 대신 황제(黃帝)를 넣기도 한다.

서 비롯한다. 그러므로 이것을 단순히 '야사'라고 폄하해 버린다면 우
리 민족의 문화유산으로서 《삼국유사》가 지닌 상당한 가치를 우리 스
스로 훼손하는 어리석음을 범하는 일이 될 것이다.

고조선을 세운 곰 여인의 아들

단군왕검

아득한 옛날, 하늘 나라에 살던 천제(天帝) 환인(桓因)의 여러 자녀 가운데 환웅(桓雄)이란 아들이 있었다고 한다. 환웅은 비록 하늘 나라에서 살았지만 하늘 아래 펼쳐진 인간 세상에 남다른 관심이 있었고, 언젠가 세상에 내려와 사람들을 다스려 보고 싶다는 마음이 생겼다.

아들의 이런 생각을 알게 된 아버지 환인은 아들 환웅을 세상에 내려보내기로 했다. 그러던 어느 날 하늘 아래를 내려다보다가 삼위태백(三危太伯)[2]이란 장소를 발견했다. 그곳엔 높은 산봉우리 세 개가 우뚝 솟아 있었고, 산과 땅의 모습이 무척 아름다워 사람들을 널리 이롭게 할

---

2 '삼위'는 《서경》에 나오는 산 이름이며, '태백'은 그중 하나다. '삼위태백'을 고운기는 '세 봉우리가 솟은 태백산'이라 해석했고, 이병도는 '삼고산(三高山)'이라고 풀이했다.

[홍익인간(弘益人間)] 만한 마땅한 장소로 여겨졌다.

환인은 하늘 나라에서 천하를 다스리기 위해 내려왔다는 징표인 천부인(天符印) 즉 거울, 칼, 방울 세 가지 신물(神物)을 아들 환웅에게 주었고, 환웅은 이것과 인간 세상을 다스리는 데 필요한 무리 3,000명을 거느리고 태백산 꼭대기에 있는 신단수(神壇樹)[3] 아래로 내려왔다. 환웅은 처음 정착한 이곳에 신시(神市)라는 이름을 붙였다.

환웅은 자신의 통치를 도와줄 바람의 신[풍백], 비의 신[우사], 구름의 신[운사]을 거느리고 인간 세상에 내려와 농사, 목숨, 질병, 벌, 선행과 악행 등 인간 세상에서 벌어지는 360여 가지 일을 직접 챙기면서 사람들을 다스려 나갔다.

모든 것이 평화롭게 잘 다스려지고 있었다. 당시 태백산에는 곰 한 마리와 호랑이 한 마리가 산 깊은 곳 동굴에서 살고 있었는데, 곰과 호랑이는 인간들의 사는 모습이 자신들의 삶과는 사뭇 다르다는 사실을 깨달았다. 인간 세상이 몹시 부러웠던 그들은 어느 날 환웅을 찾아가 자신들도 사람이 되어 함께 살 수 있도록 해 달라고 부탁했다.

환웅은 처음엔 이들의 부탁을 별로 대수롭게 여기지 않았다. 그러나 시간이 흘러가면서 이들의 행동이 일시적 충동이 아님을 알게 되었다. 마침내 이들의 간절한 소원을 갸륵하게 여긴 환웅은, 신령스러운 쑥 한 다발과 마늘 스무 쪽을 주면서 말했다.

"사람이 되고자 한다면, 이 두 가지만 먹으며 100일 동안 햇빛을 보

---

3   환웅이 처음 하늘에서 그 밑으로 내려왔다는 신성한 나무.

지 않고 견뎌 낼 수 있겠느냐? 그러면 너희들 소원대로 사람의 모습을 얻으리라."

곰과 호랑이는 무척 기뻐했고, 서로 잘 견뎌 인간이 되자고 굳게 맹세하고는 동굴 속에 틀어박혀 쑥과 마늘을 먹기 시작했다. 언젠가는 꼭 사람의 몸으로 태어날 것을 믿었던 것이다.

하지만 호랑이는 채 며칠이 지나지 않아 환웅의 말을 의심했고, 참을성이 부족해 결국 동굴 밖으로 뛰쳐나가 버렸다. 이렇게 해서 호랑이는 인간이 되지 못했지만, 곰은 말없이 쑥과 마늘을 먹으며 환웅의 말을 따랐다.

곰이 동굴에서 쑥과 마늘을 먹은 지 삼칠일(三七日)[4]이 되는 날이었다. 갑자기 곰의 몸이 여자의 몸으로 변하기 시작했다. 곰은 환웅의 말처럼 자신의 소원이 이루어졌음에 무척 기뻐했고, 인간이 된 그녀는 곰의 정기를 타고났기에 '곰의 여인'이란 뜻에서 웅녀(熊女)라는 이름으로 불렸다.

그런데 사람이 된 웅녀에게 새로운 바람이 생겼다. 이왕 여자로 태어났으니 남자와 결혼하여 아이를 낳아 가정을 이루고 싶다는 마음을 갖게 된 것이었다. 하지만 주변 사람들을 아무리 살펴보아도 자신과 결혼할 마땅한 짝을 찾을 수 없었다.

웅녀는 다시 기적을 바라며 날마다 신단수 아래에서 "아이를 가질 수

---

4   '세이레'라고 하며, 21일을 가리킨다. 민속에서 아이가 태어난 후 스무하루 동안은 몸을 각별히 삼가야 함을 이르는 등 무척 중요하게 여기는 기간이다.

있게 해 주세요."라고 간절히 빌었다. 너무도 애처롭게 비는 웅녀의 모습을 지켜본 환웅은 문득 한 가지 결심을 하게 된다. 자신이 잠시 사람으로 변해 웅녀를 아내로 맞아들여야겠다고 생각한 것이다.

마침내 환웅과 웅녀가 혼인을 하게 되었고, 둘 사이에 늠름한 아들이 태어났으니 이분이 바로 우리가 민족의 시조(始祖)로 받드는 태초의 임금, 단군왕검(檀君王儉)이다.

세월이 흘러 어른이 된 단군왕검은 요(堯)임금[5]이 나라를 다스리기 시작한 지 50년이 되던 해에 평양성(平壤城)에 도읍을 정하고, 나라 이름을 조선(朝鮮)[6]이라고 명했다. 이후 기원전 2333년이 되던 해에 도읍을 백악산 아사달(阿斯達)[7]로 옮겼다.

아사달은 다른 이름으로 궁홀산(弓忽山) 혹은 금미달(今彌達)이라고도 하는데, 단군왕검은 이곳에서 1,500년 동안 나라를 다스렸다고 한다. 하지만 당시 한창 세력을 확장해 가던 중국 주(周)나라[8]의 무왕(武王)이 왕위에 오르던 해에 은(殷) 왕조의 후예인 기자(箕子)[9]를 조선의 왕으로 삼았다. 이에 당시 나라의 기틀을 잡아 가던 단군은 황해도의

5 　중국 태고 시대의 임금으로, 흔히 태평한 시대를 가리켜 요순시대(堯舜時代)라 하는데 요임금과 순임금이 덕으로 천하를 다스리던 시대를 말한다.

6 　훗날 이성계가 세운 조선과 구분해 옛 조선이란 뜻으로 '고조선'이라 부른다.

7 　단군이 고조선을 개국할 때의 도읍지. 지금의 평양 부근 백악산 또는 황해도 구월산 일대이다.

8 　주나라는 은나라를 멸망시킨 무왕이 건국한 나라로, 기원전 1046년에서 기원전 770년까지 중국을 지배했다.

9 　기자 조선(箕子朝鮮)의 시조. 기자 조선은 은나라가 망한 후 기자가 고조선에 망명하여 세운 나라라고 하는데, 현재 학계에서는 그 실재를 부정하고 있다.

장당경(藏唐京)이라는 곳으로 도읍을 옮겨 갔으며, 이후 아사달로 돌아와 살다가 산신(山神)이 되었다. 이때 단군왕검의 나이가 무려 일천구백여덟 살이었다고 한다.

중국의 역사책《위서(魏書)》[10]에도 이와 관련된 기록이 보인다.

"지금으로부터 2,000년 전에 단군왕검이 아사달에 도읍을 정하고 나라를 열었으니 조선이라고 불렀다. 이때는 바로 중국의 요임금과 같은 시기이다."

◇◇

◤ 한 걸음 더

단군 신화 | 《삼국유사》의 〈고조선〉 조에 등장하는 우리 민족의 시조가 된 단군의 이야기다. 사마천이 《사기》 〈본기〉의 첫머리에서 삼황오제를 중국인들의 조상으로 내세운 것과 유사한 방식을 취한 것이다. 일연은 《삼국유사》에서 이 이야기를 통해 기자 및 위만 조선 등에 관해 서술하여 우리 민족이 4,000년 역사를 가졌다는 사실을 다시 한 번 강조하였다.

신시 | 환웅 천왕(天王)이 태백산 신단수 아래 인간 3,000명을 거느리고 와서 세운 도시이며 고조선의 건국지이다. 상고 시대 신정 사회의 부족 거주 지역이었다. 신시가 현재의 어느 지방인지는 확정적으로 말할 수 없다. 신시는 단군왕검의 대에서 그 역사가 끝나며, 후대에 신성시된 소도(蘇塗) 등은 신시라고 할 수 없다.

---

10   중국 북제(北齊) 때에, 위수(魏收)가 황제의 명에 따라 편찬한 북위(北魏)의 역사책.

웅녀 | 한국 고대 사회의 개국 신화 가운데 천지양신족설(天地兩神族說)의 한 형태로서 환웅을 천신(天神)으로, 웅녀를 지신(地神)으로 신격화한 토테미즘에서 나온 것이라고 보는 견해가 유력하다. 곰[熊]을 고마(固麻) 또는 개마[예맥(濊貊)] 종족의 음사(音寫)로 보는 설도 있다.

풍백(風伯)·우사(雨師)·운사(雲師) | 바람과 비, 구름을 다스리는 하늘의 신. 풍백과 우사는 사마천의 《사기》에도 등장한다.

환웅 | 천제자(天帝子)·천왕·천왕랑(天王郎)이라고도 한다. 천제인 환인의 서자(庶子)이며 단군의 아버지이다.

02

열두 살 나이에 고구려를 세우다

주몽

고구려(高句麗)의 나라 이름은 처음엔 졸본부여(卒本扶餘)였다. 고구려를 세운 동명성왕(東明聖王)[11]은 성이 고씨(高氏)이고 이름은 주몽(朱蒙)이었다. 주몽의 탄생과 고구려 건국에 얽힌 이야기는 이러하다.

당시 북부여의 왕이었던 해부루(解夫婁)는 천제의 명령으로 동부여로 피해 가서 살았다. 해부루는 아들이 없어 이 자리를 금와(金蛙)[12]가 이어받았다.

---

11 고구려의 시조 주몽 또는 추모(鄒牟)를 높여 부르는 명칭. 재위 기간은 기원전 37년~기원전 19년이다.
12 동부여의 왕. 부여 왕 해부루가 늦도록 자식이 없어 기도를 드리던 중 곤연(鯤淵)에 이르러 큰 돌 밑에서 온몸이 금빛으로 빛나는 개구리 모양의 아이를 발견하고는 '금와'라고 이름 짓고 태자로 삼았다.

어느 날 금와가 태백산 남쪽의 우발수(優渤水)라는 강을 지날 때였다. 매우 아리따운 여인이 강변에서 울고 있는 것이었다.

"웬 여인이 어인 일로 그리 슬피 울고 있는가?"

왕의 물음에 여인이 울음을 그치고 대답했다.

"저는 북부여의 물의 신 하백(河伯)[13]의 딸로 이름은 유화(柳花)라고 합니다. 어느 화창한 날, 동생들과 함께 놀러 나왔는데, 웬 남자가 나타나 자신이 하늘 나라 임금의 아들 해모수라고 하면서 웅신산(熊神山) 아래 압록강 가에 있는 집으로 저를 데려가 정을 통했습니다. 그러고는 저를 버리고 떠나가선 돌아오지 않았습니다. 부모님은 제가 혼인도 하지 않은 채 낯선 남자를 따라가 함부로 정을 통한 것을 알고 노발대발하여 이곳으로 귀양을 보냈습니다."

아무래도 평범한 여인이 아니다 싶었던 금와 왕은 그녀를 궁궐로 데려왔다. 그리고 사람들의 눈에 띄지 않는 궁궐의 외딴곳에 거처를 마련해 주고 시중드는 사람들에게 유화를 잘 지켜보도록 했다.

어느 날 유화에게 신기한 일이 생겼다. 따사로운 햇빛이 유화가 머물고 있는 어두운 방 안을 환하게 비추었다. 그런데 유화가 햇빛을 피하는데도 햇빛이 자꾸 따라다니며 비추는 것이었다. 더욱 신기한 일은 그 뒤로 유화의 배가 점점 불러오더니 열 달이 되자 알을 하나 낳은 것이었다. 알은 크기가 무려 닷 되들이쯤 되었다.

---

13 주몽의 외조부. 전설상의 인물로, 주몽의 어머니 유화가 해모수와 사통(私通)하자 이를 벌하여 태백산 남쪽의 우발수로 내쫓았다고 한다.

사람의 몸으로 알을 낳은 유화를 보자 금와 왕은 그녀를 궁궐로 데리고 온 것을 후회했다. 그렇다고 이제 와서 다시 내쫓아 버릴 수도 없는 노릇이었다. 금와 왕은 왠지 꺼림칙하여 알을 개와 돼지에게 던져 주라고 명했다. 그런데 그 어떤 짐승도 이 알을 먹지 않았다. 이번에는 알을 다시 길가에 내다 버렸다. 하지만 이번에도 길을 지나는 소나 말이 하나같이 그 알을 피해 다니는 것이었다. 금와 왕은 더욱 이상한 생각이 들어 알을 새와 짐승이 먹도록 거친 들판에다 버렸다. 그러자 새들이 알에 다가와 오히려 깃털로 덮어 주는 것이었다. 왕은 이 알을 그냥 두어서는 안 된다고 생각하고는 깨뜨려 버리려고 했지만 너무 단단해 도무지 깨지지 않았다. 이러지도 저러지도 못한 금와 왕은 결국 알을 유화에게 되돌려 주었다.

유화는 돌려받은 알을 천으로 부드럽게 감싸 따뜻한 곳에 두었다. 얼마 지나지 않아 어린아이 하나가 스스로 껍질을 깨고 나왔는데, 아이의 모습이 남달랐다. 또한 영특했다.

아이는 일곱 살에 이미 용모가 빼어났고 뛰어난 재주를 보였다. 아이는 제 스스로 활과 화살을 만들어 쏘곤 했는데, 백 번 쏘면 백 번을 다 맞혔다. 당시 동부여에서는 활을 잘 쏘는 사람을 주몽이라 부르는 풍속이 있어서 금와 왕을 비롯한 주변 사람 모두가 그를 주몽이라고 불렀다.

당시 금와 왕에게는 일곱 명의 아들이 있었는데, 그들이 언제나 주몽과 함께 어울려 놀았다. 그러나 금와의 아들들은 그 재능이 도저히 주몽을 따라가지 못하였다. 하루는 맏아들 대소(帶素)[14]가 아버지 금와 왕에게 아뢰었다.

"주몽은 사람의 몸에서 태어난 자가 아닙니다. 없애 버리지 않으면 뒤탈이 있을 것입니다."

그러나 금와 왕은 섬뜩한 주장을 하는 맏아들 대소의 말을 귀담아듣지 않았다. 오히려 왕은 주몽이 태어나기 전에 생겨났던 일들을 곰곰이 되새겨 보았고, 고민 끝에 주몽에게 말을 기르도록 하였다.

주몽은 말을 알아보고 기르는 재주가 있었다. 그런데 주몽은 힘이 좋고 날쌘 말에게는 먹이를 조금씩 주어 비쩍 마르게 만들었고, 반대로 늙고 병든 말은 잘 먹여 살을 찌워 겉으로 힘차고 좋아 보이는 말로 변신시켰다. 그러자 금와 왕은 보기 좋게 살찐 말은 자기가 탔고, 겉으로는 비쩍 말랐지만 실은 날쌘 말을 주몽에게 주었다. 사실 주몽은 자신에게 닥쳐올 앞날을 내다보고 이렇게 행동한 것이었다.

그 무렵 대소는 동생들과 신하들을 꾀어 어떻게든 자신에게 위협이 될 수 있는 주몽을 해치려고 이런저런 음모를 꾸몄다. 이런 사실을 알게 된 주몽의 어머니 유화가 어느 날 아들에게 몰래 말했다.

"태자 대소를 비롯해 많은 사람이 너를 해치려고 하지만, 네가 영특하니 어디로 간들 살지 못하겠느냐? 빨리 이곳을 떠나 목숨을 보존하도록 하여라."

어머니의 말을 들은 주몽은 평소 자신을 따르던 오이(烏伊)를 비롯한 세 명의 부하를 데리고 몰래 부여를 떠나기로 했다. 하지만 대소 또한

---

14 대소 왕은 동부여의 제3대 군주이며, 금와 왕의 큰아들이다.

주몽의 행동을 눈여겨보고 있던 터라, 주몽이 떠났다는 사실을 알고 부하들과 함께 뒤쫓았다. 주몽은 대소와 그 부하들의 추격을 피해 말을 달려 엄수(淹水)[15]라는 강가에 이르렀다. 그런데 엄수는 넓은 강이었고 더구나 물살도 거세어 더는 달아날 수가 없었다. 주몽이 강물을 향해 큰 소리로 외쳤다.

"나는 해모수의 아들이자 물의 신 하백의 외손자다. 지금 나를 죽이려는 자들을 피해 달아나는데 뒤쫓는 자들이 코앞까지 따라왔으니 내가 어떻게 하면 좋겠는가?"

주몽의 말이 끝나자마자 신기한 일이 벌어졌다. 갑자기 강물 위로 수많은 물고기와 자라가 떠올라 다리를 만들어 주는 것이었다. 그리고 주몽 일행이 무사히 강을 건너자마자 남김없이 물속으로 사라져 버렸다. 주몽을 뒤쫓던 대소와 그 부하들은 발을 동동 구르며 그 광경을 바라만 볼 뿐이었다.

어렵게 목숨을 건진 주몽은 졸본주(卒本州)에 도착해 자신이 장차 다스릴 나라의 도읍으로 정했다. 그리고 일단 비류수(沸流水)[16] 강가에 초가를 짓고 임시로 궁궐로 삼았으며, 나라 이름을 '고구려(高句麗)'라 짓고 고(高)를 자신의 성씨로 삼았다.

이때, 주몽의 나이 겨우 열두 살이었다.

---

15 《삼국사기》〈고구려본기 제1〉에는 '엄호수(掩淲水)'라고 하면서 지금의 압록강 동북쪽에 있다고 했다.
16 《고려사》에 따르면 평양의 동북쪽에 있다고 한다.

새로운 세대를 위한 삼국유사

◤ 한 걸음 더

알에서 태어난 주몽 │ 주몽처럼 건국 시조나 나라를 구한 영웅이 알에서 태어났다고 전하는 이야기를 난생 설화(卵生說話)라고 한다. 이는 그 탄생을 신비화하고 시조나 영웅에게 초인적(超人的) 권위를 부여하기 위한 것이다. 한편 주몽이 태어난 알의 원형은 태양을 상징한다. 이 알에 상서로운 기운이 비쳤다는 것으로 보아 주몽의 탄생 이야기는 태양 신화에 속한다고 볼 수 있다.

해부루와 주몽의 관계 │ 《단군기》에서는 "단군이 서하(西河) 하백의 딸과 가까이하여 아들을 낳으니 이름을 부루(夫婁)라 했다."라고 했다. 이에 의하면, 해모수가 하백의 딸과 정을 통하여 낳은 아들의 이름이 주몽이니 부루와 주몽은 아버지는 다르고 어머니는 같은 형제간이 된다.

03

백제를 건국한 주몽의 둘째 아들

온조

백제(百濟)를 세운 이는 온조(溫祚)이다. 그의 아버지가 자신을 해치려는 사람들을 피해 졸본부여로 달아나 고구려를 세웠던 추모, 즉 주몽이다. 당시 졸본주의 왕에게는 아들이 없고 딸만 셋이 있었는데, 동부여에서 도망친 주몽이 보통 사람이 아닌 것을 알아본 왕이 자신의 둘째 딸을 주몽에게 아내로 주었다.

이후 졸본부여의 왕이 죽자 주몽이 왕위를 계승해 아들 둘을 낳았다. 큰아들은 이름이 비류(沸流)[17]이고 둘째가 바로 온조였다.

하지만 두 왕자는 나중에 유리왕(瑠璃王)[18]이 된 배다른 형인 태자(太

17　고구려 동명성왕의 둘째아들. 이복형 유리가 북부여에서 와 태자가 되고 이후 왕이 되자, 아우 온조와 함께 고구려를 떠났다.

子)에게 인정을 받지 못할까 두려워하여, 오간(烏干)과 마려(馬黎) 등 열 명의 신하와 함께 남쪽으로 떠났다. 이때 그를 따르는 많은 백성이 함께 따라왔다.

비류와 온조 형제는 한산(漢山)에 도착하여 부아악(負兒岳)에 올라가[19] 살 만한 곳을 살펴보았다. 이때 비류가 서쪽 바닷가로 가 터를 잡으려 하니 열 명의 신하들이 말리면서 말했다.

"오직 이 하남(河南)[20] 땅만이 북쪽으로는 한강을 끼고 있고 동쪽으로는 높은 산에 기대고 있습니다. 남쪽으로는 기름진 들녘이 펼쳐져 있고 서쪽으로는 바다가 있으니 이보다 더 형세 좋고 살기 좋은 땅은 다시 얻기 어려울 것입니다. 그러니 도읍을 이곳으로 정하는 것이 좋지 않겠습니까?"

그러나 비류는 신하들의 말을 듣지 않았다. 비류는 동생 온조와 백성을 둘로 나누어 자신을 따르는 백성들을 데리고 미추홀(彌鄒忽)[21]에 정착했다.

한편 온조는 하남의 위례성(慰禮城)[22]에 도읍을 정하여 열 명의 신하를 거느리고는 나라 이름을 십제(十濟)라 했으니, 이때가 기원전 18년

---

18   고구려 제2대 왕. 재위 기간은 기원전 19년~기원후 18년.
19   여기서 한산은 오늘날의 북한산을 가리키고, 부아악은 인수봉 일대를 말한다.
20   한강 아래 지역을 가리킨다.
21   인천광역시 일대의 고구려 때 지명이다.
22   오늘날의 서울특별시 송파구 풍납동 부근으로 옛 성터인 풍납토성이 지금도 남아 있다. 경기도 하남시 부근이라는 설과 충청남도 천안시 북면 일대라는 설도 있다.

이다.

비류는 미추홀의 땅에 물기가 많고 염분이 많아 편히 살 수 없게 되자 온조가 자리를 잡은 위례성으로 돌아왔다. 비류는 위례성의 백성들이 편안하게 사는 모습을 보고는 자신에게 백성들을 다스릴 능력이 부족함을 한탄하며 괴로워하다가 죽고 말았다. 비류가 세상을 떠나자 미추홀에 남아 있던 신하와 백성들도 모두 위례성으로 돌아왔고, 함께 평화롭고 행복한 시절을 보냈다.

이때 온조는 온갖 백성이 함께 산다는 뜻으로 나라 이름을 백제로 고쳤다. 또 백제의 조상이 고구려와 똑같이 부여에서 나왔다 하여 해(解)를 성으로 삼았다. 이후 백제는 성왕(聖王)[23] 때 남쪽으로 더 내려가 도읍지를 사비로 옮겼으니, 지금의 부여군이 그곳이다.

 한 걸음 더

《고전기(古典記)》에 나타난 백제 ｜ 동명왕의 셋째 아들 온조가 전한(前漢) 홍가(鴻嘉) 3년(기원전 18년)에 졸본부여로부터 위례성에 이르러 도읍을 세우고 스스로 왕이라 일컬었다. 14년 병진년(기원전 5년)에 한산[지금의 광주(廣州)]으로 도읍을 옮기고, 389년을 지나 13대 근초고왕(近肖古王) 원년(371년)에 이르러 고구려의 남평양을 취하고 북한성[지금의 양주(楊州)]으로 도읍을 옮겼다. 105년이 지나 22대 문주왕(文周王)이 즉위하고 원

23　백제의 제26대 왕. 538년 사비 성(泗沘城)으로 천도하고 나라 이름을 남부여(南扶餘)라고 하였다. 신라 진흥왕에게 한강 유역을 빼앗기자 554년 신라를 공격하였으나 관산성(管山城) 싸움에서 전사했다. 재위 기간은 523~554년이다.

휘(元徽) 3년 을묘년(475년)에 이르러 웅천[熊川, 지금의 공주(公州)]으로 도읍을 옮겼고, 63년이 지나 26대 성왕에 이르러 소부리(所夫里)로 도읍을 옮기고 국호를 남부여(南扶餘)라고 했다. 31대 의자왕(義慈王)에 이르기까지 120년이 지났으니, 당나라 현경(顯慶) 5년(660년)이었다. 이때는 의자왕이 즉위한 지 20년으로, 신라의 김유신과 당나라의 소정방(蘇定方)이 백제를 정벌하여 평정시켰다.

백제국에는 옛날부터 다섯 부가 있어 37개 군, 200여 성, 76만 호를 나누어 다스렸는데, 당나라에서 그 땅에 웅진, 마한, 동명, 금련, 덕안 등 다섯 도독부를 나누어 설치하고, 그 추장들을 도독부 자사(都督府刺史)로 삼았다. 얼마 후 신라가 그 땅을 모두 병합하여 3개 주[웅주(熊州)·전주(全州)·무주(武州)] 및 여러 군현을 설치했다.

04

알에서 태어나 신라 천년 왕국의 기초를 다지다

박혁거세

삼국 시대 이전의 삼한(三韓)²⁴ 시대 때의 일이다.

삼한 가운데 한 나라였던 진한(辰韓)²⁵은 지금의 낙동강 동쪽에 주로 터전을 마련하고 있었던 크고 작은 부족 국가 열두 개가 모인 연맹체였다. 이 진한 땅에는 비교적 규모가 큰 여섯 마을이 있었다.

첫째는 알천 양산촌(閼川楊山村)으로 지금의 담엄사(曇嚴寺)²⁶ 부근에 있었으며 촌장은 알평(謁平)이었다. 둘째는 돌산 고허촌(突山高墟村)으로 촌장은 소벌도리(蘇伐都利), 셋째는 무산 대수촌(茂山大樹村)으로 촌

---

24 삼국 시대 이전에, 우리나라 중남부에 있었던 세 나라. 마한, 진한, 변한을 이른다.
25 삼한 가운데 오늘날의 경상북도를 중심으로 한 동북부 지역에 있었다.
26 경상북도 경주시 탑동 오릉(五陵)의 남쪽에 있던 절. 오늘날에는 그 흔적만 남아 있다.

장은 구례마(俱禮馬)였다. 넷째는 자산 진지촌(觜山珍支村)으로 촌장은 지백호(智伯虎)였으며, 다섯째는 금산 가리촌(金山加利村)으로 촌장은 지타(祇沱 또는 只他)였고, 여섯째는 명활산 고야촌(明活山高耶村)으로, 호진(虎珍)이 다스리고 있었다.

기원전 69년 3월 1일, 여섯 마을의 촌장들은 저마다 자식들을 거느리고 알천 남쪽 언덕에 모여 이런 의논을 했다.

"우리들은 위로 임금이 없이 백성들을 다스리기 때문에 백성들이 모두 법도를 모르고 제멋대로 행동하고 있습니다. 이는 큰 문제이니 하루바삐 덕망 있는 사람을 임금으로 삼아 나라를 세우고 도읍을 정하는 것이 어떻겠습니까?"

"맞습니다. 우리들을 다스릴 임금을 모시고 나라를 세워야 합니다."

촌장들이 의논을 마치고 언덕 높은 곳에 올라 남쪽을 바라보았을 때였다. 양산 기슭의 나정(蘿井) 우물가에 번갯불 같은 이상한 빛이 땅을 비추고 있는 것이었다. 자세히 살펴보니 흰색 말 한 마리가 꿇어앉아 무엇인가를 향해 절을 하는 모습 같았다. 흰 말의 모습이 마치 하늘을 나는 말 같기도 하고 하늘을 나는 사자 같기도 했다.

촌장들이 서둘러 산 아래로 내려가 하얀 말이 있던 우물가를 찾아갔다. 말 옆에 자줏빛을 뿜어내는 커다란 알이 하나 놓여 있었다. 사람들이 신기하게 여기는 사이 흰 말은 사람들을 보더니 '히힝' 하며 소리쳐 울고는 하늘로 날아 올라가 버렸다.

사람들은 조심스럽게 알을 살펴보았다. 그때 누군가 그 알을 깨뜨려 보자고 말했다. 촌장들을 비롯한 사람들이 의견을 모아 조심스럽게 알을 깨뜨렸다. 그랬더니 이게 웬일인가? 그 안에 생김새가 단정하고 씩씩한 사내아이가 앉아 있는 것이었다.

사람들은 무척 놀라고 신기해 하며 동천(東泉) 냇가로 데리고 가서 몸을 씻겨 주었다. 그러자 순간 몸에서 번쩍이는 빛이 감돌았는데 그 모습이 꼭 그들이 손꼽아 바라던 임금의 당당한 모습이었다. 그뿐만이 아니었다. 사내아이가 알을 깨고 나오자마자 새와 짐승도 덩달아 춤을 추었고, 하늘과 땅이 진동하고 해와 달이 더욱 밝아졌다.

그래서 사람들은 '밝은 빛으로 세상을 다스린다.'라는 뜻으로 아이의 이름을 혁거세[27]라고 지었다. 여섯 마을 사람들은 하늘이 자신들의 소원을 들어준 것에 고마워하며 서로 축하했다.

"이제 임금님께서 세상에 내려왔으니, 덕망이 있는 왕후를 찾아 짝을 맺어 드려야겠소이다."

그런데 바로 그날 사량리(沙梁里)에 있는 또 다른 우물인 알영정(閼英井) 가에서 닭의 부리를 가진 계룡(鷄龍)이 나타나더니 왼쪽 옆구리에서 여자아이를 낳았다.

여자아이의 얼굴은 매우 아름다웠으나 입술이 닭 부리처럼 생겨서 보기에 흉했다. 사람들은 혁거세를 씻겨 주었던 것처럼 월성(月城)[28] 북

---

27 신라의 시조로 열세 살에 왕위에 올라 재위 17년에 전국을 순시하여 농사와 양잠을 장려하였으며, 재위 21년에는 금성(金城)이라는 궁성을 쌓았다. 재위 기간은 기원전 57년~기원후 4년이다.

28 오늘날 경상북도 경주시 인왕동 387-1번지로 추정되며, 신라 궁궐이 있던 도성이다. 반달 모양처럼 생겼다고 하여 월성이라는 이름이 붙었다.

쪽 냇가로 아이를 데려가 목욕을 시켰다. 그러자 보기 흉하던 부리가 떨어져 나가고 입술이 앵두같이 예쁘게 변하는 것이었다. 이를 보고 놀란 사람들이 그 냇가를 '부리가 빠진 냇가'란 뜻으로 발천(撥川)이라 불렀다.

사람들은 남산(南山)[29] 서쪽 기슭에 새로 궁궐을 짓고 하늘이 내려 준 성스러운 두 아이를 길렀다. 당시 마을 사람들은 바가지를 박(朴)이라 불렀는데, 사내아이가 하얀 박처럼 생긴 둥근 알에서 태어나 성을 박씨로 정했다. 여자아이의 이름은 태어난 우물의 이름을 따서 '알영'이라 지었다.

두 사람이 자라 열세 살 나이가 되던 해, 여섯 마을의 촌장들은 사내아이를 왕으로 받들고 여자아이를 왕비로 삼았다. 그리고 초기에 나라이름을 서라벌(徐羅伐) 또는 서벌(徐伐), 더러는 사라(斯羅) 혹은 사로(斯盧)라고도 하였다. 그리고 왕이 처음에 닭우물이라는 뜻의 계정(鷄井)에서 태어났으므로 계림국(鷄林國)이라고도 했는데, 이것은 계룡이 상서로움을 나타냈기 때문이다. 계림국이란 이름과 관련해, 어떤 이는 이후 신라를 다스리던 탈해왕(脫解王)[30] 시절 김알지(金閼智)[31]를 얻을 때 숲

---

29 경상북도 경주시 인왕동 일대의 경주근 내남면, 용장리 등에 걸쳐 있는 높이 494미터의 산이다.
30 신라의 제4대 왕으로, 성은 석(昔)이다. 재위 기간은 57~80년이다.
31 경주 김씨의 시조(65~?). 금궤에서 나왔다고 하여 성을 김이라고 했다. 그의 7대손인 미추(味鄒)가 12대 이해(첨해라고도 한다.)왕의 뒤를 이어 등극함으로써 신라 왕족에 김씨가 등장하게 되었다.

속에서 닭 우는 소리가 들렸기에 나라 이름을 계림이라 고쳤다고도 한다. 이런 과정을 거쳐 결국에는 나라 이름이 신라로 정해졌다.

신라를 건국한 시조 박혁거세는 61년 동안 나라를 다스리다가 하늘로 올라갔다. 하늘로 올라가고 나서 이레 후 왕의 몸이 산산이 흩어져 땅으로 떨어지자, 왕비도 왕을 따라 세상을 떠났다. 백성들이 몹시 슬퍼하며 두 사람의 죽은 몸을 한곳에 합장하여 장례를 지내려 하는데 갑자기 커다란 뱀이 나타나 사람들을 쫓아다니며 장례를 방해했다. 그래서 머리와 팔다리를 제각기 따로 장사 지낼 수밖에 없었다. 그런 탓에 무덤의 이름은 다섯 무덤이라는 뜻의 오릉(五陵), 혹은 뱀 때문에 생긴 무덤이라는 뜻에서 사릉(蛇陵)이라고 불렸다. 담엄사 북쪽의 능이 바로 이것이다.

박혁거세왕의 뒤를 이어 태자 남해왕(南解王), 즉 남해 차차웅(次次雄)[32]이 왕위를 이어받았다.

한 걸음 더

진한의 여섯 마을 | 《삼국유사》 원전은 이렇게 좀 더 자세히 전하고 있다.
"첫째는 알천 양산촌으로 남쪽은 지금의 담엄사이며 촌장은 알평이라고 한다. 처음에 하늘에서 표암봉(瓢嵓峯)으로 내려왔는데 이 사람이 급량부(及梁部) 이씨(李氏)의 조상

---

32   신라의 제2대 왕이자 박혁거세의 맏아들인 남해왕의 다른 호칭. '차차웅'은 무당을 뜻하는 말로, 제정일치 시대의 수장(首長)임을 나타낸다. 재위 기간은 4~24년.

이 되었다.

둘째는 돌산 고허촌으로 촌장은 소벌도리라고 한다. 처음에 형산(兄山)으로 내려왔는데, 이 사람이 사량부(沙梁部) 정씨(鄭氏)의 조상이 되었다. 지금은 남산부(南山部)라 하며 구량벌(仇良伐), 마등오(麻等烏), 도북(道北), 회덕(廻德) 등 남촌(南村)이 이에 속한다.

셋째는 무산 대수촌으로 촌장은 구례마라고 한다. 처음에 이산(伊山)으로 내려왔는데, 이 사람이 점량부(漸梁部) 또는 모량부(牟梁部) 손씨(孫氏)의 조상이 되었다. 지금은 장복부(長福部)라고 하며 박곡촌(朴谷村) 등 서촌(西村)이 이에 속한다.

넷째는 자산 진지촌으로 촌장은 지백호라고 한다. 처음에 화산(花山)으로 내려와서 본피부(本彼部) 최씨(崔氏)의 조상이 되었으며, 지금은 통선부(通仙部)라고 한다. 시파(柴巴) 등 동남촌(東南村)이 이에 속한다. 최치원은 본피부 사람이다. 지금의 황룡사(皇龍寺) 남쪽과 미탄사(味呑寺) 남쪽에 옛터가 있는데 여기가 최치원의 옛집이라는 설이 거의 확실하다.

다섯째는 금산 가리촌으로 촌장은 지타라고 한다. 처음 명활산(明活山)으로 내려왔는데, 이 사람은 한기부(漢岐部) 또는 한기부(韓岐部) 배씨(裵氏)의 조상이 되었다. 지금은 가덕부(加德部)라고 하는데 상서지(上西知), 하서지(下西知), 활아(活兒) 등 동촌(東村)이 이에 속한다.

여섯째는 명활산 고야촌으로 촌장은 호진이라고 한다. 처음에 금강산으로 내려왔는데, 이 사람이 습비부(習比部) 설씨(薛氏)의 조상이 되었다. 지금은 임천부(臨川部)로 물이촌(勿伊村), 잉구미촌(仍仇彌村), 궐곡(闕谷) 등 동북촌(東北村)이 이에 속한다."

위와 같은 설화에 서대석 교수는 육촌장 신화라는 이름을 붙였다. 씨족 집단의 거주 지역과 족장의 이름을 이야기한 것으로서, 천신 숭배 집단이 부계 혈연을 중심으로 집단생활을 하던 사정을 말해 준다고 보았다. 한편 김부식은 《삼국사기》에서 이 여섯 마을 사람들을 조선의 유민으로 보았다.

나정 | 우물은 이 부족이 농경 생활을 했음을 뜻한다. 오늘날에는 신라정이라고 하는데 경주의 탑정동 솔밭에 있다.

알영정 | 이도흠의 설명에 따르면 '알'은 사물의 핵심이나 근원을 말하며, '씨'의 대칭어로서 여성에게만 쓰였다고 한다. 서대석 교수는 알영정을 나정에 대응되는 마을의

중심지로 보았다.

시조 설화에 등장하는 닭 | 닭은 새로운 태양이 떠올랐음을 알리는 새이다. 닭 토템은
신성 관념의 반영이며, 신라 전체의 토템으로 확장된다.

05

박혁거세와 알영을 낳은 성스러운 여인

성모

진평왕(眞平王) 시대에 행실이 어진 지혜(智惠)라는 여승이 있었다. 그녀는 안흥사(安興寺)에 머물고 있었는데, 법당을 새롭게 수리하고자 하였으나 능력이 미치지 못하였다. 그런데 어느 날 꿈에 구슬과 비취로 머리를 꾸민 예쁜 모습의 선녀가 나타나 이렇게 말했다.

"나는 선도산(仙桃山)의 성모(聖母)다.[33] 네가 법당을 수리하고자 하는 것을 기쁘게 여겨 금 열 근을 시주하여 돕고자 한다. 내가 지금 앉아 있는 자리 밑에서 금을 가져다가 주존삼상(主尊三像)을 장식하고, 벽에는 오십삼불(五十三佛)과 육류성중(六類聖衆), 여러 천신(天神), 오악신군(五

33 선도산은 경주의 서악을 가리키는데, 높이가 380미터이고 오늘날 경주 시청에서 멀지 않은 평야의 서편에 있다. 성모는 신모(神母)라고도 한다.

岳神君)[34]을 그려 매년 봄과 가을에 열흘 동안 선남선녀를 불러 모아 모든 중생을 위해 부처님 말씀을 전하는 법회를 열어라."

지혜는 놀라 꿈에서 깨어났다. 그런데 왠지 이상한 느낌이 들어 무리를 데리고 신사(神祠)에 가서 꿈속의 그 여인이 앉았던 자리를 파 보니 황금 160냥이 나왔다. 지혜는 이 정도의 금액이라면 법당을 수리하기에 충분하다고 생각했다.

성스러운 어머니 즉 성모는 중국 황실의 딸로서 이름은 사소(娑蘇)라고 한다. 일찌감치 신선이 되는 기술을 터득하여 신라에 들어와 머물면서 오랫동안 중국으로 돌아오지 않자, 황제가 솔개의 발목에 편지를 매달아 보냈다.

"이 솔개가 멈추는 곳에 집을 지어라."

사소가 편지를 받고 솔개를 놓아주었다. 솔개는 여기저기 날아다니다가 어떤 산에서 멈추었다. 마침내 사소가 이곳에 와 집을 짓고 지선(地仙)이 되었으므로 이 산을 서연산(西鳶山)이라 부르게 되었다.

서연산은 나라가 세워진 이후로 나라의 가장 큰 세 가지 제사를 지내는 곳 중의 한 곳이 되었는데, 그 제사의 위상은 여러 산천 제사[망제(望祭)]의 윗자리를 차지하였다. 성모는 오랫동안 이 산에 살면서 나라를 지켰는데, 신비하고도 이상한 일이 아주 많았다.

신라 제54대 경명왕(景明王)은 매사냥을 좋아했다. 그런데 이곳에 올

---

34 일연은 "신라에 다섯 개 큰 산이 있었으니, 동쪽의 토함산, 남쪽의 지리산, 서쪽의 계룡산, 북쪽의 태백산, 중앙의 부악 또는 공산이다."라고 '오악'을 부연했다.

라와 매를 놓았다가 잃어버리자 성모에게 기도하며 말했다.

"매를 찾게 되면 마땅히 당신에게 벼슬을 주겠습니다."

잠시 후 매가 날아와 의자 위에 앉자, 왕은 성모를 대왕으로 봉했다.

성모가 처음 진한에 와서 신성한 아들을 낳으니 그가 동쪽 나라 신라의 첫 임금이 되었는데, 이분이 바로 박혁거세다. 이렇게 본다면, 선도산의 성모는 아마도 박혁거세와 알영 두 성인의 시초일 것이다. 그러므로 신라가 나라 이름을 계룡, 계림(鷄林), 백마(白馬) 등으로 일컫은 것은 닭이 서쪽을 뜻하므로 서악(西岳) 즉 선도산과 관계가 있기 때문이다.

성모는 하늘에 사는 여러 신선에게 비단을 짜게 한 뒤 붉은 빛깔로 물들여 관복을 만들어서 남편에게 주었으므로, 나라 사람들이 이것으로 그녀의 영험을 알게 된 것이다.

◇◇◇

▨ 한 걸음 더

오십삼불 ┊ 아미타불(阿彌陀佛)의 스승인 세자재대왕 이전에 있었던 정광여래에서 처세여래에 이르기까지 쉰셋의 부처를 뜻한다. 금강산의 유점사(榆岾寺)에도 오십삼불이 있는데 인도의 문수 대사가 순금으로 만들어 보낸 것이라고 한다.

불상의 종류 ┊ 모시고 있는 존재의 불격(佛格)에 따라 불상·보살상(菩薩像)·나한상(羅漢像)·신장상(神將像) 등으로 나뉜다. 불상에는 석가불과 아미타불·비로자나불(毘盧遮那佛)·약사불(藥師佛)·미륵불(彌勒佛) 등이 있다. 또한 오십삼불·천불·삼천불 등과 같은 다불(多佛)과 사방불(四方佛)·오방불(五方佛) 같은 방위불(方位佛)도 여기에 포함된다. 보살상에는 대세지보살(大勢至菩薩) 또는 지장보살(地藏菩薩)과 함께 자비의 화신인 관음보살(觀音菩薩)을 비롯하여 문수(文殊)·보현(普賢)·세지(勢至)·지장(地藏)·일광(日光)·월광(月光)·미륵(彌勒) 등이 있다. 관음보살은 삼십삼관음(三十三觀音)·십일면관음(十一面觀音)·수월관음(水月觀音)·천수천안관음(千手千眼觀音) 등 여러 종류가 있다. 나한은 아라한(阿羅漢)이라고도 하며 경주의 석굴암에 있는 것과 같은 십대제자상(十大弟子像)·십육나한(十六羅漢)·오백나한(五百羅漢) 등이 있다. 신장상은 불법이나 불타를 수호하고 중생을 이롭게 하는 호법신(護法神)으로 인왕(仁王)·사천왕(四天王)·팔부중(八部衆) 등이 유명하다.

또한 불상은 재료에 따라 금불, 은불, 금동불, 철불, 석불, 목불, 소불, 도자상, 건칠상 등으로 구분되기도 하며 그 크기에 따라 장육상(丈六像: 1장 6척, 즉 4.8미터), 장육상의 절반인 반장육상, 사람의 키와 같은 크기의 등신상(等身像), 한 뼘보다 1.5배 큰 일책수반불상(一磔手半佛像), 장육상보다 큰 대불상(大佛像) 등으로도 구분할 수 있다.

첫 번째로 알에서 나와 가야를 세우다

김수로

오늘날의 경상남도를 중심으로 500여 년간 문명을 지속했던 가야의 탄생 이야기이다.

하늘과 땅이 열린 이후로 이 땅에 아직 나라라는 명칭도 없었고 임금과 신하 따위의 호칭도 없었다. 이때 추장으로 아도간(我刀干), 여도간(汝刀干), 피도간(彼刀干), 오도간(五刀干), 유수간(留水干), 유천간(留天干), 신천간(神天干), 오천간(五天干), 신귀간(神鬼干) 등 구간(九干)이 있었다. 이 추장들이 백성을 다스렸는데 대부분은 산과 들에 모여 살며 우물을 파서 마시고 밭을 갈아 곡식을 거두어 먹었다.

42년 3월 계욕일(禊浴日)이었다. 이날은 액땜을 하는 날로 물가에서 목욕을 하고 술을 마신다. 그리고 3월 상사일(上巳日)은 뱀날이라고 하는데, 이때는 씨를 뿌리는 시기여서 풍요를 기원하는 행사가 온 나라에 있는 날이다. 그런데 이날 사람들이 모여 살고 있는 북쪽 구지봉(龜旨峯)에서 사람을 부르는 것과 같은 이상한 소리가 나는 것이었다. 그러자 이삼백 명이나 되는 사람들이 이곳으로 모여들었다. 사람의 소리인 듯한데 그 형체는 보이지 않고 소리만 들렸다.

"여기에 사람이 있는가?"

구간이 대답했다.

"우리들이 있습니다."

또 소리가 들려왔다.

"내가 있는 곳이 어디인가?"

구간이 다시 대답하였다.

"구지봉입니다."

그러자 다시 이런 목소리가 들려왔다.

"하늘이 나에게 이곳에 내려와 새로운 나라를 세워 임금이 되라고 명하셔서 내가 일부러 온 것이다. 너희들이 모름지기 봉우리 꼭대기의 흙을 파내면서 '거북아, 거북아, 네 목을 내밀어라. 만약 내밀지 않으면 구워 먹겠다.'라고 노래 부르며 춤을 추면, 대왕을 맞이하여 기뻐 춤추게 되리라."

구간은 그 목소리가 시킨 대로 기쁘게 노래하고 춤을 추었다. 얼마 후 하늘을 우러러보니 자줏빛 새끼줄이 하늘에서 내려와 땅에 닿았다. 줄 끝을 살펴보니 붉은색 보자기로 싼 금 상자가 있었다. 호기심이 생겨서 모두들 뚜껑을 열어 보자고 했다. 그래서 조심스럽게 뚜껑을 열어 보니 해처럼 둥근 황금 알 여섯 개가 들어 있었다.

사람들은 모두 놀라고 기뻐서 감사하는 마음으로 허리를 굽혀 백 번이나 절하고, 금 상자를 다시 싸서 아도간의 집으로 가져와 탑 위에 두고는 뿔뿔이 흩어졌다.

　12일[35]이 지나고 이튿날 새벽 여러 사람이 다시 모여 금 상자를 열어 보니 놀라운 일이 벌어졌다. 여섯 개의 알이 어린아이로 변해 있었는데 모두가 잘생긴 얼굴이었다. 사람들은 아이들을 한자리에 앉혀 놓고는 하늘을 향해 축복의 인사를 정성껏 드렸다.

　아이들은 하루가 다르게 자라나 열흘쯤 지나자 키가 아홉 자나 되었다. 그들의 모습은 옛날 중국 은나라의 탕왕(湯王) 같았고, 얼굴은 용과 같은 것이 한나라를 세운 고조(高祖) 유방(劉邦)과도 같았다. 여덟 색깔 눈썹은 전설 속의 요임금 같았고, 눈동자가 두 겹으로 된 것이 중국을 가장 잘 다스렸다는 전설 속의 순임금과 같았다.

　이들은 그달 15일에 왕의 자리에 올랐다. 첫 번째 알에서 나온 이는 세상에 처음으로 나타났다고 하여 이름을 수로(首露)라 하였다. 더러는 수릉(首陵)이라 하기도 하였다. 이 나라의 이름을 대가락(大駕洛) 또는 가야국(伽耶國)이라 부르니, 바로 여섯 가야 중 하나이다. 나머지 다섯 사람도 각각 다섯 가야의 임금이 되었다.

35　협진(浹辰)의 역어인데, 십이간지의 일을 가리킨다.

◇◇◇

◤ 한 걸음 더

구지봉 | 일연은 이 산봉우리가 "십붕(十朋)이 엎드린 형상"이어서 이런 이름으로 불린다고 밝히고 있다. 현재의 경상남도 김해시에 있다. 구지봉 꼭대기에는 거북이와 알 여섯 개가 원형을 이루고 있는데, 그 근처에서도 거북 모양 고인돌을 몇 개의 돌무더기가 떠받치고 있다.

07

금빛 개구리를 닮은 아이가 동부여의 왕이 되다

금와 왕

옛날 북부여에 해부루라는 왕이 있었다. 어느 날 아란불(阿蘭弗)이라
는 재상의 꿈에 하늘 나라 임금이 내려와 말했다.

"앞으로 내 자손에게 이곳에 나라를 세우도록 할 것이니, 너희는 다
른 데로 피해 가서 살라. 마침 동쪽 바닷가에 가섭원(迦葉原)이라는 곳
이 있는데, 땅이 기름져 도읍으로 삼기에 적당하니라."

아란불은 잠에서 깨어나 왕에게 이러한 꿈 이야기를 아뢰어 그곳으
로 도읍을 옮겼고, 나라 이름을 동부여(東扶餘)라 하였다.

해부루 왕은 늙도록 자식이 없었다. 그래서 산천에 제사를 지내 대를
잇게 해 달라고 빌었다. 그런데 왕이 타고 가던 말이 갑자기 곤연(鯤淵)
이라는 큰 못에 이르러 큰 돌을 마주 보고는 눈물을 흘리는 것이 아닌
가!

왕이 이상하게 여겨 사람을 시켜 그 돌을 옮기자, 돌 아래에 금빛 개구리같이 생긴 어린아이가 있었다. 왕이 기뻐하며 말했다.

"하늘이 나에게 내려 주신 아들이로구나!"

왕이 그 아이를 거두어 기르면서 아이에게 금빛 개구리라는 뜻에서 금와라는 이름을 지어 주었다. 금와가 어른이 되자, 왕은 그를 태자로 삼았다.

훗날, 해부루가 죽자 금와가 왕위를 이어받아 동부여의 왕이 되었고, 그다음에는 태자 대소에게 왕위를 물려주었다. 그러나 고구려 대무신왕 5년(22년)에 이르러 고구려 왕 무휼(無恤)[36]이 동부여를 정벌하고 대소를 죽이니 그 후로 나라가 망하였다.

---

36 고구려의 제3대 왕. 동부여와 개마국(蓋馬國)을 쳐서 병합하고 낙랑군을 정벌하여, 국토를 살수(薩水) 이북까지 넓혔다. 재위 기간은 18~44년이다.

08

황금 궤짝에서 태어난 김씨의 시조

김알지

신라 시대 탈해왕 때였다.

60년 8월 4일 밤에 호공(瓠公)이 월성의 서쪽 마을을 지나다가 시림(始林)이라는 숲속에서 커다란 빛이 밝게 비치는 것을 보았다. 가까이 가 보니 자줏빛 구름이 하늘에서 땅까지 닿아 있고 구름 속으로 보이는 나뭇가지에 황금 궤짝이 걸려 있었다. 그런데 그 궤짝 안에서 빛이 나오고, 나무 밑에서는 흰 닭이 울고 있었다. 호공이 이상하게 여겨 이 사실을 왕에게 아뢰었다. 왕이 숲으로 가 궤짝을 열어 보니 사내아이가 누워 있다가 깜짝 놀라 벌떡 일어났다. 그래서 아이에게 알지(閼智)라는 이름을 붙였는데 '알지'는 어린아이란 뜻의 방언이다. 그리고 성은 금빛 궤짝에서 나왔다 하여 금이라는 뜻의 김씨(金氏)로 하였다.

이러한 이야기는 마치 혁거세의 탄생 이야기와 같다. 왕이 알지를 수

레에 싣고 대궐로 돌아오는데, 새와 짐승이 서로 뒤따르면서 기뻐 춤을 추었다. 왕은 좋은 날을 가려 알지를 태자로 책봉했으나, 훗날 알지는 파사왕(婆娑王)에게 왕위를 양보하고는 오르지 않았다.

알지가 세한(勢漢)을 낳고, 세한이 아도(阿道)를 낳고, 아도가 수류(首留)를 낳고, 수류가 욱부(郁部)를 낳고, 욱부가 구도(俱道)를 낳고, 구도가 미추(未鄒)를 낳았는데 미추가 왕위에 올랐으니, 신라의 김씨는 알지로부터 비롯된 것이다.

◇◇

◤ 한 걸음 더

《삼국유사》 〈왕력(王曆)〉으로 보는 신라 왕실 계보도

> 박씨　석씨　김씨
> ⇒ 부자 계승　→ 형제 혹은 기타 친인척 계승

제1대 혁거세 ⇒ 제2대 남해차차웅 ⇒ 제3대 노례이질금 → 제4대 탈해이질금 → 제5대 파사이질금 ⇒ 제6대 지마이질금 → 제7대 일성이질금 ⇒ 제8대 아달라이질금 → 제9대 벌휴이질금 ⇒ 제10대 내해이질금 → 제11대 조분이질금 → 제12대 이해이질금 → 제13대 미추이질금 → 제14대 유례이질금 ⇒ 제15대 기림이질금 ⇒ 제16대 걸해이질금 → 제17대 내물마립간 → 제18대 실성마립간 → 제19대 눌지마립간 ⇒ 제20대 자비마립간 ⇒ 제21대 비처마립간 → 제22대 지정마립간 ⇒ 제23대 법흥왕 → 제24대 진흥왕 ⇒ 제25대 진지왕 → 제26대 진평왕 → 제27대 선덕 여왕 → 제28대 진덕 여왕 ⇒ 제29대 태종 무열왕 ⇒ 제30대 문무왕 → 제31대 신문왕 ⇒ 제32대 효소왕 → 제33대 성덕왕 ⇒ 제34대 효성왕 → 제35대 경덕왕 ⇒ 제36대 혜공왕 → 제37대 선덕왕 ⇒ 제38대 원성왕 ⇒ 제39대 소성왕 ⇒ 제40대 애장왕 → 제41대 헌덕왕 → 제42대 흥덕왕 → 제43대 희강왕 → 제44대 민애왕 ⇒ 제45대 신무왕 ⇒ 제46대 문성왕 → 제47대 헌안왕 → 제48대 경문왕 ⇒ 제49대 헌강왕 → 제50대 정강왕 → 제51대 진성 여왕 ⇒ 제52대 효공왕 → 제53대 신덕왕 ⇒ 제54대 경명왕 → 55대 경애왕 → 제56대 경순왕

09

노래를 퍼뜨려 신라 공주를 아내로 맞다

서동

백제 제30대 무왕(武王)의 이름은 장(璋)이다. 그의 출생과 관련된 신비한 이야기가 있다. 이 이야기에 따르면 그의 어머니가 당시 백제의 수도 부여에 있는 '왕성 남쪽 못가' 혹은 '궁궐의 남쪽 연못'이라는 뜻의 궁남지(宮南池)에 집을 짓고 홀로 살다가 연못 속에 사는 용과 관계를 맺어 태어난 아이가 바로 무왕이라고 한다.

무왕의 어릴 적 이름은 서동(薯童)이었다. 서동이란 마(薯)를 캐는 아이란 뜻인데 집이 가난하여 항상 마를 캐다가 팔아서 먹고살았기 때문에 사람들이 그를 서동이라고 부른 것이다.

어느 날 서동은 신라 진평왕의 셋째 공주 선화(善花)가 천하에 둘도 없는 미인이라는 소문을 들었다. 서동은 곧 머리를 깎고 신라의 수도로 가서 선화 공주와 사귀기로 마음먹었다. 그는 공주와 연을 맺기 위해 한 가지 꾀를 생각해 냈는데, 우선은 동네 아이들에게 마를 나누어 주면서 친해진 다음에 방법을 찾아보는 것이었다. 그러던 어느 날 묘안이 떠올랐다. 그것은 다름 아니라 노래를 지어 아이들에게 부르고 다니게 하는 것이었다. 그 노래 가사는 이러했다.

선화 공주님은 남몰래 짝지어 두고
서동 서방을 밤에 몰래 안고 간다네.

이 동요는 수도 경주뿐 아니라 온 나라에 가득 퍼져 마침내 궁궐에까지 알려지게 되었다. 관리들은 선화 공주의 행실이 좋지 않아 이런 듣기 민망한 노래가 생겨났다면서 왕에게 공주를 엄하게 다스려야 한다고 아뢰었다. 결국 선화 공주는 먼 곳으로 귀양을 가게 되었다. 왕의 딸이지만 제 자식이라고 해서 감쌀 수만은 없었기 때문이다. 공주가 귀양을 떠날 때 왕후는 순금 한 말을 주며 눈물로 딸을 보냈다.

서동은 공주가 귀양살이하러 올 것을 이미 알고 있었다. 그래서 공주가 귀양지에 도착할 무렵 그 길에 나와 절을 하고 자기가 모시겠다는 말을 올렸다. 선화 공주는 갑자기 눈앞에 나타난 서동이 어디서 온 사람인지도 몰랐고 자신을 귀양 길에 오르게 한 장본인일 줄은 꿈에도 생각하지 못했다. 아무런 의심도 하지 않은 공주는 그저 자신에게 친절하게 대하는 서동과의 생각지도 않은 만남을 기뻐하며 그를 믿고 따라가 아무도 모르게 사랑을 나누었다.

이렇게 두 사람이 부부가 된 뒤에야 공주는 그가 온 나라를 떠들썩하게 만든 노래를 지은 서동임을 알게 되었지만 이 모든 과정을 운명으로 받아들이기로 했다. 그만큼 세상 돌아가는 일에 마음을 두지 않았다.

서동은 결국 공주를 데리고 백제 땅으로 왔다. 그런데 어느 날, 선화 공주가 자신이 궁궐에서 가져왔다면서 무엇인가를 펼쳐 내놓는 것이 아닌가?

서동이 물었다.

"그게 무엇이오?"

선화 공주가 대답했다.

"이것은 황금입니다. 이것으로 평생 동안 부유하게 걱정 없이 살아갈 수 있습니다."

하지만 서동은 금을 보고 놀라기는커녕 큰 소리로 웃으면서 말하는 것이었다.

"내가 어려서부터 마를 캐던 곳에는 이런 것들이 흙덩이처럼 널리고 쌓였소."

이렇게 말하고는 서동이 선화 공주를 데리고 산으로 갔다. 공주는 의심이 들었지만, 말없이 그저 따라가 보았다. 그런데 서동의 말은 거짓이 아니었다. 번쩍번쩍 빛나는 물건이 천지에 수북하게 쌓여 있었다. 그것은 분명 자신이 어머니에게 받아 애지중지하며 가지고 온 황금과 같은 것이었다. 공주는 매우 놀라며 말했다.

"이것은 아주 귀한 보물입니다. 이 보물을 신라에 계신 내 부모님의 궁궐로 보내 드리는 것이 어떻겠습니까?"

서동은 공주의 남다른 효심에 감동하여 말했다.

"좋소. 그렇게 합시다."

그래서 이곳저곳에 흩어진 금을 모았는데, 순식간에 언덕처럼 쌓였으므로 옮길 방법을 궁리해야 할 지경이 되었다. 그래서 신통력이 있다고 소문난 용화산(龍華山, 곧 익산의 미륵산) 사자사(師子寺)의 지명 법사(知命法師)를 찾아가 금을 선화 공주의 부모님께 보낼 방법을 물었다.

지명 법사가 말했다.

"내가 신통력을 부려 옮겨 줄 수 있으니 걱정 말고 금을 가져오게."

공주가 부모님께 편지를 써서 금과 함께 사자사 앞에 갖다 놓으니 법사는 신통력으로 하룻밤 사이에 신라의 궁궐에다 금을 날라다 놓았다.

신라의 진평왕은 이런 일이 있었다는 사실을 신하들로부터 보고받았다. 그러고는 그 신비스러운 일에 감동하여 서동을 더욱 갸륵하게 보았으며 늘 편지를 보내 잘 사는지 물었다. 왕의 신임을 두텁게 쌓아 가던 서동은 백성들의 신망까지 얻어 왕의 자리에 올랐다.

그러던 어느 날이었다. 무왕은 이제 왕비가 된 선화 공주와 함께 사자사에 행차하였다. 가는 중에 용화산 아래 큰 연못가에 도착하니, 미륵삼존(彌勒三尊)이 연못 속에서 나타나는 것이었다. 무왕은 신기하여 수레를 멈추고 공경하는 예를 나타냈다.

그러자 왕비가 왕에게 말했다.

"이곳에 큰 절을 세우는 것이 저의 간곡한 바람입니다."

무왕이 그렇게 하자고 하고는 지명 법사에게 가서 못 메우는 방법을 물었다. 지명 법사는 신통력으로 하룻밤 사이에 산을 허물어 큰 못을 메워 고른 땅으로 만들었다. 그러고는 건물과 탑 등을 세우고 절 이름을 '미륵사'[37]라고 하였다. 미륵사를 세울 때 진평왕이 기술자를 여럿 보내 돕게 했다. 아직도 이 절은 남아 있다.

---

37 현재 전북 익산시 금마면에 미륵사 터가 있는데 4미터 높이의 당간지주가 남아 그 규모를 유추할 수 있다. 미륵사 창건은 백제 불교가 미륵신앙을 믿었음을 알게 한다.

10

후백제를 세운 지렁이의 아들

견훤

옛날 한 부자가 광주(光州) 북쪽 마을에 살고 있었다. 그에게는 딸 하나가 있었는데, 빼어난 미인이었다. 어느 날 이 딸이 아버지에게 이상한 말을 하는 것이었다.

"자주색 옷을 입은 남자가 매일 침실로 와서 저와 관계를 맺고 가곤합니다."

그러자 아버지는 딸을 혼내기는커녕 이렇게 말했다.

"오늘 밤에도 오거든 네가 긴 실을 바늘에 꿰어 그 사람의 옷에다 단단히 꽂아 보아라."

그래서 딸은 아버지의 말처럼 하기로 했다. 그날 밤 다시 남자가 찾아오자 그녀는 아버지가 시킨 대로 했다. 이튿날 날이 밝자, 딸은 북쪽 담장 아래에서 풀려 나간 실을 찾았는데, 실이 큰 지렁이의 허리에 꿰어 있었다.

얼마 뒤 부자의 딸이 임신하여 사내아이 하나를 낳았다. 아이는 열다섯 살이 되자 스스로를 견훤(甄萱)이라 일컬었다.

이런 이야기도 전한다.

견훤이 태어나 젖먹이였을 때, 들에서 농사일을 하는 아버지에게 밥을 갖다 주느라 어머니가 포대기에 싸인 아기를 수풀 아래에 잠시 뉘어 놓았다. 그랬더니 호랑이가 와서 아이에게 젖을 먹여 주었다. 마을 사람들이 이 소식을 듣고 이상하게 여겼다. 어른이 되자 몸집이 크고 사내다운 기개가 있었으며 지혜와 재치가 보통이 아니었다. 그는 군인이 되어 수도로 들어가 서남쪽 바닷가를 지켰는데 그때 창을 베고 누워 적을 기다릴 만큼 배짱이 대단했다. 그의 용감함은 항상 다른 병사들을 앞섰기에, 결국 공을 세워 비장(裨將)이 되었다.

한편《삼국사》즉《삼국사기》본전(本傳)에 따르면, 견훤은 상주(尙州) 가은현(加恩縣) 사람으로 신라 경문왕 7년(867년)에 태어났다고 한다. 본래의 성은 이(李)씨인데 나중에 견(甄)을 성으로 삼았다는 것이다.

그의 아버지 아자개(阿慈介)는 농사를 짓고 살아가다가 어느 해에 사불성(沙弗城, 곧 지금의 상주)을 차지하고 스스로 장군이라 하였다. 그의 아들 넷이 모두 세상에 이름을 떨쳤는데, 견훤이 다른 아이보다 여러모로 뛰어났다고 한다.

견훤의 가계에 대해《이제가기(李磾家記)》[38]에는 이렇게 나와 있다.

"진흥 대왕(眞興大王)의 왕비 사도(思刀)의 시호(諡號)[39]는 백융 부인

(白駛夫人)이다. 그의 셋째 아들 구륜 공(仇輪公)의 아들은 파진간(波珍干) 선품(善品)이고 선품의 아들은 각간(角干) 작진(酌珍)인데 작진이 왕교파리(王咬巴里)를 아내로 맞이하여 각간 원선(元善)을 낳았으니, 이 사람이 바로 아자개이다. 아자개의 첫째 아내는 상원 부인(上院夫人)이고, 둘째 아내는 남원 부인(南院夫人)으로 아들 다섯과 딸 하나를 낳았다. 그의 맏아들은 상보(尙父) 견훤이고, 둘째 아들은 장군 능애(能哀)이며, 셋째 아들은 장군 용개(龍盖)이고, 넷째 아들은 보개(寶盖)이며, 다섯째 아들은 장군 소개(小盖)이고, 딸은 대주도금(大主刀金)이다."

신라 진성 여왕이 자리에 오른 지 6년째가 되던 해(892년)는 왕의 총애를 받은 몇몇 사람의 농간으로 나라의 기강이 무질서해진 때이다. 게다가 흉년이 들어 백성들은 이리저리 떠돌아다니고 도적들이 벌 떼처럼 일어났다.

그래서 견훤은 몰래 모반하려는 마음을 품었다. 그가 무리를 불러 모아 행군하여 수도 경주의 서남쪽 주현(州縣)을 공격하니, 그가 이르는 곳마다 사람들이 호응하여 한 달 사이에 무리가 5,000명으로 불어났다. 드디어 무진주(武珍州)[40]를 습격해 스스로 왕이 되었으나, 함부로 왕이라 하지 못하고 스스로 신라서면 남도통행 전주자사 겸 어사중승상

---

38 이제의 사가(私家) 기록으로 견훤가의 왕통을 체계화한 일종의 종족기(宗族記)라는 설명이 있지만, 이강래는 신빙성이 부족하다고 본다.
39 왕이나 사대부가 죽은 뒤 그 공덕을 찬양하며 붙이는 이름.
40 현재의 광주광역시.

주국 한남국 개국공(新羅西面南都統行全州刺史兼御史中丞上柱國漢南國開國公)이라는 벼슬 칭호를 사용하였다.

이때 북원(北原)[41]의 도적 양길(良吉)의 세력이 강성하였으므로 궁예(弓裔)가 스스로 항복하여 그의 부하가 되었다. 견훤은 그 말을 듣고는 멀리서 양길에게 '비장'이라는 직책을 주었다. 견훤이 서쪽을 순시하여 완산주(完山州)에 이르자 그 고을 백성들이 모두 따뜻하게 위로하고 맞이하였다. 견훤은 인심을 얻은 것을 기뻐하여 사람들에게 말했다.

"백제가 나라를 세운 지 600여 년 만에, 당나라 고종(高宗)은 신라의 요청으로 장군 소정방을 보내 수군 13만 명을 거느리고 바다를 건너게 했고, 신라의 김유신은 황산을 거쳐 당나라 군사와 함께 백제를 쳐서 멸망시켰다. 그러니 내 어찌 오늘 도읍을 세워 옛날의 원한을 씻지 않을 수 있겠는가?"

그리하여 마침내 스스로 후백제 왕이라 일컫고 제도를 정비하니 이때가 900년인데, 신라 효공왕(孝恭王) 4년이었다.

---

41 현재의 강원도 원주.

◤ **한 걸음 더**

후백제 | 892년 견훤이 완산주에 도읍을 정하고 국호를 후백제라 칭하였다. 이렇게
시작된 후백제는 후고구려, 신라와 함께 후삼국 시대를 열었으며, 한때 그 세력을 떨
쳤으나 부자지간의 불화로 멸망의 길로 들어서게 된다.

—

2장

나라와 백성의 편에 선 인물들

일연은 《삼국유사》를 통해 여러 인물을 두루 다루고자 하였다. 2장에서는 주로 국가와 민족의 장래를 생각한 사람들의 이야기를 소개한다. 이들 중에는 왕도 있고 의인이나 장군도 있다. 죽음을 각오하고 왕에게 간언한 충직한 신하도 있다. 댓잎 군사로 이서국 병사를 물리친 미추왕은 나라를 구원하고자 하는 남다른 마음을 지니고 있었다. 문무왕은 죽을 때 동해를 지키는 용이 되겠다고 다짐했다. 나라를 수호하는 용을 제자리로 돌려보내서 나라를 지킨 원성왕도 같은 마음이었다.

우리에게 너무나도 잘 알려진 김제상(박제상이라고도 한다.)은 왜국에 가서 갖은 회유와 압박을 당하면서도 그에 굴하지 않고 "차라리 신라의 개돼지가 될지언정 왜국의 신하는 되지 않겠다."라고 말하면서, 발바닥 살갗이 도려지고 베어진 갈대 위를 걷는 크나큰 고통을 겪으면서도 자신의 기개를 굽히지 않은 보기 드문 배짱과 충심의 소유자이다.

새로운 세대를 위한 삼국유사

북두칠성의 정기를 타고난 김유신은 자신을 제거하려는 적의 꾐에 빠졌다가 신라를 수호하는 세 명의 신의 도움으로 목숨을 구하게 되고 훗날 신라 통일의 대업을 이룬 인물이다. 몰락해 가는 제국 백제에도 인물이 없었던 것은 아니다. 성충은 술과 여자에 빠져 나라를 수렁으로 몰아간 의자왕 때의 마지막 충신으로, 죽음을 눈앞에 두면서까지 신라를 막을 방안을 낸 인물이다. 만일 의자왕이 그의 간언을 받아들였다면 백제의 운명은 매우 달라졌을 것이다.

　중국 유학을 다녀와 신라 불교를 부흥시킨 고승으로만 알려진 원광 법사(圓光法師)는 또 어떤가. 죽기 직전 그는 세속 오계를 만들어 백성들에게 올곧은 삶의 방향과 자세를 가르쳤다. 그리고 젊은 인재들로 이루어진 '원화'와 '화랑'은 사회 통합과 삼국 통일에 주춧돌이 되었다. 또 물계자는 태자의 사사로운 미움을 받아 자신이 세운 공을 인정받지 못했지만 그런 사실을 굳이 자랑하거나 알리려 애쓰지 않고 은둔의 삶을 택했다. 해상 왕 장보고처럼 나라를 위했으나 음모에 휘말려 죽은 자도 있다. 이런 인물은 시대의 변화를 인식하고 백성들의 여린 마음을 어루만지며 진정한 애국이 무엇인지 보여 준 시대의 산증인인 셈이다.

댓잎 군사로 이서국의 병사를 물리치다

미추왕

신라 김알지의 7대 후손인 미추왕에 관한 이야기다. 첫 번째 이야기
는 이렇다.

제14대 유례왕(儒禮王) 때에 이서국(伊西國)[1] 사람들이 금성(金城)을
공격해 왔다. 신라는 군대를 크게 일으켜 막았으나 전세가 불리해져 오
래 버티기가 힘들었다. 그때 갑자기 귀에 대나무 잎을 꽂은 군대 곧 죽
엽군(竹葉軍)이 도우러 와서 신라 군대와 힘을 합쳐 적을 물리쳤다. 그
러나 적의 군대가 물러간 후에는 그 신기한 군사들이 어디로 갔는지 도
무지 알 수 없었다. 다만 미추왕의 능 앞에 댓잎이 쌓여 있는 것을 보고
는 그제야 선왕(先王)이 덕을 베풀어 공을 세우게 한 것임을 알게 되었

---

1 오늘날의 경상북도 청도군 이서면과 화양읍 일대에 있었던 것으로 여겨진다.

새로운 세대를 위한 삼국유사

다. 그래서 미추왕의 능을 죽현릉(竹現陵)이라 불렀다.

또 다른 이야기는 이보다 훨씬 뒤의 일이다.

신라 제37대 혜공왕(惠恭王) 때의 어느 날, 김유신의 무덤에서 갑자기 회오리바람이 일어났다. 무덤 속에서 한 사람이 날쌘 말을 타고 나타났는데, 마치 장군과 같은 위엄이 있고 당찬 모습이었다. 갑옷 차림에 무기를 든 40여 명이 그 뒤를 따르며 미추왕이 잠들어 있는 죽현릉으로 함께 들어갔다.

잠시 후 능 안에서 무엇인가 흔들려 진동하면서 흐느끼는 소리가 났는데, 다시 들어보면 누군가에게 호소하는 목소리 같기도 했다. 그 가운데 이런 말이 귓가에 선명하게 들려왔다.

"신(臣)은 평생 동안 이 어지러운 시대를 구하는 데 힘써 통일을 이룩하는 공을 세웠으며, 이제는 넋이 되어서까지 나라를 지키고, 재앙을 물리치며 어지러움을 없애려는 마음을 한순간이라도 바꾼 적이 없었습니다. 그런데 지난 혜공왕 6년에 신의 자손이 죄도 없이 죽임을 당했으니, 그것은 군주나 신하가 저의 공을 염두에 두지 않은 것입니다. 신은 이제 다른 곳으로 멀리 떠나 다시는 나라를 위해 힘써 일하고자 하지 않으니, 왕께서는 부디 허락해 주십시오."

하소연하는 자는 다름 아닌 김유신 장군의 혼이었다. 그러나 미추왕은 김유신의 호소에도 불구하고 이렇게 대답했다.

"나와 공이 이 나라를 지키지 않으면 저 가엾은 백성들은 어떻게 되겠는가? 공은 옛날처럼 힘껏 노력해 주시오."

김유신은 똑같은 목소리로 세 차례나 간청했다. 그러나 미추왕은 세

차례 다 허락하지 않았으므로 회오리바람은 김유신 장군의 무덤으로 돌아갔다.

혜공왕은 그 말을 듣고는 후환이 두려워 곧장 신하 김경신(金敬信)을 보내 김유신 공의 무덤에 가서 사과하고, 절에 바치는 공덕보전(功德寶田)²을 김유신 장군과 연고가 있던 취선사(鷲仙寺)³에 내려 장군의 넋을 달래게 하였다. 취선사는 김유신이 평양을 토벌한 후에 넋을 달래느라 세운 절이었다.

미추왕의 넋이 아니었다면 김유신의 노여움을 막지 못했을 것이니, 나라를 지키려는 미추왕의 마음은 그만큼 남달랐다. 그래서 사람들이 미추왕의 덕을 기려 삼산⁴과 함께 제사 지내기를 게을리하지 않았다. 그리고 제사의 지위를 박혁거세의 무덤인 오릉보다 위에 두고 대묘(大廟)라 일컬었다.

---

2   공덕을 위해 제사 밑천으로 바치는 밭.
3   경상북도 경주에 있던 절로, 신라 문무왕 때 김유신이 고구려와 백제를 평정하고 세웠다 한다.
4   신라의 제사 체제 중 왕이 직접 제사를 올리는 대사(大祀)가 있다. 나림(奈林)·혈례(穴禮)·골화(骨火)에는 대사를 지냈는데, 이 세 곳은 경주와 그 주변 지역에 위치하여 경주를 방호하는 역할을 하는 호국신(護國神) 역할을 하였다. 나림은 현재의 경주 남산이고, 혈례는 청도 오산(鼇山)이며, 골화는 경북 영천의 금강산이다.

02

신라인의 기개를 왜국에 떨치다

김제상

신라 제17대 내물왕이 왕위에 오른 지 36년째 되던 390년에 왜국의 왕이 그동안 사이가 좋지 않았던 신라에 사신을 보내 이렇게 말했다.

"저희 임금님은 대왕의 영특하심을 듣고 백제에 지은 죄에 대한 대왕의 사과를 저희에게 받아 오라고 하셨습니다. 대왕께서는 왕자 한 명을 왜국으로 보내 저희 임금께 참마음을 보이시기 바랍니다."

이 말은 볼모를 한 명 보내라는 협박이나 다름없었다. 왕은 하는 수 없이 셋째 아들 미해(美海)를 왜왕에게 보냈다. 이때 미해의 나이는 열 살에 지나지 않아 말과 행동이 아직 반듯하게 갖추어지지 않았으므로 신하 박사람(朴娑覽)을 수행원으로 딸려 보냈다. 그런데 왜왕이 무려 30년 동안 그를 붙잡아 두고는 돌려보내지 않았다.

내물왕의 뒤를 이어 눌지왕(訥祇王)이 왕위에 오른 지 3년째 되던

419년에 고구려 장수왕(長壽王)이 사신을 보내 말했다.

"저희 임금께서는 대왕의 아우 보해(寶海)가 지혜롭고 재능도 있다는 말을 듣고, 서로 친하게 지내기를 바라며 특별히 저를 보내 왕자를 보내 주십사 간청하도록 했습니다."

눌지왕은 국경을 쳐들어오는 고구려 때문에 골머리를 앓던 차에 그 말을 듣고 다행스러워하면서 서로 잘 지내며 왕래하기로 약속하였다. 그래서 동생 보해에게 고구려로 가도록 명령하고는 김무알(金武謁)을 수행원으로 딸려 보냈다. 그런데 장수왕 역시 왜왕과 마찬가지로 보해를 붙잡아 두고는 돌려보내지 않았다.

눌지왕이 자리에 오른 지 10년째 되던 어느 날이었다. 왕은 여러 신하와 나라 안의 호걸들을 불러 모아 잔치를 베풀었다. 분위기가 무르익고 음악이 울리기 시작하자, 왕이 갑자기 눈물을 흘리면서 신하들에게 말했다.

"과거 돌아가신 아버지께서는 백성들의 일이라면 정성을 다했기 때문에 사랑하는 아들을 동쪽 왜국으로 보냈다가 두 번 다시 보지 못한 채 돌아가셨소. 또 내가 임금이 되고 나서 이웃 나라의 군대가 대단히 강하여 전쟁이 그치지 않았는데, 고구려만이 화친을 맺자는 말을 하였으므로 나는 그 말을 믿고 아우를 고구려에 보냈던 것이오. 그런데 고구려 또한 그를 붙잡아 두고는 돌려보내지 않고 있소. 내가 비록 높은 자리에서 행복한 듯 보이지만 일찍이 단 한순간이라도 두 아우를 못 잊어 울지 않은 날이 없었소. 만약 두 아우를 만나 보고 함께 조상의 묘를 찾아 잔을 올리게 된다면 조상들에게 은덕을 갚을 수 있을 것이니, 누가 이 일을 이룰 수 있겠소?"

이때 모든 신하가 다 함께 아뢰었다.

"이 일은 결코 쉽지 않습니다. 반드시 슬기롭고 용맹스러워야 가능한데, 신들의 생각으로는 삽라군(歃羅郡)[5] 태수 김제상(金堤上)이라면 할수 있을 것입니다."

그래서 왕이 제상을 불러 물었다.

제상은 두 번 절하고 대답하였다.

"신이 듣건대 '임금에게 걱정거리가 있으면 신하가 욕을 먹게 되고, 임금이 욕을 먹으면 신하는 그 일을 위해 죽어야 한다.'라고 합니다. 어떤 일을 하는데 어려운지 쉬운지 따져 보고 나서 행동하면 충성스럽지 못한 것이고, 죽을지 살지를 따져 보고 나서 움직이면 용기가 없는 것입니다. 신이 비록 어리석지만 명을 받들어 두 왕자를 구하러 가고 싶습니다."

왕은 제상의 말을 매우 기특하게 여겨 그와 술을 나누며 손을 굳게 잡고 뒷일을 부탁했다. 제상은 명을 받들자마자, 곧장 북쪽 바닷길을 달려 변장하고 고구려로 들어갔다. 그리고 보해가 있는 곳으로 가 둘이 함께 달아날 날짜를 의논하여 정하고, 제상은 고성(高城)의 포구로 돌아와 묵으면서 기다렸다. 보해는 약속한 날짜가 다가오자 병을 핑계로 며칠 동안 모습을 드러내지 않다가 한밤중에 도망쳐 고성 바닷가까지 이르렀다. 뒤늦게 고구려 장수왕이 이를 알고는 수십 명을 보내 뒤쫓도

---

5   현재의 경상남도 양산.

록 했고 고성 포구에 이르러 거의 따라잡을 지경에 이르렀다. 그러나 보해가 고구려에 머무는 동안 주위 사람들에게 은혜를 베풀었기 때문에 군사들은 그를 불쌍히 여겨 모두 화살촉을 뽑고 활을 쏘았다. 덕분에 그는 죽음을 면하고 돌아올 수 있었다. 왕의 기쁨은 이루 말할 수 없었다. 그런데 기쁨도 잠시뿐 왕은 왜국에 가 있는 미해 생각이 더욱 간절해져, 기뻐하면서도 슬픈 마음에 눈물을 머금고 주위 사람들에게 말했다.

"내 마음은 마치 몸 하나에 팔이 하나뿐이고 얼굴 하나에 눈이 하나뿐인 것 같소. 하나는 얻었으나 하나는 없으니 오히려 더 가슴이 찢어지는 듯하오."

제상은 왕의 탄식을 듣고는 공손히 절하며 인사하고는 다시 말에 올랐다. 그는 자기 집에도 들르지 않고 길을 떠나 곧바로 율포(栗浦)[6] 바닷가로 나갔다. 제상의 아내는 남편이 왜국으로 떠났다는 소식을 듣고는 말을 달려 뒤쫓아 율포에 이르렀지만, 남편은 이미 배에 오른 뒤였다. 아내가 목이 터지도록 애타게 불렀으나 제상은 그저 손만 흔들어 보이고는 서둘러 떠나는 것이었다.

제상이 왜국에 도착해 의심을 피하고자 거짓으로 말했다.

"저는 신라 사람인데 신라의 왕이 아무런 이유 없이 제 아버지와 형을 죽였기 때문에 이곳까지 달아나 온 것입니다."

왜왕은 그의 말을 믿고 집을 내주어 편안하게 살도록 해 주었다. 왜

---

6   현재의 울산광역시.

국에 머물게 된 제상은 미해를 모시고 바닷가에 나가 노닐며 낚시질도
하고 사냥도 하면서 물고기와 새를 잡았다. 그가 잡은 것들을 왜왕에게
모두 바치니, 왜왕이 매우 기뻐하여 그를 의심하지 않았다.

그러던 어느 날이었다. 새벽에 안개가 짙게 끼자, 제상이 미해에게
말했다.

"달아나시기에 좋은 때인 듯합니다."

미해가 말했다.

"그렇다면 그대도 함께 갑시다."

그러나 제상은 고개를 내저으며 말했다.

"만약 저까지 달아난다면 아마도 왜인들이 알아차려 뒤쫓아 올 것입
니다. 제가 여기 남아 저들의 추격을 막겠습니다."

미해가 말했다.

"지금 그대는 나에게 아버지나 형과 같은 존재인데, 어찌 그대를 죽
게 내버려 두고 나 혼자 돌아갈 수 있겠소?"

제상이 말했다.

"신은 왕자님의 목숨을 구하여 슬픔에 빠진 대왕의 마음을 달랠 수만
있다면 만족할 따름입니다. 어찌 살기를 바라겠습니까?"

제상이 말을 마치고는 술을 가져다 미해에게 따라 주고 하직 인사를
했다. 때마침 계림 곧 신라에서 온 강구려(康仇麗)가 왜국에 있었으므로
그를 함께 딸려 보냈다.

미해를 달아나게 한 제상은 미해의 방에 몰래 들어가 있었다. 이튿
날, 날이 밝자 시중드는 자들이 들어와 보려고 하였다. 그러자 제상이

밖으로 나가 그들을 말리며 말했다.

"왕자님께서는 어제 말을 달려 사냥을 하느라 몸이 피곤하신 모양입니다. 아직 일어나지 않으셨으니 깨우지 마십시오."

그러나 날이 저물도록 인기척이 없자, 시중드는 사람이 이상한 생각이 들어 미해의 행방을 다시 물으니, 제상은 아무 일도 없다는 듯이 큰소리로 대답하였다.

"미해 왕자는 이미 떠난 지 꽤 오래되었소이다."

시중드는 사람이 이 사실을 급히 왜왕에게 알렸다. 왜왕은 말 탄 병사를 시켜 뒤쫓게 했으나 떠난 지 한참이라 따라잡기에는 어림도 없었다. 분노한 왜왕이 제상을 옥에 가두고 캐물었다.

"너는 어찌하여 내 허락도 없이 너희 나라 왕자를 돌아가게 했느냐?"

제상은 단호한 말투로 대답하였다.

"나는 신라의 신하이지 왜국의 신하가 아니다. 신라의 신하 된 자로서 우리 임금의 뜻을 이루어 드리려고 한 것뿐이거늘 무엇 때문에 구태여 당신에게 말하겠는가?"

왜왕이 더욱 화가 나 말했다.

"이제 너는 나의 신하가 되었는데도 계림의 신하라고 말하니 갖은 형벌로 다스릴 수밖에 없다. 그러나 만약 지금이라도 우리 왜국의 신하라고 말하면 후한 벼슬과 상을 내리겠다."

그러나 제상은 이번에는 더욱더 단호한 말투로 대답하였다.

"차라리 신라의 개돼지가 될지언정 왜국의 신하는 되지 않겠다. 차라리 신라의 왕에게 볼기를 맞는 형벌을 받을지언정 왜국의 벼슬과 재물은 받지 않겠다."

왜왕은 노하여 몸서리를 치면서 제상의 발바닥 살갗을 도려낸 후 갈대를 베어다 놓고 그 위를 걷게 하라고 신하들에게 명했다. 그러고는 다시 한 번 물었다.

"너는 어느 나라 신하인가?"

제상은 꼿꼿한 태도로 대답하였다.

"계림의 신하다."

왜왕은 다시 뜨거운 철판 위에 제상을 세우고 물었다.

"너는 어느 나라 신하인가?"

제상은 눈 하나 깜짝하지 않고 대답하였다.

"나는 계림의 신하다."

그러자 왜왕은 제상을 굴복시킬 수 없음을 알고는 목도(木島)라는 섬으로 데려가 불태워 죽게 하였다.

한편 미해는 바다를 건너 신라로 돌아오자, 강구려에게 자신이 돌아온 사실을 나라에 알리라 하였다. 왕은 놀라고 기뻐하여 모든 신하에게 굴헐역(屈歇驛)에서 맞이하도록 명하고, 자신은 친동생 보해와 함께 남쪽 마을에서 그를 맞았다. 그러고는 대궐로 돌아와서 잔치를 베풀고 나라 안의 죄수들을 풀어주고, 제상의 아내를 국대 부인(國大夫人)으로 봉하고 제상의 딸을 미해의 부인으로 삼았다.

처음에 제상이 떠날 때, 부인이 소식을 듣고 뒤쫓았으나 남편을 끝내 만나지 못하자 망덕사(望德寺)[7] 문 남쪽의 모래밭에 드러누워 오래도록 울부짖었는데, 이 때문에 그 모래밭을 '긴 모래밭'이라는 뜻에서 장사

(長沙)라 불렀다. 그녀의 친척 두 사람이 부축하여 돌아오려는데 부인이 다리가 풀려 뻗은 채 일어나지 못했으므로 그 땅을 '뻗치다'의 음을 따 벌지지(伐知旨)라 하였다. 오랜 뒤에 부인은 남편을 잊지 못해 세 딸을 데리고 치술령[8]에 올라 왜국을 바라보면서 통곡하다 죽어 치술령의 신모(神母)가 되었다. 그 사당이 지금도 남아 있다.

<hr />

7   문무왕 대에 경주시 낭산에 건축된 절로, 사천왕사의 맞은편에 있었으나 현재는 그 터만 남아 있다.

8   경주시 외동읍과 울주군 두동면 경계에 있는 해발 754미터의 험준한 산이다. 산꼭대기에는 김제상의 아내가 동해를 바라보며 남편을 기다리다 바위가 되었다는 망부석이 있다. 날씨가 좋으면 일본 쓰시마 섬이 보일 정도로 전망이 좋다.

03

호국 신의 도움으로 목숨을 구하다

김유신

김유신은 각간 벼슬을 한 김서현(金舒玄)의 맏아들로, 진평왕 17년인 595년 밤하늘에 늘 자리 잡고 있는 북두칠성의 정기를 타고 태어났다. 그래서 그의 등에는 일곱 개의 별 무늬가 있었으며 늘 신기한 일이 따라다녔다.

김유신의 동생은 흠순(欽純)이었다. 그의 큰누이는 보희(寶姬)라고 하며 어릴 적 이름은 아해(阿海)이고, 막내 누이는 문희(文姬)라고 하며 어릴 적 이름은 아지(阿之)였다.

김유신은 열여덟 나이에 화랑의 총지휘자인 국선(國仙)이 될 정도로 칼 솜씨가 뛰어났다. 당시 백석(白石)이란 자가 있었는데, 어디서 왔는지는 알 수 없었으나 몇 해 동안 낭도에 속해 있었다.

김유신은 고구려와 백제를 모두 칠 생각에 잠겨 밤낮으로 이런저런 궁리를 하고 있었는데, 백석이 그런 마음을 눈치 채고는 김유신에게 말했다.

"제가 공과 함께 적국에 가서 먼저 몰래 살펴본 뒤 일을 꾸미면 어떻겠습니까?"

듣고 보니 썩 괜찮은 생각이었다. 김유신이 기뻐하며 백석을 데리고 밤에 몰래 출발하였다.

마침 고개 위에서 쉬고 있는데, 두 여인이 김유신을 따라왔다. 골화천(骨火川)에 이르러 머무를 때에 또 한 여인이 갑자기 나타났다. 김유신은 왠지 좋은 느낌이 들어 그들 세 여인과 즐겁게 이야기를 나누었다. 여인들이 맛있는 과일을 먹을거리로 주자 김유신이 받아먹고는 마음으로 서로 통한다고 생각하여 여인들에게 자신이 지금 백제를 치고자 한다며 계획을 말했다. 그러자 여인들이 짐짓 놀란 얼굴로 김유신의 귓가에 속삭이듯 말했다.

"저희가 드릴 말씀이 있으니 함께 온 저 사람을 여기에 잠시 남겨 두고 저희들과 함께 숲속으로 들어가시지요."

여인들의 말에 김유신은 홀린 듯 함께 숲속으로 들어갔다. 그러자 여인들이 갑자기 신의 모습으로 변하며 꾸짖듯이 말했다.

"우리는 나림(奈林)·혈례(穴禮)·골화(骨火) 세 곳의 호국 신이다. 지금 적국 사람이 그대를 꾀어 가고 있는데도 모르고 계속 길을 가고 있으니 하도 한심하여 우리가 그대를 저자와 함께 가지 못하게 하려고 이곳에 오자고 한 것이니라."

그들의 호통 소리에 놀란 김유신이 잠깐 동안 정신을 잃었다가 다시 깨어나 보니 세 여인은 모두 사라진 뒤였다. 김유신은 아무도 없는 빈 하늘에 대고 두 번 절한 뒤 숲을 빠져나왔다. 그는 골화관(骨火館)에서 머물며 백석의 마음을 한번 떠보려고 이렇게 말했다.

"생각해 보니 다른 나라로 들어갈 때 중요한 문서를 잊고 그냥 왔소. 우리 함께 집으로 돌아가 그 문서를 가지고 오도록 합시다."

백석은 속으로는 찜찜해 했으나 유신을 따라 되돌아올 수밖에 없었다. 집으로 돌아온 김유신이 백석을 오랏줄로 묶고 캐물으니, 백석은 자신이 본래 고구려 사람이라며 이런 이야기를 하였다.

"저희 고구려의 신하들이 말하기를 '신라의 김유신은 우리 고구려의 점쟁이였던 추남(揪南)이었다.'라고 했습니다. 어느 날 국경 지역에 물이 거꾸로 흘러 추남에게 점을 치게 하니, '우리 왕비께서 행실이 좋지 않아 이런 일이 나타난 것입니다.'라고 했습니다. 왕이 왕비를 이상하게 여기자 왕비는 화를 내며 이는 요사스러운 여우의 말이라 하였습니다. 그리고 왕비는 왕에게 다른 일을 들어서 한 번 더 추남을 시험하여 말이 틀리면 무거운 벌을 내리도록 하자고 했습니다. 그래서 이에 쥐한 마리를 상자 속에 넣고 '이것이 어떤 물건이냐?'라고 물으니 그 사람이 말하기를, '이것은 틀림없이 쥐인데 모두 여덟 마리입니다.'라고 했습니다. 그러자 말이 틀렸다 하여 죽이려 하자, 그 사람이 한 서린 목소리로 '내가 죽은 후에 다시 태어나 장군이 되어 반드시 고구려를 멸망시킬 것입니다.'라고 했습니다. 즉시 그를 죽이고 쥐의 배를 갈라 보니그 속에 일곱 마리의 새끼가 있었습니다. 물론 추남의 목숨은 이미 끊어진 뒤였습니다. 그날 밤 대왕이 꿈을 꾸었는데 추남이 신라 서현 공

(舒玄公) 부인의 품으로 들어가는 것을 보고는 신하들에게 말하자, 모두 말하기를 '추남이 맹세하고 죽더니 과연 그렇게 되었구나.'라고 했습니다. 그래서 결국 저를 보내 추남이 고구려를 멸망시키지 못하도록 이런 일을 꾸민 것입니다."

김유신은 백석을 죽이고, 온갖 음식을 준비하여 세 명의 신령들에게 정성스레 제사를 지냈다. 그러자 세 신령이 모두 본래의 모습을 드러내더니 제사 음식을 받아 들고는 돌아갔다.

한편 김춘추를 '태종(太宗)'으로 봉한 일에 관한 재미있는 이야기가 있다.

태종이 막 즉위했을 때, 머리 하나에 몸뚱이는 둘이고 발이 여덟 개인 돼지를 바친 자가 있었다. 사람들이 말했다.

"이는 반드시 천하를 차지할 좋은 일입니다."

이 태종 때에 처음으로 중국의 옷과 아홀(牙笏)[9]을 착용하였다. 이는 자장 법사(慈藏法師)가 당나라 황제에게 청하여 가져온 것이다.

신문왕(神文王) 때에 당나라 고종이 신라에 사신을 보내 말했다.

"나의 돌아가신 아버지 태종께서는 어진 신하 위징(魏徵)과 이순풍(李淳風) 등을 얻어 마음을 합치고 덕을 한결같이 하여 천하를 통일하였기 때문에 태종 황제라고 일컬어졌소. 신라는 바다 건너의 작은 나라인데도 감히 태종이란 칭호를 사용하면서 우리나라에 충성을 다하지 않고

---

9   조례할 때 대신들이 손에 쥐는 것.

있소. 그러니 어서 그 칭호를 고치도록 하시오."

이에 신라 왕이 글을 올려 말했다.

"신라가 비록 작은 나라이기는 하지만 위대한 신하 김유신을 얻어 삼국을 통일했기 때문에 그 왕을 태종으로 봉한 것입니다."

당나라 황제는 이러한 내용의 답장을 읽어 보고는 자기가 태자일 때 있었던 일이 생각났다.

"삼십삼천(三十三天)[10]의 한 사람이 신라에 내려왔으니 그가 바로 김유신이다."라는 말이 하늘에서 들려와 당나라 고종이 이 말을 책에 기록해 두었던 것이다. 당나라 황제는 그 책을 찾아 꺼내 보고 매우 놀라고 두려워하며 다시 사신을 보내 '태종'이라 부르는 것을 고치지 않아도 된다고 허락하였다.

 한 걸음 더

신라의 골품제 | 신라는 귀족에게만 적용되는 '골품제'라는 신분 제도를 가지고 있었다. 골품은 관직 진출의 상한선을 제한할 뿐 아니라 일상생활도 규제하였다.

10　불교의 우주관에서 세계의 중심에 있다고 여겨지는 수미산(須彌山) 꼭대기의 도리천(忉利天)을 달리 이르는 말. 가운데에 제석천이 있고 그 사방에 하늘이 여덟 개씩 있다 하여 삼십삼천이라 부른다.

관등		골품				공복
등급	관등명	진골	6두품	5두품	4두품	
1	이벌찬(각간)					자주색
2	이찬(이간)					
3	잡찬(잡간)					
4	파진찬(아진찬)					
5	대아찬(대아간)					
6	아찬(아간)					붉은색
7	일길차					
8	사찬(살찬)					
9	급벌찬(급간)					
10	대나마(대내마)					푸른색
11	나마(내마)					
12	대사					노란색
13	사지					
14	길사					
15	대오					
16	소오					
17	조위					

새로운 세대를 위한 삼국유사

o4

죽어 가면서도 신라를 막을 방안을 내놓다

성충

　백제의 마지막 임금 의자왕은 무왕의 맏아들로서 시대의 영웅이었다. 용감하고 담력이 있었으며, 효성도 지극하고 형제들과 우애가 좋아 당시 해동의 증자(曾子)[11]라고 불릴 정도였다. 그러나 641년 무왕의 뒤를 이어 왕위에 오른 뒤 술과 여자에 빠지자 나라가 어지러워지고 위태로워졌다.

　당시 성충(成忠)이 좌평(佐平)이라는 벼슬자리에 있었는데, 평소 강직한 성품과 꼿꼿한 언행으로 왕의 잘못을 끄집어내어 아뢰었으나 의자왕은 귀담아듣지 않고 그를 감옥에 가두어 버렸다. 시간이 흘러 나라가 더욱 어지러워지자, 감옥에 갇힌 성충은 마음고생을 많이 하고 몸도 여

11　춘추 시대 노나라 공자의 제자로 효성이 지극했다.

위어 자신의 목숨이 얼마 남지 않았다는 생각에 다시 한 번 간절하게 의자왕에게 충심을 다해 말했다.

"충신은 죽어도 임을 잊지 않는다 하니, 한 말씀만 올리고 죽고자 합니다. 신이 지금의 정세를 헤아려 보니 머지않아 반드시 큰 전쟁이 있을 것입니다. 무릇 전쟁이란 그 땅을 잘 가려 해야 하니 상류에서 적을 맞아야만 나라를 보전할 수 있습니다. 만약 적국의 군사가 땅으로 쳐들어오면 탄현(炭峴)을 지나가지 못하게 하고, 바다로 오면 기벌포(伎伐浦)로 들어가지 못하게 한 후[12] 방어가 유리한 험준한 형세에 기대어 적을 막아 내야 합니다."

그러나 왕은 성충의 말을 듣지 않고 여전히 나랏일을 게을리하면서 세월만 축냈다.

의자왕이 자리에 오른 지 19년째인 659년에는 이상한 일이 많았다. 백제 오회사(烏會寺)라는 절에 몸집이 큰 붉은색 말이 나타나 밤낮으로 절을 돌면서 덕행을 닦았다. 2월에는 여우 여러 마리가 의자왕의 궁궐로 들어왔는데, 유독 흰 여우 한 마리가 성충의 책상 위에 앉아 있었다.

이뿐만이 아니었다. 4월에는 태자가 살고 있는 궁궐의 암탉이 작은 참새와 교미하였다. 5월에는 큰 물고기가 사비(泗沘) 강가로 나와 죽었는데 그 길이가 어른 키의 세 배나 되었다. 그 물고기를 먹은 사람들 모

---

12   탄현과 기벌포는 백제의 전략적 요충지였다. 탄현은 오늘날의 대전광역시 동구와 충청북도 옥천군 군서면의 경계에 위치한 식장산(食藏山)에 있는 고개이다. 기벌포는 지금의 금강 하류 장항 부근이다.

두가 죽었다. 9월에는 궁중의 홰나무가 마치 사람이 곡을 하듯 울었고, 밤에는 귀신이 궁궐 남쪽 길에서 울었다.

660년 봄 2월에는 괴이한 일이 더 많아졌다. 수도의 우물물이 핏빛으로 변하였고, 서해 바닷가에서는 작은 물고기들이 물가로 나와 떼로 죽었는데, 백성들이 아무리 먹어도 없어지지 않았으며, 사비 강의 물이 다시 핏빛으로 물들었다. 심지어 이해 4월에는 나무 위에 청개구리가 수만 마리나 모였다. 또 누가 붙잡기라도 하는 것처럼 이유도 없이 놀라 달아나다가 넘어져 죽은 자가 100여 명이나 되었고, 집에 둔 재물을 잃어버린 자 또한 셀 수가 없을 지경이었다. 6월에는 무왕이 세웠던 왕흥사(王興寺)의 모든 승려가 배가 큰 물결을 따라 절의 문으로 들어오는 것을 보았다. 그리고 사슴만 한 큰 개가 서쪽으로부터 사비 강가에 이르러 왕궁을 향해 짖었는데, 갑자기 사라져 간 곳을 알 수 없었다. 성 안의 개가 떼로 모여서 짖거나 울부짖다가 시간이 흐르자 흩어졌다. 이 모든 것이 좋지 않은 일을 예고하고 있었다.

그런 가운데 귀신 하나가 궁중에 들어와 크게 부르짖었다.

"백제는 망한다. 백제는 망한다."

그러고는 곧바로 땅속으로 꺼졌다. 왕이 이를 이상하게 여겨 땅을 파보게 했더니 깊이가 석 자 남짓 되는 곳에 거북이 한 마리가 있었는데, 그 등에 이런 글이 씌어 있었다.

"백제는 보름달 같고, 신라는 초승달과 같다."

점쟁이에게 물어보니 이렇게 말했다.

"보름달이란 가득 찬 것이고 가득 차면 기우는 법입니다. 초승달과 같다고 함은 가득 차지 않은 것이고 차지 않으면 점점 차게 되는 것입니다."

이 말을 들은 왕은 노여워하며 그를 죽였다. 그러자 아부를 잘하는 신하 하나가 이와 반대로 말을 했다.

"보름달은 꽉 찬 것이며 초승달은 미미한 것입니다. 생각건대 우리나라는 점점 강대해지고 신라는 점차 약해진다는 뜻인 듯합니다."

왕은 자신이 바라던 대답을 듣고는 기뻐하였다.

한편 신라의 태종 무열왕 김춘추는 백제에 기이한 일이 많이 생긴다는 말을 듣고는 기회가 온 것이라 생각했다. 660년에 아들 김인문(金仁問)을 당나라에 사신으로 보내 군대를 파견해 도와줄 것을 부탁하였다. 평소에도 호시탐탐 이웃 나라를 침략할 기회를 엿보던 당나라 고종은 장군 소정방에게 조서를 내려 유백영(劉伯英)과 풍사귀(馮士貴), 방효공(龐孝公) 등으로 하여금 13만여 명의 군사를 이끌고 신라로 가서 함께 백제를 정벌하게 하였다. 신라의 김춘추는 군사를 거느리고 당나라군과 힘을 합쳐 연합 전선을 펴기로 했다. 소정방이 군사를 이끌고 성산(城山)[13]으로부터 바다를 건너 신라의 서쪽 덕물도(德勿島)[14]에 이르렀다. 신라 왕은 장군 김유신을 보내 정예병 5만 명을 거느리고 나가게 하였다.

의자왕이 그 소식을 듣고 여러 신하를 불러 모아 싸울 방법을 찾아

---

13 현재의 중국 산둥 성(山東省) 원덩 현(文登縣)을 말한다.
14 현재의 서해 덕적도이다.

새로운 세대를 위한 삼국유사

물었다. 그러나 대규모의 군대가 쳐들어온다는 말을 모두들 워낙 갑작스럽게 들은지라 우왕좌왕하며 어찌할 바를 몰랐다.

좌평 의직(義直)이 먼저 왕 앞으로 나아가 말했다.

"당나라 군사는 멀리서 큰 바다를 건너왔으나 바다 전투에 익숙하지 못하고, 신라군은 큰 나라인 당나라의 도움만 믿고서 적을 가볍게 여기는 마음이 있습니다. 신라군은 당나라 군사들이 불리한 것을 보면 분명 두려워 전진해 오지 못할 것입니다. 그러므로 먼저 당나라 군대와 싸워 기선을 제압하는 것이 옳을 듯싶습니다."

그러나 달솔(達率)[15] 벼슬에 있던 상영(常永)은 의직과는 생각이 달랐다. 그가 말했다.

"그렇지 않습니다. 당나라 군사는 먼 곳에서 왔으므로 어떻게든 빨리 싸워 승리하고자 할 것이니, 그 날카로운 기세를 쉽게 이겨 낼 수 없을 것입니다. 반대로 신라 군대는 여러 번 우리에게 졌으니 이젠 우리 병력을 보기만 해도 두려워하지 않을 수 없을 것입니다. 지금 쓸 계책은 당나라 군사의 길을 막아 군사가 지치기를 기다리고 우리의 다른 군대로 신라 군사를 공격하여 그 기세를 꺾는 것입니다. 그런 다음 양측의 형세를 보아 싸우면 나라를 지킬 수 있을 것입니다."

두 사람뿐 아니라 다른 사람들도 저마다 해결책이 엇갈려 의자왕은 누구의 의견을 따라야 할지 망설였다. 이때 좌평 흥수(興首)가 죄를 짓

---

15   백제의 16관등 중 2품 관직의 명칭이며, 대솔(大率)이라고도 한다.

고 고마미지현(古馬彌知縣)[16]에서 귀양살이를 하고 있었는데, 왕이 사람을 보내 그에게 물었다.

"상황이 급박하게 돌아가니 어떻게 하면 좋은가?"

흥수가 대답하였다.

"좌평 성충과 같은 의견입니다."

그런데 왕이 흥수에게 보낸 자들은 평소 성품이 곧고 바른말 잘하기로 소문난 성충과 흥수를 눈엣가시로 여기던 터라 그의 말을 사실대로 왕에게 알리지 않았다. 그들은 이렇게 달리 말했다.

"흥수는 옥에 갇힌 몸이라 왕을 원망하고 나라를 아끼지 않습니다. 그의 말을 들어서는 안 됩니다. 그러니 당나라 병사들은 백강(白江, 곧 기벌포)으로 들어와 흐름을 따라 내려오게 한 후 배가 빠져나가지 못하게 하고, 신라군은 탄현으로 올라와 지름길로 오게 하여 말이 나란히 지나지 못하게 하는 것이 가장 좋습니다. 이때 우리 군사들을 놓아 공격한다면 그들은 닭장에 갇힌 닭과 같고 그물에 걸린 물고기와 같을 것입니다."

평소 이들을 신임했던 왕은 이들의 말에 조금도 의심을 품지 않았다.

"흥수가 정말로 그리 이야기했단 말이오? 그렇다면 나는 그대들의 말을 따를 것이오."

그러는 사이 당나라 군사와 신라 군사가 이미 백강과 탄현을 통과했다는 보고가 들어왔다. 의자왕은 이 말을 듣고는 다급한 마음에 장군

---

16   현재의 전라남도 장흥군 장흥읍 일원이다.

계백(階伯)을 보내 결사대 5,000명을 이끌고 황산(黃山)[17]으로 나가 신라 군사와 싸우도록 하였다. 계백이 이끈 백제군은 네 차례 싸워 네 차례 모두 이겼다. 그러나 결국 수적 열세를 극복하지 못해 패배하고 계백 역시 싸움터에서 장렬하게 죽고 말았다.

한편 신라는 당나라와 연합하여 나루터로 쳐들어와 강가에 진을 쳤는데, 갑자기 새 한 마리가 당나라 장수 소정방의 진영 위를 빙빙 맴돌며 다른 곳으로는 가지 않는 것이었다. 이를 꺼림칙하게 여긴 소정방이 사람을 시켜 점을 치게 하니 점쟁이가 말했다.

"반드시 장군께서 해를 입을 징조입니다."

소정방은 두려운 마음이 들어 군사를 퇴각시키고 전쟁을 그만두려 하였다. 그러자 김유신이 나무라듯 소정방에게 말했다.

"어찌 날아다니는 새 따위 때문에 하늘이 준 기회를 놓칠 수 있겠습니까? 하늘의 뜻을 받들고 백성의 뜻에 따라 어질지 못한 자를 치는데 무슨 별일이 있겠습니까?"

그러고는 칼을 뽑아 그 새를 죽이니 새가 그들 앞으로 떨어졌다. 그제야 소정방은 백제군을 물리치려고 나섰다.

당나라 군대가 밀물처럼 진격해 오는데, 군사들은 꼬리를 물며 끝도 없이 이어졌고 북소리도 요란하였다. 소정방은 보병과 기병을 거느리고 곧바로 도성 30리 밖까지 와서 진을 쳤다. 백제군도 성안에서 모두

---

17 현재의 충청남도 논산시 부적면 일대로, 국도에서 2킬로미터 떨어진 곳에 계백 장군의 무덤이 있다.

힘을 합쳐 막았으나 역부족이었다. 죽은 자만 해도 1만여 명이었다. 당나라 병사들이 연거푸 승리하면서 성으로 공격해 오자, 의자왕은 죽음을 면치 못할 것을 알고 탄식하였다.

"성충의 말을 듣지 않아 이 지경에 이른 것이 후회스럽도다!"

그러고는 태자 융(隆)과 북쪽 변읍 곧 웅진성으로 달아났다.

소정방이 마침내 성을 포위하자, 의자왕의 둘째 아들 태(泰)가 스스로 왕이라 칭하고는 남은 무리를 이끌고 성을 굳게 지켰다. 그러자 태자 융의 아들 문사(文思)가 태에게 말했다.

"왕과 태자가 달아나자 작은아버지께서 마음대로 왕이 되셨으니, 만일 당나라 군사가 포위를 풀고 물러간다면 그때 우리들이 어찌 무사할 수 있겠습니까?"

그리하여 문사도 주위 사람들을 거느리고 도망쳤다. 이때 백성들도 모두 따라나섰는데 태는 이를 막지 못하였다.

소정방은 군사들에게 성벽에 올라가 당나라 깃발을 세우라고 하였다. 태는 궁지에 몰리자 얼른 문을 열어 주고는 항복하겠다며 청하였다. 마침내 왕과 태자 융, 왕자 태, 대신 정복(貞福)이 여러 성과 함께 모두 항복하였다. 소정방은 의자왕과 태자 융, 왕자 태, 왕자 연(演)과 대신, 그리고 장사 88명과 백성 1만 2,807명을 당나라 수도 장안으로 보냈다. 소정방이 붙잡아 온 백제 사람들을 데리고 황제를 만나니, 당나라 황제는 이들을 한바탕 꾸짖고 나서 용서하였다.

의자왕이 병으로 죽자, 금자광록대부(金紫光祿大夫) 위위경(衛尉卿)의 작위를 내리고 백제의 옛 신하들이 조문 오는 것을 허락하였다. 또한 조서를 내려 손호(孫皓)[18]와 진숙보(陳叔寶)[19]의 묘 옆에 장사 지내고 비석도 세워 주었다.

《백제고기(百濟古記)》라는 책에는 이런 이야기도 있다. 부여성 북쪽 모퉁이에 강물에 잇닿은 큰 바위가 있는데, 그 바위에 얽힌 이야기가 전해 온다는 것이다.

"의자왕이 후궁들과 함께 죽음을 피하지 못할 것을 깨닫고, 차라리 자결할지언정 다른 사람의 손에는 죽지 않겠다고 말했다. 서로 이끌어 이곳까지 와서 강물에 몸을 던져 죽었기 때문에 세속에서는 이곳을 떨어져 죽은 바위라는 뜻으로 타사암(墮死巖)[20]이라 한다."

그러나 이것은 당시의 흉흉한 민심에서 나온 이야기로 잘못 전해진 것이다. 이 바위에서는 궁녀들만 떨어져 죽었으며, 의자왕은 당나라에서 죽었다는 것이 《당사(唐史)》에 분명히 기록되어 있다.

---

18 중국 삼국 시대 오나라의 마지막 왕으로 재위 기간은 264~280년이다. 처음에는 선정을 베풀었으나 뒤에 조세를 가혹하게 징수하여 민심을 잃었고, 진(晉)나라에 항복하였다. 진나라에서는 그를 귀명후(歸命侯)로 봉하였다.
19 중국 남조 진(陳)나라 선제(宣帝)의 맏아들로, 진나라의 마지막 군주(재위 583~586년)다.
20 현재의 충남 부여에 있으며, 낙화암(落花岩)으로 더 유명하다.

한 걸음 더

《신라고전(新羅古傳)》[21]에 전해지는 백제의 마지막과 그 후의 이야기 | 《신라고전》에서는 이렇게 말했다.

"소정방이 이미 고구려와 백제 두 나라를 치고, 다시 신라를 칠 목적으로 머물러 있었다. 김유신이 이 계획을 알아차리고는 당나라 군사에게 향응을 베풀고는 짐독(鴆毒)[22]을 먹여 모두 죽게 한 후 땅에 묻었다."

지금 상주(尚州) 경계에 당교(唐橋)가 있는데, 거기가 그들을 묻은 장소다. 당나라 군사가 백제를 평정하고 돌아간 후에 신라 왕은 장수들에게 백제의 남은 적을 잡으라 명하고는 한산성(漢山城)에 진을 쳤다. 그러자 고구려와 말갈 두 나라의 군사가 와서 포위하여 서로 싸웠으나 결말이 나지 않았다. 5월 11일부터 6월 22일까지 신라 군사는 매우 위태로웠다. 왕이 이 소식을 듣고 신하들과 의논했다.

"어떤 계책이 있는가?"

왕이 망설이며 결정을 하지 못하고 있을 때 김유신이 달려와 말했다.

"형세가 위급하여 사람의 힘으로는 미치지 못하고, 오직 신술(神術)로써만 구할 수 있습니다."

그러고는 성부산(星浮山)에 단을 쌓고 신술을 닦으니 갑자기 큰 독만 한 빛이 단 위에서 나타나더니 별처럼 북쪽으로 날아갔다.

한산성 안의 병사들은 구원병이 이르지 않음을 원망하여 서로 바라보며 울 뿐이었다. 적들이 급히 그들을 공격하려 하는데 갑자기 남쪽 하늘에서 빛이 비치더니 적의 포석(砲石)[23] 30여 대가 깨졌다. 또한 적군의 활과 화살과 창이 부서지고, 군사

---

21 신라 시대의 역사를 기록한 책인 듯한데, 현재 전하지 않아 지은이와 지은 시기, 내용과 체제 등을 알 수 없다. 다만 《삼국사기》와 《삼국유사》에서 단편적으로 인용된 것을 볼 수 있을 뿐이다.

22 중국 광둥 성에 사는 독조(毒鳥)인 '짐새'의 깃을 술에 담가 만든 독이다.

23 큰 돌을 장치했다가 내쏘며 성채를 부수는 데 쓰는 포차.

새로운 세대를 위한 삼국유사

들도 모두 땅에 쓰러졌다가 한참 뒤에야 깨어나 달아났다. 이에 우리 군대도 돌아왔다.

귀신이 되어서도 나라를 지키다

장춘랑과 파랑

장춘랑(長春郎)과 파랑(罷郎)은 신라의 화랑이었다.

둘은 신라 군대가 백제 군사들과 황산벌에서 싸울 때 군대의 막사에서 죽었는데, 나중에 신라가 백제를 토벌할 당시 태종 김춘추의 꿈에 나타나 말했다.

"저희들은 옛날에 나라를 위해 죽었던 화랑입니다. 죽어서도 나라를 지키고자 하여 군대에 입대하여 열심히 싸웠으나 당나라 장수 소정방의 위엄에 눌려 그저 남의 뒤나 따라다닐 뿐입니다. 원컨대 왕께서는 저희들에게 얼마 안 되는 군사라도 내어 주어 싸우게 해 주십시오."

꿈에서 깨어난 태종은 아무래도 이상한 생각이 들었다. 그래서 부하들로 하여금 나라를 생각하는 갸륵한 두 넋을 위해 하루 동안 모산정(牟山亭)에서 불경을 풀어 밝히도록 하고는, 다시 한산주에 장의사(壯義

寺)라는 절을 지어 그들의 넋을 빌어 주었다.

죽은 후에도 나라를 생각하다

문무왕

신라의 문무왕은 나라를 21년 동안 다스리다가 681년에 죽었다. 그가 죽을 때, 동해 가운데 있는 큰 바위 위에 장사를 지내라고 명을 내렸다. 왕은 평소 지의 법사(知義法師)에게 이렇게 말하곤 하였다.

"나는 죽은 뒤 나라를 지키는 큰 용이 되어 불교를 높이 받들면서 지내고 싶소."

법사가 말했다.

"바다의 용이라면 짐승으로 태어나는 것이거늘 대왕께서는 어찌 그렇게 하려고 하십니까?"

왕이 말했다.

"나는 인간 세상의 영화에 염증을 느낀 지 오래되었소. 만약 잘못하여 짐승으로 태어나게 된다 해도 그건 나의 생각과 똑같이 되는 것이오."

문무왕은 즉위하였을 때 남산에 큰 창고를 만들었다. 길이가 쉰 보이고 너비가 열다섯 보인데 그곳에 곡식과 무기를 쌓아 두었다. 이를 우창(右倉)이라 일렀다. 또 천은사(天恩寺) 서북쪽 산 위에는 좌창(左倉)을 만들어 나라의 위급한 일에 대비했다.

 한 걸음 더

대왕암과 감은사 | 신라 제31대 신문 대왕은 문무왕의 아들이다. 신문왕은 문무왕을 위해 동해 바닷가에 감은사(感恩寺)를 지었다. 감은사 《사중기(寺中記)》에는 이런 내용이 있다.

"문무왕이 왜병을 진압하기 위해 이 절을 처음 지었으나 완성하지 못하고 죽어 바다의 용이 되었다. 그 아들 신문왕이 즉위하여 개요(開耀) 2년(682년)에 완성했다. 금당(金堂) 섬돌 아래를 파고 동쪽을 향해 구멍을 하나 뚫었는데 용이 절 안으로 들어와 서리도록 마련한 것이라 한다. 대개 문무왕의 유조(遺詔)에 따라 뼈를 묻은 곳은 대왕암(大王岩)이라 하고, 절 이름은 감은사라 했다. 후에 용이 나타난 모습을 본 곳은 이견대(利見臺)라 했다."

07

호국 용을 돌려보내게 하다

원성왕

원성왕(元聖王)이 자리에 오른 지 11년째인 795년에 당나라 사신이 수도 경주에 와서 한 달 동안 머물다가 돌아갔는데, 다음 날 두 여자가 대궐의 뜰로 나와 아뢰었다.

"저희들은 각각 동지(東池)와 청지(靑池)에 사는 두 마리 용의 아내입니다. 얼마 전 당나라 사신이 하서국(河西國) 사람 두 명을 거느리고 와서 우리 남편인 두 용과 분황사(芬皇寺) 우물의 용 등 용 세 마리를 저주하여 작은 물고기로 변하게 한 뒤 통 속에 담아 가지고 돌아갔습니다. 원하옵건대 폐하께서는 하서국의 두 사람에게 저희 남편을 비롯하여 나라를 지키는 용을 돌려주라고 명해 주십시오."

이 말을 듣고 원성왕은 당나라 사신을 뒤쫓아 하양관(河陽館)[24]에 이르렀다. 왕은 그곳에서 몸소 잔치를 베풀고 하서국 사람들에게 명하

새로운 세대를 위한 삼국유사

였다.

"너희들은 어찌하여 우리나라의 용 세 마리를 이곳까지 데리고 왔느냐? 만약 사실대로 말하지 않으면 반드시 사형에 처하겠다."

하서국 사람들이 겁에 질려 물고기 세 마리를 꺼내 왕에게 바쳤다.

왕이 물고기들을 본래 있던 자리에 놓아주자 물고기들은 기뻐서 펄쩍펄쩍 뛰어오르면서 사라졌다. 당나라 사람들은 왕의 명석함에 손바닥을 치며 감명했고 이후로는 함부로 신라를 넘보지 못했다.

 한 걸음 더

청지 ｜ 청지는 동천사(東泉寺)의 샘이다. 동천사의 기록에 의하면, 이 샘은 동해의 용이 왕래하면서 설법을 듣는 곳이라 한다. 동천사는 진평왕이 지은 절로, 오백 성중(五百聖衆), 오층탑, 전민(田民)을 아울러 바쳤다고 한다.

24　오늘날의 경상북도 영천 서쪽인 하양에 있었던 관사(舘舍).

08

세속 오계를 만들다

원광(1)

《삼국사기》〈열전〉에는 이런 이야기가 쓰여 있다.

어진 선비 귀산(貴山)이 사량부에 살고 있었는데, 그는 한동네에 사는 추항(箒項)과 사이좋은 벗이었다. 두 사람은 함께 다짐하며 이렇게 말했다.

"우리들이 배움과 인품이 훌륭한 선비와 사귀길 바라면서도 먼저 자신의 마음을 바르게 하고 몸을 닦지 않는다면 아마도 나쁜 일을 당할 것이다. 그러니 어찌 어진 사람을 찾아가 도를 묻지 않을 수 있겠는가?"

이 무렵 원광 법사가 수나라에 들어갔다가 돌아와서 가슬갑(嘉瑟岬)²⁵에 머무르고 있다는 말을 듣고 두 사람이 원광을 찾아가 공손하게 아뢰

---

25 오늘날의 경상북도 청도 인근이다.

었다.

"저희는 속된 선비들로 어리석어 아는 것이 없으니, 한 말씀만 해 주시면 죽을 때까지 좌우명으로 삼고자 합니다."

두 사람의 참마음을 알아차린 원광 법사가 말했다.

"불교에는 보살계(菩薩戒)가 있고 거기에 따로 열 가지가 있으나, 그대들이 다른 사람의 신하 된 몸으로는 아마도 감당할 수 없을 것이다. 지금 세상에 다섯 가지 계명 곧 세속 오계(世俗五戒)가 있으니, 첫째는 충성으로 왕을 섬기는 것이고, 둘째는 효성으로 어버이를 섬기는 것이고, 셋째는 믿음으로 벗과 사귀는 것이고, 넷째는 싸움터에 나가서 물러남이 없는 것이고, 다섯째는 살생을 가려서 하는 것이다. 너희들은 이를 실행하는 데 소홀함이 없어야 한다."

두 사람이 다시 말했다.

"다른 말씀은 잘 알겠습니다만, 이른바 살생을 가려서 하라는 것만은 그 의미를 잘 알지 못하겠습니다."

원광 법사가 쉽게 설명하여 대답했다.

"육재일(六齋日)²⁶과 봄·여름철에는 살생을 하지 말아야 하니, 이는 때를 가리라는 것이다. 기르는 가축을 죽이지 말라 할 때 그 기르는 가축이란 말·소·닭·개를 말하는 것이다. 미물을 죽이지 말라 하는 것은

---

26 불교에서 한 달 가운데 몸을 조심하고 마음을 깨끗이 하여 재계(齋戒)하는 여섯 날. 음력 8일, 14일, 15일, 23일, 29일, 30일로, 이날에는 사천왕이 천하를 돌아다니며 사람의 선악을 살핀다고 한다.

그 고기가 한 점도 되지 못하는 것을 말하니, 이는 상대를 가리라는 것이다. 또한 죽일 수 있는 것일지라도 꼭 필요한 양만큼만 죽이고 쓸데 없이 많이 죽이지는 말아야 한다. 이것이 곧 세상에서 지켜야 할 좋은 계명이다."

"지금부터 이를 받들어 두루 행하여 감히 실수하는 일이 없도록 하겠습니다."

이후 두 사람은 전쟁터로 나가 모두 나라에 큰 공을 세웠다.

 한 걸음 더

세속 오계 ┃ 원광 법사가 말한 세속 오계는 다음과 같다. 충성으로 왕을 섬기는 것은 사군이충(事君以忠), 효성으로 어버이를 섬기는 것은 사친이효(事親以孝), 믿음으로 벗과 사귀는 것은 교우이신(交友以信), 싸움터에 나가서는 물러남이 없는 것은 임전무퇴(臨戰無退), 살생을 가려서 행하는 것은 살생유택(殺生有擇)이다.

인재를 뽑아 나라의 앞날을 준비하다

원화와 화랑

신라 제24대 진흥왕(眞興王)의 성은 김씨이고, 이름은 삼맥종(彡麥宗), 또는 심맥종(深麥宗)이라고도 한다. 그는 큰아버지 법흥왕의 뜻을 따라 부처를 한결같은 마음으로 섬겨 여러 곳에 절을 세우고, 사람들을 이끌어 승려가 되게 하였다.

또 타고난 성품이 멋스러워 신라 특유의 풍류를 떠받들어 아름다운 처녀들을 뽑아 원화(原花 혹은 源花)라는 제도를 마련하였다. 이것은 젊은이를 모으고 선비를 뽑아 효도·우애·충성·신의를 가르치고자 함이었다. 또한 이들은 나라를 다스리는 중요한 밑받침이기도 하였다.

그래서 남모랑(南毛娘)과 교정랑(姣貞娘) 두 원화를 뽑고, 무리 삼사백 명을 모아 이들에게 주었다. 그런데 교정랑이 남모랑을 질투하여 남모랑에게 술을 먹여 취하게 한 다음, 몰래 북천(北川)으로 데리고 가서 큰 돌 아래 묻었다. 남모랑의 무리들은 남모랑이 어디로 갔는지 몰라 슬피 울면서 흩어졌다. 그런데 어떤 사람이 교정랑의 음모를 알아차려 그에 관한 노래를 짓고는 어린아이들을 꾀어 거리에서 부르게 하였다. 남모랑을 따르던 이들이 그 노래를 듣고 남모랑의 시체를 북천 가운데서 찾아낸 후 교정랑을 죽였다. 이런 일이 있자 대왕은 명을 내려 원화 제도를 없앴다.

여러 해가 지나자 왕은 생각이 달라졌다. 막상 원화 제도를 없애고 나니 나라의 앞날이 걱정되었던 것이다. 나라를 흥하게 하려면 반드시 먼저 풍월도(風月道), 즉 화랑도부터 일으켜야 한다고 생각하여, 다시 명을 내려 좋은 집안의 남자들 가운데 덕행이 있는 올바른 사람을 뽑았다. 그러고는 '원화'라는 이름을 화랑(花郞)으로 고치고, 맨 먼저 설원랑(薛原郞)을 받들어 국선으로 삼았다.

 한 걸음 더

신라의 화랑 제도 | 화랑은 신라 제24대 진흥왕이 젊은이들의 심신 수양을 위해 만든 단체로 교육적 기능과 군사적 기능을 함께 가지고 있었다. 문벌과 학식이 있고 외모가 단정한 젊은이들로 구성되었으며 심신의 단련과 사회의 선도를 이념으로 삼았다. 화랑은 귀족 중에서 선출되었으나 낭도는 귀족과 평민의 자제로 구성되어 계층 간 완충 작용을 하도록 했다. 악행을 고쳐 선행을 하게 하고 윗사람을 공경하며 아랫사람에게는 순하게 하니, 인(仁)·의(義)·예(禮)·지(智)·신(信)의 오상(五常)과 예(禮)·악(樂)·사(射)·어(御)·서(書)·수(數)의 육예(六藝), 태사(太師)·태부(太傅)·태보(太保)의 삼사(三師), 성신(聖臣)·충신(忠臣)·양신(良臣)·지신(智臣)·정신(貞臣)·직신(直臣)의 육정(六正)이 이

시대에 널리 행해졌다.

진흥왕의 업적 │ 한강 하류 지역을 빼앗아 삼국 통일의 기반을 마련하였고 신라의 변경 지역에 순수비(巡狩碑)를 세웠다. 팔관회(八關會)[27]를 처음 열었으며, 황룡사를 지어 불교 진흥에 힘썼다. 또 화랑 제도를 창시하고 《국사(國史)》를 편찬하도록 하였으며 가야금을 제작·연주하게 하는 등 문화 창달에도 이바지하였다. 재위 기간은 540~576년이다.

---

27 통일 신라와 고려 시대에, 해마다 음력 10월 15일은 서경에서, 11월 15일은 개경에서 토속 신에게 제사를 지내던 의식이다. 술, 다과, 놀이로써 즐기고 나라와 왕실의 안녕을 빌었다.

공을 다투지 않고 은둔하다

물계자

신라 제10대 내해왕(奈解王)이 자리에 오른 지 17년째 되었을 때, 보라국(保羅國), 고자국[古自國 혹은 古資國, 지금의 고성(古城)], 사물국[史勿國, 지금의 사주(泗州)] 등 여러 나라가 힘을 합쳐 신라 국경으로 쳐들어왔다. 왕이 태자 내음(榇音)과 장군 일벌(一伐) 등에게 군사를 거느리고 가서 막으라고 명하여, 여러 나라가 모두 항복하였다. 이때 물계자(勿稽子)가 공을 가장 많이 세웠지만, 태자의 미움을 사 그 공을 인정받지 못하였다.

어떤 사람이 물계자에게 말했다.

"이번 전쟁에서 이긴 공은 모두 자네에게 있는데 상이 돌아오지 않은 것은 태자가 자네를 미워한다는 뜻일세. 태자가 원망스럽지 않은가?"

물계자가 말했다.

"나라의 왕이 위에 계시는데 어찌 태자를 원망하겠는가?"

그 사람이 다시 말했다.

"그렇다면 이 일을 왕에게 아뢰는 것이 좋지 않겠는가?"

물계자가 말했다.

"자신의 공을 자랑하여 이름을 다투고, 자신을 드러내려고 남의 공을 덮어 버리는 것은 뜻있는 선비가 할 짓이 아니니 나는 마음을 가다듬고 다만 때가 오기를 기다릴 뿐이네."

215년에 골포국[骨浦國, 지금의 합포(合浦)] 등 세 나라 왕이 각기 군사를 이끌고 갈화[竭火, 굴불(屈弗)이 아닌가 생각되는데 지금의 울주(蔚州)다]를 공격하자 왕이 몸소 군사를 이끌고 나가 막으니 세 나라가 모두 패하였다. 이때 물계자가 적군 수십 명의 목을 베었으나 사람들이 물계자의 공을 높여 말하지 않았다. 물계자가 아내에게 말했다.

"왕을 섬기는 이치에서는 위태로움을 보면 목숨을 바치고 어려움에 임해서는 자신을 잊고 절개와 의리를 지켜 삶과 죽음을 돌보지 않아야 충성이라고 들었소. 무릇 보라와 갈화의 싸움이야말로 나라의 어려움이었고 왕의 위태로움이었는데, 나는 일찍이 내 몸을 잊고 목숨을 바치는 용기가 없었으니, 이것은 매우 충성스럽지 못한 것이오. 이미 불충으로써 왕을 섬겨 그 폐해가 아버님에게 미쳤으니 어찌 효라 할 수 있겠소. 이미 충효를 잃어버렸는데 무슨 면목으로 다시 궁궐과 거리를 왕래하겠소."

그러고는 머리를 풀어 헤치고 거문고를 지니고 사체산(師彘山)으로 들어가서 대나무의 곧은 성질을 안타까워하며 그것에 빗대 노래를 짓기도 하고, 산골짜기를 흐르는 물소리에 맞춰 거문고를 타고 곡조를 지으며 숨어 살 뿐 다시는 바깥세상으로 나오지 않았다.

왕에게 헌신했으나 음모에 휘말려 죽다

장보고

제45대 신무 대왕(神武大王)이 왕위에 오르기 전, 그는 협객 궁파(弓巴) 즉 장보고(張保皐)와 평소 고민을 터놓고 말할 정도로 가까운 사이였다. 신무왕이 어느 날 심각한 표정으로 장보고에게 말했다.

"나에게는 같은 하늘 밑에서 살 수 없는 원수가 있소. 그대가 나를 위해 그자를 없애 주면, 내가 왕의 자리를 차지한 다음 그대의 딸을 왕비로 맞겠소."

장보고는 그렇게 약속하고 신무왕의 일에 협조하기로 했다. 당시 우징(祐徵) 즉 신무왕은 왕위 계승 다툼에서 밀려난 데 한을 품어 작정하고 이렇게 말한 것이었다.

마침내 때가 무르익었다. 839년 장보고는 신무왕이 눈엣가시로 여기던 민애왕을 죽이고 신무왕이 자리를 차지하는 데 결정적 이바지를 했다. 신무왕은 왕위에 오른 뒤 약속대로 장보고의 딸을 왕비로 삼으려 했다. 그러자 신하들이 절대로 안 된다고 아뢰었다. 왕이 이유를 물으니 한결같이 이렇게 대답하였다.

"궁파는 신분이 낮으니, 왕께서 그의 딸을 왕비로 삼아서는 아니 되옵니다."

신하들의 반대에 부딪히자 왕은 결국 신하들의 말을 따랐다.

이때 장보고는 청해진(淸海鎭)에서 무역을 방해하는 해적들을 소탕하는 임무를 맡고 있었다. 그러면서도 마음속으로는 왕이 약속을 어긴 것을 원망하며 언젠가 복수하겠다고 굳게 마음먹었다. 그런데 좀처럼 기회가 오지 않았고, 그러는 사이 그의 음모가 세간에 알려지고 말았다. 장군 염장(閻長)이 그 소식을 듣고는 왕에게 아뢰었다.

"장보고가 난을 일으키려고 하니 제가 없애 버리겠습니다."

왕 또한 노발대발하며 빨리 장보고를 없애라고 명하였다. 염장은 왕명을 받고 청해진으로 가서 장보고에게 사람을 보내 이렇게 전했다.

"제가 당신께 몸을 맡기고 목숨을 보존하려고 합니다."

장보고는 그 말을 듣고는 크게 노하여 말했다.

"너희들이 왕을 부추겨 내 딸을 왕비로 삼지 못하게 했는데, 어찌하여 나를 만나려 하는가?"

염장이 다시 사람을 통해 전하였다.

"그것은 다른 신하들이 간언한 것이지 저는 그 일에 관여하지 않았으니, 현명한 공께서는 저를 의심하지 마십시오."

순진한 장보고가 그의 말을 듣고 자신의 거처로 불러들여 물었다.

"그대는 진정 나에게 무슨 볼일이 있어서 이곳에 온 것이오?"

염장이 거짓으로 말했다.

"제가 왕의 뜻을 거스른 일이 있어 위험에 빠졌습니다. 먼저 당신께 기대어 난을 피하고자 합니다."

그러자 장보고가 말했다.

"좋소. 그렇게 합시다."

그들은 술자리를 마련하여 즐겁게 술을 마셨다. 장보고가 술에 취해 비틀거리는 사이, 술을 마시는 척만 했던 염장이 장보고의 칼을 꺼내들어 그를 단숨에 죽였다. 그러자 장보고의 반란에 참여하려 했던 나머지 부하들은 두려워하며 땅에 엎드렸다. 염장이 그들을 이끌고 수도 경주로 돌아와 왕에게 의기양양하게 아뢰었다.

"소신이 장보고를 없앴습니다."

왕은 기뻐하며 염장에게 상을 내리고 아간(阿干)이라는 벼슬도 내려 주었다.

 한 걸음 더

장보고와 청해진 | 장보고는 통일 신라 시대의 장군(?~846)으로 본명은 궁복(弓福) 혹은 궁파라고 한다. 중국 당나라에 건너가 무령군(武寧軍) 소장(小將)이 되어 활약하였으며, 귀국 후 청해진 대사(大使)로 임명되어 오늘날의 전라남도 완도에 청해진을 설치했다. 장보고는 서해와 남해의 해상권을 장악하고 청해진을 당나라와 일본 사이의 중계 무역 요충지로 만들어 동방 국제 무역의 패권을 잡고 호족으로 성장하였다.

3장

—

불교 전파에 기여한
승려들

《삼국유사》의 지은이 일연은 승려다. 그러다 보니 아무래도 불교와 관련된 이야기가 《삼국유사》에 많이 담겨 있고 승려들의 비화 또한 많다. 불교가 각 나라에 전파되는 과정에서 문화적 충돌이 생겨날 수밖에 없었을 것이다. 우리 땅에 불교가 전해질 때도 외래 종교로서 적지 않은 난관을 겪었고, 그 과정에서 다양한 일화와 이야기가 생겨났다.

승려 순도(順道)는 고구려 소수림왕 2년(372년)에 전진(前秦)의 왕 부견(符堅)의 명으로 사신을 따라 불상과 불경을 가져왔다가 고구려에 귀화했다. 마라난타(摩羅難陀)는 그 이름에서 알 수 있듯이 백제에 최초로 불교를 전파한 인도 승려다. 전파 시기는 침류왕(枕流王) 1년(384년)으로 추정되며, 백제 왕의 극진한 예우에 힘입어 백제 불교가 홍성하게 되었다.

고구려 중기의 승려 묵호자(墨胡子)는 오직 불교 전파를 위해 신라로 들어갔고, 고구려 승려 아도(阿道)도 불교 전파자로서 나중에 신라의 성인 열 명 중 한 사람으로 이름을 올렸다. 특히 아도는 신통력이 놀라워 성국 공주(成國公主)의 병을 고쳐 주었으며, 강론을 할 때마다 묘화(妙花)가 하늘에서 비 오듯 떨어져 내렸다는 신비한 이야기도 전한다.

신라의 승려로서 한국 불교 사상 최초의 순교자로 기록된 이차돈(異次頓)은 죽을 때 기적이 일어나 신라 불교사의 전설적 인물이 되었다. 중국 유학을 다녀와 신라에서 불교를 흥하게 한 원광 법사는 양국의 불교 발전에 이바지한 인물로 기록되었다. 그리고 원효 대사(元曉大師)와 충담(忠談) 스님의 비화도 빼놓을 수 없는 기이한 이야기들이다.

이런 이야기는 대체로 불교 전파 혹은 정착 과정에 있었을지 모르는, 확인되지 않은 신비한 일들이다. 특히 이차돈이 순교할 때 흰 젖이 솟구쳤다는 것은 의학적으로 보면 전혀 말이 안 된다. 그러나 이는 새로운 사상을 정착시키려는 개척자들에게 그만큼 큰 고통과 번민이 따를 수밖에 없음을 웅변하는 것이 아닐까.

고구려와 백제에 불교를 전하다

순도와 마라난타

《삼국사기》에서 고구려의 역사를 다룬 〈고구려본기〉에 이런 내용이
실려 있다.

"고구려 제17대 소수림왕이 임금의 자리에 오른 지 2년째인 372년
전진의 왕 부견이 사신과 승려 순도를 보내 불상과 불경을 전하였다.
순도는 이 일을 위해 고구려로 귀화했다. 순도는 이 땅에 처음으로 불
교를 전파한 인물이다. 2년 뒤인 374년에 승려 아도가 불교를 전파하
기 위해 동진(東晉)에서 왔다. 왕은 이듬해 초문사(肖門寺)라는 절을 지
어 순도에게 관리하게 하고, 또 이불란사(伊弗蘭寺)를 지어 아도를 머물
게 하였다. 이것이 고구려에서 불교가 일어나게 된 시초이다."

그러므로 승려의 전기를 모은 《해동고승전(海東高僧傳)》에서 "순도
와 아도가 중국의 위(魏)나라에서 왔다."라고 한 것은 잘못으로 실제로

는 전진에서 온 것이다. 또 초문사는 지금의 흥국사(興國寺)이고, 이불란사는 지금의 흥복사(興福寺)라고 한 것 역시 틀린 말이다.

이 자료들을 종합하여 검토해 보면, 고구려는 압록강 근처 안시성(安市城)에 도읍을 정하였으니[2] 지금은 일명 안민강(安民江)이라고도 부르는 요수(遼水)의 북쪽에 위치한다. 그렇다면 어찌 송경(松京)[3] 흥국사의 이름이 여기에 등장할 수 있겠는가.

《삼국사기》에서 백제의 역사를 다룬 〈백제본기〉에는 이런 기록이 실려 있다.

"제15대 침류왕이 임금 자리에 오른 384년에 중국의 진(晉)나라에 와 있던 인도의 승려 마라난타가 불교를 전파하려고 다시 백제로 오자, 왕이 그를 궁중으로 맞아들여 머물게 하고 예를 다하여 공경했다. 이듬해에 백제의 새 도읍지인 한산주(漢山州)에 절을 세워 도첩(度牒)[4]을 받은 승려 열 명을 두었다. 이것이 백제 불교의 시작이다."

또 침류왕의 맏아들로서 백제 제17대 왕인 아신왕(阿莘王)은 임금의 자리에 오른 392년 2월에 불교의 이치를 잘 받들고 믿어 복을 구하라

---

1 고려 고종 2년(1215년)에 승려 각훈(覺訓)이 왕명에 따라 지은 책. 고구려에 불교를 전한 순도를 비롯하여 수십 명 고승의 전기를 실었다. 2권 1책으로 구성되어 있다.
2 안시성은 고구려의 도읍이 아니다. 이는 일연이 잘못 기록한 것이다.
3 고려의 도읍인 개성을 이르던 말. 송악산 아래에 있는 서울이라는 뜻이다.
4 새로 승려가 된 사람에게 나라에서 내주던 신분 증명서. 입적(入寂) 또는 환속(還俗)을 하면 반납해야 했다.

는 명을 내리기도 했다. 마라난타를 우리가 쓰는 한자어로 옮기면 동학
(童學)이다.

◇◇

◤ 한 걸음 더

《백제본기》와 《삼국사기》 〈백제본기〉 | 현재 '백제본기'라는 명칭이 붙은 책은 두 종
류이다. 그중 하나는 현존하진 않지만 《일본서기(日本書紀)》 인용문에서 볼 수 있는
《백제본기》이고, 다른 하나는 《삼국사기》에서 백제의 역사를 다룬 부분(〈백제본기〉)으
로 23권부터 28권까지 여섯 권을 말한다.

《백제본기》는 720년에 편찬된 《일본서기》의 백제 관련 기사에 주석으로 인용되었
다. 《백제신찬(百濟新撰)》, 《백제기(百濟記)》와 함께 이 세 권의 책을 가리켜 흔히 '백제
삼서(百濟三書)'라고 한다. 그중 《백제본기》는 무령왕에서 위덕왕까지 3대(501~557년)
의 역사를 담고 있다.

김부식은 《삼국사기》를, 각국의 정통성을 갖는 역사를 연대순으로 기술한 〈본기〉와
중국 역대 왕조의 연호를 기준으로 삼국의 왕계(王系)를 표로 작성한 〈연표〉, 삼국의
제도·문화·지리 등을 분야별로 서술한 〈잡지〉, 69명의 인물 전기인 〈열전〉으로 나누
었다. 〈백제본기〉는 《삼국사기》에서 백제의 정통 역사를 연대순으로 다룬 여섯 권을
지칭한다.

02

신라에 불교를 전파하다

아도

아도는 고구려 사람으로 그의 어머니는 고도녕(高道寧)이다. 중국 위 (魏)나라 사람 아굴마(我掘摩)가 고구려에 사신으로 왔다가 아도의 어머니 고도녕과 정을 통하고 돌아갔는데 이때 아도를 임신하였다. 아도가 태어나 다섯 살이 되었을 때 어머니가 아도를 출가시켰다. 아도가 열여섯 살이 되었을 때 위나라로 가서 아버지 아굴마를 만나고 승려 현창(玄彰)의 제자가 되어 불법을 배웠다. 그가 열아홉 살이 되었을 때 다시 어머니에게 돌아와 안부 인사를 드리자 어머니가 말했다.

"이 나라는 지금 불법을 모르지만 앞으로 3,000여 달이 지나면 신라에 거룩한 임금이 나타나 불교를 크게 일으킬 것이다. 신라의 수도에는 절을 세울 자리가 일곱 군데 있다. 첫째는 금교(金橋) 동쪽 천경림(天鏡林, 지금의 흥륜사)이고, 둘째는 삼천기(三川跂, 지금의 영흥사)이고, 셋째는 용궁(龍宮) 남쪽(지금의 황룡사)이고, 넷째는 용궁 북쪽(지금의 분황사)이고, 다섯째는 사천미(沙川尾, 지금의 영묘사)이고, 여섯째는 신유림(神遊林, 지금의 천왕사)이고, 일곱째는 서청전(婿請田, 지금의 담엄사)이니, 이 일곱 곳은 모두 부처님 시대의 절터이며 부처님의 가르침이 오래도록 흐르던 땅이다. 네가 신라에 들어가 불교를 전파하면 신라 불교의 시조가 되리라."

아도가 어머니의 가르침을 받고 신라에 도착하여 궁궐 서쪽에 머무르니, 그곳이 지금의 엄장사(嚴莊寺)이다. 이때가 미추왕이 즉위한 지 2년째 되던 해인 263년이다.

아도가 대궐에 나아가 설법하였으나 불교에 관해 들어 본 적이 없는 사람들이라 그를 의심하였고 심지어 죽이려는 이도 있었다. 그래서 아도는 궁궐에서 나와 속림[續林, 지금의 일선현(一善縣)이다.][5]에 있는 모례(毛禮)의 집에 숨어 살았다.

이듬해에 성국 공주가 병이 들었는데 신통력도 부려 보고 갖은 약을 다 써 보기도 했으나 효험이 없어 신하들을 사방으로 보내 의원을 구하였다. 이때 아도가 대궐로 들어가 기도를 올리자 공주의 병이 나았으므로 왕이 매우 기뻐하여 그에게 소원을 물었다.

아도가 대답하였다.

"소승에게는 바라는 것이 없고, 다만 천경림에 절을 짓고 불교를 크게 일으켜 나라의 복을 빌고자 합니다."

왕이 즉시 허락하여 절을 짓게 하였다. 이때의 풍속은 바야흐로 소박

---

5   일선현은 경상남도 고성 지역의 옛 지명이다.

하고 검소하여, 아도는 띠를 엮어 지붕을 덮은 허름한 집을 지어 머무르며 중생들에게 불법을 가르치니, 이따금 하늘 꽃[천화(天花)]이 땅에 떨어지기도 하였다. 그 절의 이름을 흥륜사(興輪寺)라 하였다.

그 무렵 모례의 누이동생 사씨(史氏)가 아도를 따라 여승이 되어 삼천기에 절을 짓고 살았는데, 그 절 이름을 영흥사라 하였다. 얼마 후 미추왕이 돌아가시니 아도를 미워하던 사람들이 아도를 해치려 하였다. 그러자 아도는 모례의 집으로 돌아와 스스로 무덤을 만들고는 그 속에 들어가 문을 닫고 목숨을 끊어 다시는 세상에 나타나지 않았다. 그 후 신라의 불교도 힘이 약해져 점차 사라져 갔다.

그 후 제23대 법흥 대왕(法興大王)이 514년에 즉위하자 불교가 다시 크게 일어나니, 아도가 처음 신라에 온 미추왕 대로부터 252년이나 지나서다. 결국 아도의 어머니 고도녕이 말한 3,000여 달이 맞아떨어진 것이다.

◇◇◇◇◇◇◇◇◇◇◇◇◇◇◇◇◇◇◇◇◇◇◇◇◇◇◇◇◇◇◇◇◇◇◇◇◇

 한 걸음 더

《삼국사기》〈신라본기〉에서 전하는 묵호자의 이야기 | 《삼국사기》〈신라본기〉에서는 묵호자에 대해 다음과 같이 서술하고 있다.

"제19대 눌지왕 때 승려 묵호자가 고구려에서 일선군(一善郡)[6]에 불교를 전파하러

6　지금의 경상북도 구미시 선산이며, 묵호자가 이곳으로 온 때는 법흥왕 15년이다. (《삼국사기》〈신라본기〉)

왔으나 박해가 심하였다. 그런데 그 고을에 사는 모례라는 사람이 묵호자의 안전을 위해 집 안에 땅굴을 파서 그 안에서 편안히 지내게 하였다.

이때 양(梁)나라에서 사신을 통해 옷과 향을 보내왔는데, 임금과 신하들은 향이 무엇인지, 어디에 쓰이는 것인지 알지 못했다. 그래서 왕은 신하를 시켜 전국을 두루 돌아다니며 물어보도록 하였다. 묵호자가 그것을 보고 말했다.

'이것은 향이라는 것입니다. 태우면 좋은 향기가 나기 때문에 신성한 분께 정성을 다할 때 이것을 씁니다. 신성한 것 가운데 삼보(三寶)[7]보다 귀한 것이 없으니, 만약 이 향을 태우며 원하는 바를 빌면 반드시 영험이 있을 것입니다.'

마침 그때 공주의 병이 위독하였던지라 왕은 묵호자를 불러 향을 피우며 빌게 하였다. 그러자 공주의 병이 금세 나았다. 왕이 기뻐하여 많은 상을 내렸지만 얼마 후 묵호자는 어디론가 사라져 버렸다.

그 뒤 제21대 비처왕 때에 승려 아도가 제자 세 사람과 함께 모례의 집에 왔는데, 아도의 생김새가 묵호자와 비슷하였다. 아도는 이곳에서 몇 년을 지내다가 병도 없이 세상을 떠났다. 그 후에도 아도의 제자 세 명은 남아 불경을 가르쳤고, 점차 불교를 믿는 사람들이 생겨났다."

---

7   불보(佛寶)·법보(法寶)·승보(僧寶), 즉 부처와 불법과 승려를 말한다.

03

불교 발전을 위해 순교하다

이차돈

〈신라본기〉에 이런 구절이 있다. "지증왕의 아들 법흥왕이 왕위에 오른 때(527년)에 하급 관리인 이차돈이 불교의 발전을 위해 목숨을 바쳤다."

527년은 서인도의 달마가 금릉(南京)⁸에 온 해이기도 하다. 이해에 낭지 법사(朗智法師)도 처음으로 영취산(靈鷲山)에 머물며 불교를 가르쳤던 것을 보면, 불교가 흥하고 망하는 것이 중국이나 우리나라에서 비슷한 시기에 일어난 일이 아닌가 생각된다.

이차돈의 순교 이야기는 당나라 헌종(憲宗) 때 남간사(南澗寺)의 승려 일념(一念)이 남긴 글에 매우 자세히 실려 있다. 그 내용을 살펴보면 대

---

8   현재의 중국 난징(南京)을 말한다.

강 이러하다.

법흥 대왕이 임금의 자리에 올랐을 때 동쪽 지역을 살펴보고 말했다.

"옛날에 중국의 한나라 명제(明帝)가 꿈에 부처님의 계시를 받고부터 불법이 동쪽으로부터 흘러 들어왔다. 내가 왕위에 오르면 백성들을 위해 복을 빌고 죄를 씻을 절을 세우고자 한다."

그러나 조정 신하들은 임금의 깊은 뜻을 헤아리지 못하고는 한사코 반대했다. 그러자 실망한 대왕이 탄식하며 말했다.

"아아! 나는 덕이 부족한데도 임금의 자리를 이어받으니, 위로는 음양의 조화를 이루지 못하고 아래로는 뭇 백성들이 즐거움도 없구나. 나랏일을 돌보는 틈틈이 부처님의 가르침을 익히고자 하나 모두들 반대하니 누구와 함께 이 일을 하리오?"

그때 한 신하가 왕을 도우려고 했는데 그의 성은 박씨, 자는 염촉[厭髑, 이차(異次) 혹은 이처(伊處)라고도 하는데, 이는 방언음이 다르기 때문이다.]이었다. 이차돈이 그의 이름이다. 그의 아버지가 누구인지는 확실하지 않다. 그는 대쪽같이 곧은 절개, 물과 거울같이 맑은 마음을 지녔으며 조상 대대로 선행을 쌓은 가문의 자손이었기에 임금을 가까이에서 모시는 훌륭한 조정 충신이 되고자 하였다. 이때 그의 나이 스물두 살로 사인(舍人)이라는 하급관리 벼슬을 담당하고 있었는데, 왕의 얼굴을 보더니 그 속내를 눈치 채고 아뢰었다.

"신이 듣건대 옛날 어진 사람은 나무를 베는 나무꾼에게도 계책을 물었다고 했습니다. 제게도 허락하신다면 큰 죄를 무릅쓰고 전하께서 뜻하시는 바를 여쭙고자 합니다."

왕이 말했다.

"그대가 나설 일이 아니다."

그러자 이차돈이 말했다.

"나라를 위해 몸을 바치는 것은 신하의 큰 절개이고, 임금을 위해 목숨을 다하는 것은 백성이 지켜야 할 도리입니다. 거짓된 말을 전달한 죄로 전하께서 저의 목을 베신다면 모든 백성이 복종하여 감히 왕의 가르침을 어기지 못할 것입니다."

왕이 깜짝 놀라 말했다.

"내 비록 살을 베이고 몸이 고문을 당하더라도 새 한 마리를 살리려 하였고 피를 뿌리며 스스로 목숨을 끊어서라도 짐승 일곱 마리를 불쌍하게 여겨야 할 것이다. 나의 뜻은 백성들을 이롭게 하고자 함인데 어찌 죄 없는 사람을 죽이겠는가? 너는 이 일을 통하여 공을 쌓으려 하지만 오히려 죄를 짓는 것이다."

이 말에 이차돈이 말했다.

"버리기 어려운 모든 것 가운데 목숨보다 더 귀중한 것은 없을 것입니다. 그러나 제가 저녁에 죽어 아침에 불교가 이 땅에 행해진다면 부처님의 세상이 다시 밝아 오고 성스러운 왕께서 영원토록 편안할 것입니다."

다시 왕이 말했다.

"난새[9]와 봉황의 새끼는 어려도 하늘 높은 곳에 뜻을 두고, 기러기와 고니의 새끼는 나면서부터 물결을 헤칠 기세를 품는다 하는데, 네가 그와 같이 한다면 가히 보살(菩薩)[10]의 행동이라 할 수 있다."

그래서 왕은 일부러 위엄을 갖추고 서슬 퍼런 칼을 든 병사들을 동서로 늘어서게 해 놓고 무시무시한 형구들을 사방으로 벌려 놓은 다음 여러 신하를 불러 물었다.

"과인이 절을 지으려 하는데 그대들이 일부러 꾸물대는 이유가 무엇인가?"

여러 신하가 두려움에 벌벌 떨며 그런 일이 없다고 맹세하자, 왕은 그 일을 담당하는 사인인 이차돈을 불러 문책했다. 그는 얼굴이 새파랗게 질려 아무런 대답도 하지 못하였다. 왕이 매우 화가 나 목을 베라고 명하자 관원들이 그를 묶어 사형장으로 끌고 갔다. 마침내 형리가 이차돈의 목을 베자 붉은 피가 아닌 흰 젖이 한 길이나 솟구쳤다.

그 고을에서 전하는 말로는 이차돈이 맹세하기를 "큰 성인이신 법왕(法王)께서 불교를 일으키려고 하시어 저의 목숨을 돌보지 않고 세상 인연을 버리니 하늘은 상서로움을 내리시어 사람들에게 두루 보이십시오."라고 하자 그 머리가 날아가 금강산[11] 꼭대기에 떨어졌다고 한다.

그가 죽고 나서 하늘이 어두워지며 석양이 그 빛을 감추고 땅이 진동하고 비가 뚝뚝 떨어졌다. 왕이 슬퍼하여 구슬픈 눈물로 옷자락을 적셨다. 여러 재상도 근심 걱정과 슬픔에 빠져 땀이 비 오듯 갓을 적셨다. 샘물이 갑자기 말라 물고기와 자라가 다투어 뛰어오르고 곧은 나무가

---

9   난새 곧 난조(鸞鳥)는 중국 전설에 나오는 상상의 새로, 모양은 닭과 비슷하나 깃은 붉은빛에 다섯 가지 색채가 섞여 있으며, 소리는 오음(五音)과 같다고 한다.

10   불교에서 자비의 화신으로 여기는 부처 다음의 성자.

11   경상북도 경주시 동천동에 있는 소금강산을 말한다.

부러지니 원숭이들도 떼 지어 구슬피 울었다. 이차돈과 함께 일하던 동료와 같이 놀던 친구 들이 애끓는 듯 통곡하는 소리가 마치 제 부모의 상을 당한 것 같았다. 사람들이 모두 입을 모아 말했다.

"옛날에 개자추(介子推)[12]가 허벅지 살을 벤 것도 이차돈의 뼈아픈 절개에는 비할 수 없고, 홍연(弘演)[13]이 자기 배를 가른 것 역시 어찌 그의 장렬함에 견줄 수 있겠는가? 이것은 바로 법흥왕의 믿음에 기대 아도의 참마음을 이룬 것이니 참으로 성스러운 분이다."

이차돈의 시신은 마침내 금강산 서쪽 고개에 묻혔다. 궁의 나인들이 좋은 터를 골라, 조용하여 수행하기에 좋은 절을 짓고 이름을 자추사(刺楸寺)라 하였다. 그리고 이 절에서 예를 올리는 사람들은 반드시 대대로 영화를 누리고 여기서 도를 닦은 사람들도 모두 불교의 큰 이치를 깨닫게 되었다. 이렇듯 이차돈의 거룩한 죽음으로 신라에는 불교가 크게 일어나기 시작했던 것이다.

그리하여 진흥 대왕이 왕위에 오른 지 5년째(544년)에 대흥륜사(大興輪寺)를 지었다. 547년에 양나라 사신 심호(沈湖)가 석가의 사리를 가져오고, 565년에는 진(陳)나라 사신 유사(劉思)가 승려 명관(明觀)과 불경

---

12 춘추 시대 진(晉)나라 왕 문공(文公)의 망명 길에 동행했던 자로, 굶주리던 문공에게 자기 허벅지 살을 베어 먹게 했다. 그러나 훗날 귀국하여 문공에게 괄시를 받자 면산(綿山)에 숨었다. 문공이 잘못을 뉘우치고 다시 함께하려 하였으나 산에 불을 질러도 끝내 나오지 않고 거기서 죽었다.

13 춘추 시대 위(衛)나라 사람으로, 적들이 위나라를 공격하여 의공을 죽여 살을 다 파먹고 간만 남겨 놓자 자신의 배를 갈라 의공의 간을 자기 배 속에 넣고 죽었다.

을 받들고 오니 절들이 별처럼 이곳저곳에 늘어섰고 탑들은 기러기처럼 줄을 섰다. 그래서 법당(法幢)[14]을 세우고 종을 달자 고명한 승려들이 천하의 복전(福田)[15]이 되고, 대승(大乘)과 소승(小乘)의 불법[16]은 수도 경주의 자비로운 구름처럼 온 나라를 덮었다. 다른 나라의 유명한 스님들이 이 땅에 오니, 삼한이 통일되어 한 나라가 되고 온 세상을 감싸 한집안을 이루었다. 그리하여 이차돈의 공덕을 계수나무에 새기고, 그의 성스러운 행동을 은하수에 비추었으니, 이 어찌 세 성인[17]의 덕이 이루어진 것이 아니겠는가?

그 뒤 여러 큰스님들과 관리들이 이차돈의 옛 무덤을 새로 고치고 큰 비석을 세워 그의 뜻을 기렸다. 제41대 헌덕 대왕(憲德大王) 9년(817년)에 이르러 흥륜사의 영수 선사(永秀禪師)가 매달 5일에 마을 사람들을 모아 향을 피우며 절을 올렸다고 한다.

또《향전(鄕傳)》에서는 이렇게 말한다.

"고을의 어르신들이 매번 제삿날 아침이 되면 흥륜사에서 모임을 가졌다."

이때가 8월 5일로 바로 이차돈이 불법을 위해 목숨을 바친 날 새벽이다. 법흥왕 같은 왕이 없었으면 이차돈 같은 신하가 없었을 것이고,

---

14 절 마당에 세우는 기(旗)인데 여기서는 법당(法堂)이라는 뜻이다.
15 공양하고 선행을 쌓아서 내생(來生)의 복을 마련하는 일.
16 대승은 중생을 구제하는 사회적 실천을 중요시하는 불교를, 소승은 부처의 가르침에 따라 수행하여 깨달음을 얻는 것을 중요시하는 불교를 가리킨다.
17 아도, 법흥, 염촉을 말한다.

이런 신하가 없었으면 이런 공덕이 없었을 것이니, 바로 유비라는 물고기가 제갈량이라는 물을 만난 것과 같으며, 구름과 용이 서로 마음을 주고받는 것과 같이 아름다운 일이다.

법흥왕 자신도 쓰러져 가던 불교를 다시 일으키고 흥륜사를 세웠으며, 절이 완성되자 왕관을 벗어 버리고 가사(袈裟)를 입고 수도 생활을 시작했다. 그는 궁에 살던 왕의 친척들을 절의 종으로 삼고 그 절의 주지가 되어 몸소 널리 교화시켰다.

《책부원귀(冊府元龜)》[18]에 원래 법흥왕의 성은 모씨(慕氏)이고 이름은 진(秦)이라 했다. 처음 절 공사를 시작하던 을묘년(535년)에 왕비도 영흥사를 세우고 왕과 함께 머리를 깎고 여승이 되었는데, 이름을 묘법(妙法)이라 하고 영흥사에 머물다가 몇 년 후에 죽었다고 한다.

법흥왕의 조카 진흥왕도 법흥왕의 성스러운 덕에 힘입어 왕위에 올라 위엄 있게 모든 관리를 거느렸으며, 절에 대왕흥륜사(大王興輪寺)라는 이름을 내렸다.

---

18 송(宋)나라 왕흠약(王欽若) 등이 임금의 명을 받들어 역대 군신의 사적을 모은 책이다.

04

중국에서 유학하고 돌아와 불도를 전하다

원광(2)

신라의 큰스님 원광 법사에 관한 이야기는 다양한 사료에서 확인할 수 있는데, 그중 당나라 《속고승전(續高僧傳)》 제13권에는 이런 이야기가 실려 있다.

신라 황룡사(皇隆寺)[19]의 승려 원광(圓光)은 진한 사람으로 성이 박(朴)씨이다. 그는 집안 대대로 해동에서 살았다. 그는 마음이 넓고 글 읽기를 좋아하여 심오한 학문이라는 뜻의 현학(玄學)[20]과 유학을 두루 공부하였으며, 제자백가(諸子百家)[21]의 책과 역사책을 익혀 온 나라에 이

---

19 황룡사(皇龍寺)의 다른 표기이다. 한편 이기백 교수는 황룡사로 단정할 수는 없다고 했다.

20 중국 위진(魏晉) 시대의 철학 사조로, 노장 사상에 기반을 두고 경서를 해석하는 형이 상학적 논변을 말한다.

름을 떨쳤다. 그러나 정작 그 자신은 자기의 지식이 중국 사람에 미치지 못한 것을 부끄럽게 생각하여 마침내 부모, 친구와 헤어져 좀 더 학문을 넓히기 위해 나라 밖으로 유학을 가기로 결심하였다.

원광은 스물다섯 살 때에 배를 타고 금릉에 도착하였다. 그가 도착하였을 당시의 진(陳)나라는 국가적으로 학문을 힘써 권하는 분위기가 널리 퍼져 있었다. 특히 학문이 찬란하게 꽃피운 나라였기에 이웃 나라의 적지 않은 인재들도 이곳으로 모여들어 학문을 닦았다. 원광은 신라에서 의심을 가졌던 것을 묻고 또 물어 점차 학문의 깊이를 더하게 되었고 도가 높은 스님을 찾아다니며 열심히 불도를 닦았다.

처음에는 장엄사(莊嚴寺) 민공(旻公)이라는 유명한 승려의 제자로부터 강론을 들었다. 그 전까지 원광은 세속의 경전을 잘 알아 이치를 끝까지 연구하는 데 신통하다고 알려져 있었다. 하지만 민공의 제자가 하는 강론을 듣고 원광은 그간 자신이 닦은 세속의 지식이 썩은 지푸라기처럼 하찮게 여겨졌다. 원광은 명교(名敎), 즉 이름과 교화만을 중시하는 공부를 하다가는 자신의 삶이 헛되이 여겨질 것 같았다. 그래서 진나라 왕에게 글을 올려 불법에 귀의하겠다며 간곡하게 요청하였다. 진나라 왕이 허락하여, 원광은 비로소 승려가 되어 계(戒)를 받았고, 불법을 강론하는 모임을 두루 찾아다니며 경전을 열심히 읽고 불교의 이치

---

21 춘추 전국 시대의 여러 학파. 공자(孔子), 관자(管子), 노자(老子), 맹자(孟子), 장자(莊子), 묵자(墨子), 열자(列子), 한비자(韓非子), 윤문자(尹文子), 손자(孫子), 오자(吳子), 귀곡자(鬼谷子) 등이 세운 유가(儒家), 도가(道家), 묵가(墨家), 법가(法家), 명가(名家), 병가(兵家), 종횡가(縱橫家), 음양가(陰陽家) 등을 통틀어 이른다.

를 연구하며 세월을 헛되이 보내지 않았다.

마침내 오(吳)나라의 호구산(虎丘山)에 들어가 참 지혜로 바른길을 가고 마음을 고요하게 하며 바른 생각을 할 수 있는 경지에 이르니, 마음의 위안을 얻으려는 무리들이 사방에서 구름처럼 몰려들었다. 원광은 학문과 불도를 닦는 데 호구산이 너무도 좋았으므로 이곳에서 일생을 마칠 생각이었다. 그래서 인간 세상의 일을 끊고 옛 성현의 유적을 살피며 생각을 세상 밖에 두고 속세를 버리려 하였다. 그때 산 아래 살고 있던 한 남자가 원광에게 산 아래로 나와 강론을 펼쳐 줄 것을 청하였다. 원광은 끝내 사양하고 허락하지 않았으나, 귀찮을 정도로 여러 번 청하였으므로 마침내 그의 뜻에 따라 처음에는 《성실론(成實論)》[22]을 강론하고, 나중에는 《반야경(般若經)》을 강론하였다. 원광의 해석이 모두 훌륭하고 명철하였으며, 좋은 질문에는 거침없이 답하고 매끄러운 말을 덧붙여 글의 깊은 뜻을 풀어내니, 듣는 사람들이 만족해하였다.

원광이 은둔 생활에서 벗어나 중생을 이끄는 것을 사명으로 삼으니 불경을 강론할 때마다 강물을 기울여 쏟듯 세상 사람들을 불교의 세계로 기울게 하였다. 비록 중국이라는 이국땅이었지만 설법에 능통하고 도를 깨달아 싫어하고 꺼리는 것이 없는 경지에 올랐다. 이에 원광의 이름이 널리 퍼져 중국 곳곳에 전파되니 험한 길을 헤치며 배낭을 지고 배우러 오는 사람들이 서로 닿아 흡사 물고기 비늘처럼 계속 이어졌다.

---

22 인도의 하리발마(訶利跋摩, 250~350년경)가 지은 논서로 열여섯 권으로 되어 있다.

그러나 당시 중국은 남북으로 갈라져 무려 다섯 개의 오랑캐 나라가 중국을 열여섯 개로 쪼개 다스리고 있었다. 그중 수(隋)나라 왕이 천하를 통일하여 다스리니, 그 위엄이 진나라까지 퍼져 진나라의 운이 다하게 되었다. 수나라 군대가 진나라 수도 양도(揚都)에 쳐들어오니 마침내 원광도 반란 군사들에게 잡혀 죽게 될 참이었다.

이때 수나라의 대장이 절에 있는 탑이 불에 타는 것을 멀리서 보고는 불을 끄기 위해 달려가니 불에 탄 흔적은 전혀 없고 다만 원광이 탑 앞에 묶인 채 죽음을 당할 찰나였다. 그래서 기이하게 여겨 즉시 묶인 것을 풀어 주었으니, 이는 원광이 위기에 닥쳐 영험을 보인 것이었다.

원광은 자신의 학문이 남방의 오월(吳越) 곧 중국의 남쪽 지역에서 통한 것을 보고 다시 북쪽 지역을 교화하고자 하여 중간 지역인 장안(長安)으로 왔다. 그런데 마침 중국의 불교 13종(宗)[23]의 하나인 섭론종(攝論宗)[24]이 처음으로 일어나서는 경전의 아름다운 말을 마음속으로 받들고 지혜롭게 해석하여 장안에 이름을 드날렸다. 큰 뜻을 이룬 원광은 중국의 동쪽 지역에 도를 전하려 했으나 멀리 신라에서 소문을 듣고는 수나라 황제에게 글을 올려 원광을 돌려보내 줄 것을 여러 번 청하였다. 그러자 수나라 황제는 원광의 노고를 크게 위로하고 신라로 돌려보냈다.

---

23 중국 불교의 열세 종파. 열반종, 지론종, 섭론종, 성실종, 비담종, 율종, 삼론종, 정토종, 선종, 천태종, 화엄종, 법상종, 진언종이다.
24 양나라 무착이 지은 《섭대승론(攝大乘論)》을 근본 성전으로 삼는 종파로, 법상종이 일어나면서 쇠퇴하였다.

원광이 몇 십 년 만에 신라로 돌아오니 너나없이 모두들 기뻐하였다. 신라의 진평왕은 원광을 만나 보고는 성인처럼 우러러 받들어 모셨다.

원광은 겸손하고 정이 많아 모든 사람에게 두루 사랑을 베풀었고 말할 때도 늘 웃음을 머금으며 노여움을 나타내지 않았다. 외교 문서와 같은 조정의 모든 문서가 그의 머릿속에서 나왔다. 온 나라가 원광을 받들어 나라를 다스리는 방법과 도의로써 깨우치는 방법을 물었다. 원광은 화려한 옷을 차려입은 고위 관리는 아니었지만, 실제로는 나라의 모든 살림을 돌보는 사람과 같아 때와 장소에 맞게 적절히 처리하였다.

원광이 나이가 들어 몸을 움직이는 것이 예전 같지 않아 힘들어 하자, 왕은 원광에게 수레를 타고 직접 대궐로 들어올 수 있도록 하고 다른 사람에게 시키지도 않고 몸소 의복과 약과 음식을 마련하여 직접 전하기도 하였다. 원광이 받는 대접이 이 정도였던 것이다. 원광이 세상을 떠날 무렵, 왕이 그의 손을 잡고 달래며 백성들을 구제할 수 있는 부처님 말씀을 남겨 달라고 부탁하니, 훌륭한 말씀으로 강론하여 온 나라 구석구석에 미치게 하였다.

신라 진평왕 58년(641년)[25]에 원광은 자신의 몸이 매우 좋지 않은 것을 느꼈고, 그로부터 다시 이레가 지나자 목숨이 얼마 남지 않은 것을 알았다. 그는 백성들이 꼭 지켜야 할 세속 오계를 남기고 자신이 살던 황룡사에 단정히 앉아 죽음을 맞이하였다. 이때 그의 나이 아흔아홉 살

---

25 진평왕의 재위 기간은 54년으로, 632년에 죽었다. 일연이 기록한 연대에 착오가 있는 듯하다.

새로운 세대를 위한 삼국유사

이었다. 원광이 세상을 떠날 때, 절의 동북쪽 하늘에 음악 소리가 가득하고 신기한 향기가 절에 흘러넘쳐 승려와 신도 모두가 슬퍼하면서도 그의 신비스러운 영감(靈感)이라 여겨 기뻐하였다. 마침내 그를 수도 경주의 바깥 지역에서 장례 지냈는데, 나라에서 우의(羽儀)[26]와 장례용품을 내려 마치 왕의 장례처럼 화려하고도 성대하게 치렀다.

원광이 세상을 떠난 지 얼마 지나지 않아 어떤 이가 죽은 태아를 낳았는데, 당시 세간에는 "복이 있는 사람의 무덤 옆에 묻으면 자손이 끊이지 않는다."라는 말이 돌았다. 그래서 그가 원광의 무덤 옆에 죽은 태아를 묻었는데, 그날로 바로 벼락이 쳐서 태아가 무덤 밖으로 내쳐졌다. 이로 인해 원광에게 좋지 않은 마음을 품었던 사람들까지도 모두들 그를 우러러 받들게 되었다.

 한 걸음 더

《속고승전》 | 양(梁)나라 혜교(慧皎)의 《고승전(高僧傳)》을 계승하여 양대(梁代)로부터 645년까지 144년간의 고승 전기를 편집한 열전(列傳)이다. 혜교의 《고승전》을 계승하여 《속고승전》이라 했기 때문에 《속전(續傳)》이라고도 하고, 당나라 초기에 편집되었기 때문에 《당고승전(唐高僧傳)》이라고도 한다. 총 30권으로 구성되어 있다.

---

26 의식에서 장식으로 사용하는 새의 깃털.

05

여우귀신의 목소리를 듣다

원광(3)

경주의 정효(貞孝)라는 사람 집에 있는 신라의 이야기책 《수이전(殊異傳)》에 원광 법사의 전기가 실려 있는데, 그 내용은 이렇다.

원광 법사가 세속에서 얻은 성은 설씨(薛氏)요, 경주 사람이다.[27] 처음에 승려가 되어 불교를 배우다가 나이 서른에 조용히 살면서 수도할 생각을 품고는 홀로 삼기산(三岐山)에서 살면서 수도에 전념하였다. 원광은 본래 성품이 깨끗하고 조용한 것을 좋아하였으며, 말할 때는 언제나 환한 미소를 머금고, 얼굴에는 화난 기색을 드러내지 않았다.

---

27   앞서 《속고승전》에서는 원광 법사가 진한 사람으로 성이 박씨라고 언급했다. 이는 서로 다른 판본을 인용했기 때문이다. 우리나라에는 원광 법사가 설총의 아들이라는 설이 가장 널리 알려져 있고, 《수이전》 역시 같은 관점에서 원광 법사의 출신을 설명하고 있다. 원광 법사의 수행 장소가 다른 것도 마찬가지 이유이다.

그가 수도에 정진한 지 4년이 지난 어느 날 웬 승려가 와서 멀지 않은 곳에 절을 짓고 2년을 살았는데, 그 승려는 특이하게도 사이비 종교에 빠져 주술 배우기를 좋아하였다. 원광 법사가 밤에 홀로 앉아 불경을 외고 있는데, 갑자기 신의 목소리가 들리더니 원광 법사의 이름을 부르며 말했다.

"좋구나, 좋구나, 수행하는 그대여! 대개 수행하는 사람이 많다고는 하지만 당신 같은 사람은 드물구나. 지금 이웃에 어떤 승려가 있는데 그를 보면 주술은 곧잘 닦지만 얻는 것이 없고, 지껄이는 소리가 다른 사람의 조용한 마음이나 뒤흔들고, 머무는 곳은 내가 다니는 길을 막고 있어 오갈 때마다 미운 생각만 드니, 법사는 나를 위해 그가 다른 장소로 옮기도록 하라. 만약 오래 머문다면 아마도 내가 죄업(罪業)을 저지를 것 같다."

이튿날 원광은 그 승려를 찾아가 이 사실을 알려 주었다.

"내가 어젯밤에 신이 말하는 소리를 들었으니 스님께서는 제발 다른 장소로 옮기시오. 그렇지 않으면 재앙이 따를 것이오."

그 승려가 코웃음 치며 핀잔하였다.

"수행이 깊은 사람도 마귀에게 홀리는군요? 법사께서 어찌 여우귀신의 말 따위를 걱정하십니까?"

그날 밤, 신이 또 와서 말했다.

"지난번 내가 말한 것에 대해 그 중이 뭐라고 답하던가?"

법사는 신이 몹시 화를 낼까 두려워하며 대답하였다.

"아직 말을 전하지 못했습니다만, 보다 강력하게 말한다면 그가 어찌

듣지 않겠습니까?"

신이 말했다.

"내가 벌써 다 들었는데, 법사는 어찌하여 다른 말을 하는가? 잠자코 내가 하는 일을 보시게."

신이 말을 마치고 갔다. 그날 밤 커다란 소리가 들렸는데, 이튿날 살펴보니 산이 무너져 그 비구(比丘)가 살던 절을 덮어 버렸다.

신이 또 와서 말했다.

"법사가 보니 어떠한가?"

원광이 대답하였다.

"매우 놀랍고도 두려웠습니다."

신이 다시 말했다.

"내 나이가 삼천 살이나 되고 술법에 가장 뛰어나 이 정도는 작은 일인데 놀랄 게 무엇인가? 나는 앞으로 다가올 일과 천하의 일을 알지 못하는 것이 없다. 지금 내가 생각해 보니 법사가 이곳에서만 살면 비록 자신에게는 이로운 일이 있겠으나 다른 사람을 이롭게 하는 공은 세우지 못할 것이다. 지금도 이름을 높이 드날리지 못하고 앞으로도 뛰어난 성과를 얻지 못할 것이니, 어째서 중국에 가서 불교의 이치를 가져와 이 나라의 어리석은 중생들을 인도하지 않는가?"

법사가 대답하였다.

"중국에 가서 도를 배우는 것이 본래 제가 바라던 바이나, 바다와 육지가 가로막혀 있어 혼자 힘으로는 가지 못할 따름입니다."

그러자 신이 중국에 갈 수 있는 방법을 자세히 일러 주었으므로 원광은 그 말을 따라 중국에 갈 수 있었다. 원광은 11년 동안 중국에 머물며 불교를 널리 알리고 학문도 폭넓게 배웠다. 진평왕 22년인 600년에 법사는 중국에 파견되었던 관리를 따라 짐을 꾸려 신라로 돌아왔다.

법사가 신에게 감사를 드리려고 전에 거주하던 삼기산 동쪽의 절에 도착하니, 밤중에 신이 또 와서 그의 이름을 부르며 말했다.

"바다와 육지로 가로막힌 험난한 길을 다녀오는 것이 어떻던가?"

원광이 대답하였다.

"신의 은혜를 입어 편안하게 다녀왔습니다."

신이 말했다.

"나 또한 법사에게 계(戒)를 주겠다!"

그러고는 생명이 있는 개체는 모두 필연적으로 해탈하기 전에는 섭리에 따라 반복되는 생사의 윤회에서 벗어나지 못하니 그럴 때는 서로 구제해 주자는 약속을 맺었다.

원광이 또 요청하였다.

"신의 참모습을 볼 수 있겠습니까?"

신이 기꺼이 대답했다.

"법사가 만일 내 모습을 보고자 한다면 아침 일찍 동쪽 하늘 끝을 보면 된다."

원광이 이튿날 아침 그곳을 바라보니, 큰 팔뚝이 구름을 뚫고 하늘 끝에 닿아 있었다. 그날 밤, 신이 다시 와서 말했다.

"법사는 내 팔뚝을 보았는가?"

"보았는데 매우 특이했습니다."

신이 다시 말했다.

"내가 비록 이런 몸을 가졌다 해도 덧없는 죽음의 고통을 면하지는 못할 것이다. 나는 어느 달 어느 날에 그 고개에 나를 버릴 것이다. 법사는 와서 영원히 떠나는 내 혼을 송별해 주시게."

약속한 날, 원광이 기다렸다가 가서 보니 웬 시커먼 늙은 여우 한 마리가 헐떡거리며 숨도 제대로 쉬지 못하더니 이내 죽었다.

원광 법사가 중국에서 돌아오자 신라 조정의 왕과 신하들은 그를 준경하여 스승으로 삼았고 법사는 그들에게 항상 대승경전(大乘經典)을 강론하였다.

그런데 이때는 고구려와 백제가 항상 신라의 변방을 침범해 오던 시기였다. 왕은 이를 매우 근심하면서 이웃 나라의 도움을 요청하는 편지를 쓸 사람을 찾았으나 마땅한 인물이 없었다. 그러던 중 궁리 끝에 법사에게 당나라에 군사를 요청하는 내용의 표문 곧 〈걸사표(乞師表)〉를 짓도록 하였는데, 이에 원광이 써 준 문장이 무척 뛰어났다. 당나라 황제가 그 글을 보고서 30만 명의 군대를 직접 이끌고 고구려를 치니, 이로부터 원광이 불교뿐 아니라 문장도 두루 통달하였음을 알게 되었다.

원광 법사가 여든넷의 나이에 세상을 떠나자 명활성(明活城) 서쪽에 잘 묻어 주었다.

진(陳)나라, 수(隋)나라 시대에는 우리나라 사람으로서 바다를 건너가 불교를 공부한 사람이 드물었다. 설령 있다 하더라도 크게 이름을 떨치지는 못했는데, 원광 이후 중국으로 유학 가는 사람이 끊이지 않았으니, 원광이 바로 유학의 길을 연 것이다.

██ **한 걸음 더**

신라의 대당 교류 │ 신라는 당나라와 8세기 전반 친선 관계를 회복한 이후 활발하게
교류했다. 신라에서 당으로 유학을 떠난 학생들이 당나라의 빈공과(賓貢科)[28]에 합격
하는 일도 있었다. 산둥 반도와 양쯔 강 하류에는 신라인의 집단 거주지인 신라방이
생기고, 이곳을 관리하기 위한 관청인 신라소, 신라인들을 위한 사찰인 신라원 등이
줄줄이 들어섰다.

---

28 중국에서 외국인을 상대로 실시한 과거. 신라 말 당나라 유학생이 늘어나면서 빈공과에
    합격하는 사람이 많아졌는데, 6두품 출신인 최치원(崔致遠)·최승우(崔承祐)·최언위
    (崔彦撝) 등이 그러했다. 골품 제도로 인해 신분 제약을 많이 받은 6두품 출신이 당나라
    빈공과에 주로 응시하였다.

낙산사의 관음보살과 정취보살

의상과 원효, 범일과 각유

옛날에 의상 법사가 당나라에서 처음으로 돌아왔을 때 관음보살의 진신(眞身)이 바닷가 동굴 안에 머물고 있다는 말을 듣고는 그곳의 이름을 낙산(洛山)이라 하였다. 이는 아마도 서역에 보타락가산(補陀洛迦山)[29]이 있기 때문일 것이다. 또 낙산은 소백화(小白華)라고도 하는데, 이는 백의(白衣) 대사 곧 백의 보살의 진신이 머무른 곳이라서 그 이름을 빌린 것이다.

의상이 목욕재계하고 몸을 가지런히 한 지 이레 만에 깔고 앉은 자리를 새벽 물 위에 띄웠더니, 불법을 지키는 여덟 신장(神將)인 용천팔부(龍天八部)의 시종들이 그를 동굴 안으로 인도했다. 의상이 허공에 예를

---

29 관세음보살이 산다는 산이다.

올렸더니 물에서 수정으로 만든 염주 한 꾸러미가 솟아 나와서 그것을 받아 가지고 물러 나왔다.

동해의 용이 또 여의보주(如意寶珠) 한 알을 바쳤고 이에 의상 법사가 그 또한 받아 가지고 나왔다. 의상이 다시 이레 동안 목욕재계하자 관음의 진신이 모습을 드러내더니 말했다.

"네가 앉아 있는 곳의 산꼭대기에 대나무 한 쌍이 솟아날 것이다. 반드시 그곳에 절을 지어야 한다."[30]

의상이 그 말을 듣고 동굴에서 나오자, 과연 땅에서 대나무가 솟아났다. 그래서 그곳에 법당을 짓고 불상을 모시니, 그 둥근 얼굴과 고운 모습이 반듯하여 하늘이 내려 준 것 같았다. 그 대나무가 없어지고 나서야 의상은 그곳이 바로 관음의 진신이 머무른 곳임을 알았다. 이 때문에 그 절 이름을 낙산사라 하고, 자기가 받은 두 개의 구슬을 절에 모셔 놓고 떠났다.

그 후 원효 법사가 이곳저곳을 다니다 낙산사에 와서 예를 올리려고 하였다. 처음에 남쪽 교외에 이르자, 논에서 흰 옷을 입은 한 여인이 벼를 베고 있었다. 법사가 장난삼아 그 벼를 조금만 달라고 하자 여인도 장난하듯이 벼가 잘 영글지 않았다고 대답하였다. 다시 길을 가다가 다리 아래에 도착했는데 한 여인이 개짐[31]을 빨고 있었다. 법사가 마실 물

---

30 낙산사 경내에는 관세음보살을 모시는 전각인 원통보전(圓通寶殿)이 담장으로 둘러싸여 있었으나 2005년 양양 지역의 큰 산불로 전소되었고 2007년에 복원되었다.

31 여성이 월경할 때 샅에 차는 물건.

을 달라고 부탁하자 여인이 빨래하던 그 물을 떠 바쳤다. 법사가 기겁하여 받은 물을 쏟아 버리고는 다시 물을 떠 마셨다. 그런데 그때 들판의 소나무 위에서 파랑새 한 마리가 그를 불러 말했다.

"스님은 이제 그만 단념하고 가세요."

그러더니 갑자기 모습이 사라져 보이지 않고 소나무 아래에 신발 한 짝만이 남아 있었다. 법사가 낙산사에 도착하여 보니 관음보살의 자리 아래에 좀 전에 보았던 신발의 나머지 한 짝이 있었다. 언뜻 스쳐가는 생각에 조금 아까 만났던 여인이 관음보살이었음을 깨달았다.

이 이야기를 근거로 당시 사람들은 파랑새가 앉아 있던 소나무를 관음송(觀音松)[32]이라 불렀다. 원효 법사가 관음보살이 머문다는 성스러운 굴로 들어가 관음보살의 참모습을 보려 했으나 갑작스레 풍랑이 크게 일어 들어가지 못하고 그대로 떠났다.

그 후에 선종을 일으킨 신라의 범일(梵日)이라는 큰스님이 당나라에 들어가 명주(明州) 지방의 개국사(開國寺)에 이르렀다. 그때 왼쪽 귀가 없는 한 승려가 여러 승려의 맨 끝에 있다가 법사에게 말했다.

"나 또한 신라 사람인데, 우리 집은 명주(溟州) 근처 익령현(翼嶺縣) 덕기방(德耆坊)에 있습니다. 법사께서 이다음에 신라로 돌아가시면 반드시 제 절을 지어 주셔야 합니다."

그 승려와 약속한 뒤 법사는 여러 절을 두루 다니다 염관(鹽官) 곧 제안 선사(齊安禪師)에게서 불법을 받고 847년에 신라로 돌아와 먼저 굴

---

32 오늘날에도 낙산사 의상대에 있는 유명한 소나무이다.

새로운 세대를 위한 삼국유사

산사(堀山寺)를 짓고 불교를 전파하였다. 10여 년의 세월이 흐른 뒤 858년 2월 15일 밤, 꿈에서 전에 본 승려가 창 아래로 와서 말했다.

"옛날 명주 개국사에 있을 때 저의 절을 지어 주기로 약속하셨는데, 어찌 이다지도 늦는 것입니까?"

법사는 놀라 꿈에서 깨어 수십 명의 제자들을 데리고 익령현 근처에 가서 그가 산다는 곳을 찾아보았다. 그러다가 낙산 아랫마을에 살고 있는 한 여인을 만나 이름을 물으니 덕기(德耆)라고 했다. 그 여인에게는 여덟 살 난 아들이 하나 있는데, 언제나 마을 남쪽의 돌다리 아래에 나가 놀곤 하였다. 그런데 하루는 아이가 놀다가 돌아와 어머니에게 말했다.

"나와 함께 노는 아이 가운데 몸에서 금빛이 나는 아이가 있어요."

어머니가 이 사실을 법사에게 알렸다. 법사는 놀라고 기뻐하면서 아이들이 함께 놀던 다리 밑을 찾아보니 물 한가운데 석불이 하나 있으므로 꺼냈는데, 왼쪽 귀가 떨어져 있는 것이 예전에 본 승려의 모습과 똑같았다. 이것은 바로 부처님의 가르침을 깨닫는 길로 빨리 들어서게 한다는 정취보살상(正趣菩薩像)[33]이었다. 그래서 간자(簡子)[34]를 만들어 절 지을 자리를 점치자 낙산사 위쪽이 좋다고 나왔으므로 여기에 세 칸짜리 절을 짓고 불상을 모셨다.

---

33 극락 또는 해탈의 길로 빨리 들어서게 한다는 보살. 산스크리트로는 아난야가민(Ananyagamin)이라고 하는데, 이는 "다른 길로 가지 않는다."라는 뜻이다.

34 대나무를 깎아 만든 것으로 점치는 데 사용하는 나뭇조각이다.

100여 년 후에 들불이 잇달아 나더니 이 산까지 번졌으나 관음보살상과 정취보살상을 모신 두 곳만 그 재앙을 피하고 나머지는 모두 불타 버렸다.

몽골과의 전쟁이 있은 뒤 두 보살상과 두 개의 보물 구슬을 양주성(襄州城)[35]으로 옮겼다. 그러나 얼마 후 몽골의 군사가 쳐들어와 성이 곧 적에게 무너질 지경에 이르렀다. 이때 이 절의 주지 선사 아행(阿行)이 구슬 두 개를 은 상자에 넣어 몸에 지니고 달아나려 했으나 절의 노비 걸승(乞升)이 이것을 빼앗아 땅속 깊이 묻고 맹세하였다.

"내가 만약 적에게 죽음을 면치 못한다면 두 개의 보물 구슬도 끝내 인간 세상에 모습을 드러낼 수 없어 다른 사람들이 알지 못하게 될 것이고 내가 만약 죽지 않으면 두 보물 구슬을 나라에 바칠 것이다."

1254년 10월 22일에 성이 함락되어 아행은 죽음을 피하지 못했으나 걸승은 죽음을 모면했다. 걸승은 적들이 물러간 뒤 보물 구슬을 파내 명주도(溟州道)의 감창사(監倉使)에게 바쳤다. 당시 낭중(郎中) 이녹수(李祿綏)가 감창사로 있었는데, 이 보물을 감창고 안에 보관하고 교대할 때마다 다음 사람에게 전해 주었다.

그러던 중 1258년 10월에 우리 불교계의 큰스님이신 기림사(祇林寺)의 주지 대선사 각유(覺猷)가 왕에게 아뢰었다.

"낙산사의 두 구슬은 나라의 신령스러운 보물인데 양주성이 함락될 때 걸승이 성안에 묻었다가 적병이 물러가자 감창사가 거두어 명주 관

---

35 오늘날의 강원도 양양이다.

청의 창고 속에 보관했습니다. 이제 명주성도 지키기가 어려워졌으니 궁중으로 옮겨 보관해야 합니다."

왕이 허락하고 야별초(夜別抄)[36] 열 명을 시켜 걸승과 함께 명주성에 있는 두 보물 구슬을 가져다가 궁궐 안에 모시도록 했다. 이때 심부름한 사자(使者) 열 명에게 각기 은 한 근과 쌀 다섯 석씩을 내렸다.

 한 걸음 더

사보살 | 태장계 만다라에서 대일여래를 둘러싼 네 명의 보살로 보현보살, 문수보살, 관세음보살, 미륵보살이 있다.

보현보살 | 석가모니여래의 오른쪽에 있는 보살로, 형상은 크게 흰 코끼리를 탄 모양과 연화대에 앉은 모양 두 가지가 있다. 불교의 진리와 수행의 덕을 맡았으며, 왼쪽의 문수보살과 함께 모든 보살의 으뜸이 되어 여래의 중생 제도를 돕는다.

문수보살 | 석가모니여래의 왼쪽에 있는 보살. 제불(諸佛)의 지혜를 맡았으며, 보현보살과 함께 삼존불(三尊佛)을 이룬다. 그 모양이 가지각색이나 보통 사자를 타고 오른손에 지검(智劍), 왼손에 연꽃을 들고 있다.

관세음보살 | 석가모니여래의 왼편에서 교화를 돕는 보살. 세상의 소리를 들어 알 수 있는 보살이므로 고통에 빠진 중생이 이 이름을 열심히 외면 도움을 받게 된다.

---

36 고려 시대에 무신 정권의 사병(私兵)으로 최우가 설치한 군대. 나중에 기능과 인원이 늘어 좌별초와 우별초로 나누었다가 신의군을 합해서 삼별초를 이루었다.

미륵보살 | 내세에 성불하여 사바세계에 나타나 중생을 제도한다는 보살. 인도 파라나 국의 브라만 집안에서 태어나 석가모니의 교화를 받고 미래에 부처가 될 수기(受記)를 받은 후 도솔천에 올라가 설법을 하고 있다.

07

딸을 아들로 바꾸어 혜공왕이 태어나다

표훈

경덕왕은 생식기의 길이가 여덟 치나 되었다. 그러나 불행하게도 그는 자식이 없어 왕비를 버리고 후비 만월 부인(滿月夫人)을 새 왕비로 맞았다. 그녀는 시호가 경수 태후(景垂太后)로, 각간 의충(依忠)의 딸이었다.

왕이 어느 날, 표훈 대사(表訓大師)를 불러 명하였다.

"하늘이 저를 돕지 않아 자식을 얻지 못했으니, 원하건대 큰스님께서 하늘 나라 임금에게 청하여 아들을 낳게 해 주시오."

표훈 대사가 하늘로 올라가 하늘 나라 임금에게 말하고 돌아와 다시 아뢰었다.

"하늘 나라 임금께서는 '딸은 가능하지만, 사내아이는 안 된다.'라고 하셨습니다."

왕이 말했다.

"딸을 아들로 바꿔 주시오."

표훈 대사는 다시 하늘로 올라가 청하였다.

하늘 나라 임금이 말했다.

"부탁을 들어주겠다. 그러나 만약 사내아이가 태어난다면 나라를 위태롭게 할 것이다."

표훈 대사가 하늘을 내려오려 할 때, 하늘 나라 임금이 다시 불러 말했다.

"하늘과 인간 세상의 경계를 어지럽혀서는 안 되거늘, 지금 대사는 하늘과 인간 세계를 이웃 마을처럼 오가며 하늘의 비밀을 모두에게 알리고 있으니, 다시는 두 곳을 오가지 말라."

표훈 대사가 와서 하늘 나라 임금의 말을 전하자 왕이 말했다.

"나라가 위태로워지더라도 아들을 얻어 대를 잇고 싶소."

열 달이 지나 왕비가 태자를 낳으니 왕이 매우 기뻐하였다.

태자가 여덟 살이 되었을 때 왕이 죽고 태자가 즉위했으니, 이 사람이 혜공 대왕(惠恭大王)이다. 왕이 어렸기 때문에 왕비가 정치에 나섰으나 나라가 잘 다스려지지 않아서 왕위에 있는 16년 동안 반란이 다섯 번이나 일어났다. 또한 도적이 벌 떼처럼 일어나도 막지 못하였으니, 표훈 대사가 전한 말이 들어맞은 것이다.

혜공왕은 원래 여자여야 했는데 남자로 태어났기 때문에 첫돌 때부터 왕위에 오르기까지 항상 여자들이 하는 놀이를 즐기고 비단 주머니 차는 것을 좋아하며 도사(道士)들과 어울려 희롱하고는 하였다. 그래서 나라가 크게 어지러워져 결국 선덕왕(宣德王)과 김경신에게 죽임을 당했다.

표훈 대사 이후로 신라에 더는 성인이 나지 않았다고 한다.

08

오대산으로 가서 1만의 문수보살을 만나다

자장

오대산(五臺山)[37]은 자장 법사 때부터 문수보살(文殊菩薩)이 살던 곳이라 불리기 시작했다. 이전에 자장 법사가 중국 오대산의 문수 진신(文殊眞身)을 보려고 선덕 여왕 시대인 636년에 당나라로 들어갔다. 그러고는 태화 연못의 돌로 만든 문수보살이 있는 곳에 도착하여 마음을 경건히 하고 이레 동안 기도를 드렸더니 부처로부터 네 구절로 된 게시를 받는 꿈을 꾸었다. 꿈에서 깨어난 뒤 네 구의 글을 기억할 수는 있었으나, 모두 범어였으므로 도무지 그 뜻을 알 수가 없었다.

다음 날 아침 어떤 승려가 붉은 비단에 금이 박힌 가사 한 벌과 부처

---

37 오대산은 문수 신앙의 근거지로,《삼국유사》〈탑상 제4〉에 이 산을 배경으로 한 이야기가 나온다.

의 바리때[38] 한 개, 부처 머리뼈 한 조각을 가지고 법사 옆으로 와서 물었다.

"왜 그리 걱정에 잠겨 있으시오?"

법사가 대답하였다.

"꿈에서 네 구절로 된 게(偈)[39]를 받았는데 범어로 되어 있어 풀 수가 없습니다."

그 승려가 게를 듣고는 번역하여 말해 주더니, 또한 가져온 옷가지와 물건을 주면서 부탁하였다.

"이것은 우리 스승 석가모니께서 쓰시던 물건이니 그대가 잘 보관하시오."

이어서 또 말했다.

"그대의 나라 동북쪽 명주 근처에 오대산이 있는데 1만의 문수보살이 언제나 그곳에 머물러 있으니 가서 뵙도록 하시오."

말을 마치고 승려는 온데간데없이 사라져 버렸다. 법사는 신령스러운 유적지를 두루 돌아다니고는 동쪽 신라로 돌아오려 하였다. 그런데 태화 연못의 용이 모습을 드러내더니 제사를 지내 달라고 부탁하기에 이레 동안 기도를 올렸다. 용이 법사에게 말했다.

"지난번 게를 풀어 준 노승이 진정한 문수 진신입니다."

그러고는 절을 짓고 탑을 세울 것을 또 간곡하게 부탁하였다.

---

38 절에서 쓰는 승려의 공양 그릇. 나무나 놋쇠 따위로 대접처럼 만들어 안팎에 칠을 한다.
39 부처의 공덕이나 가르침을 찬탄하는 노래 글귀. 가타(伽陀)라고도 한다.

그 후에 범일의 제자 신의(信義)가 이곳을 찾아와 자장 법사가 쉬었던 곳에 절을 짓고 살았다. 신의가 죽고 나니 암자 또한 오래도록 버려져 있었는데, 수다사(水多寺)[40]의 장로 유연(有緣)이 다시 암자를 짓고 살았으니 바로 지금의 월정사(月精寺)이다.

자장 법사가 신라로 돌아오자, 정신 대왕(淨神大王)의 태자 보천(寶川)과 효명(孝明) 두 형제가 각기 무리를 이끌고 하서부(河西府)에 도착하여 각간의 집에서 하룻밤을 묵었다. 다음 날 큰 고개를 넘어 성오평(省烏坪)에 도착하여 며칠 동안 유람하던 어느 날 저녁에 형제는 세상을 벗어나기로 남몰래 약속하고 사람들 모르게 달아나 오대산으로 들어가 숨었다. 호위하던 자들은 두 태자가 간 곳을 알지 못하여 경주로 돌아왔다.

두 태자가 산속에 이르자 갑자기 푸른색 연꽃이 땅을 뚫고 올라왔으므로 이곳에 첫째 태자가 암자를 지어 살았는데 이를 보천암(寶川庵)이라 하였다. 여기에서 동북쪽으로 육백 걸음 정도 가니, 여기에도 푸른색 연꽃이 핀 곳이 있었으므로 동생 효명 또한 암자를 짓고 머물면서 각각 부지런히 도를 닦았다. 하루는 형제가 함께 다섯 봉우리에 예불하고자 올라가는데, 동쪽 대인 만월산(滿月山)에 1만의 관음 진신이 나타나고, 남쪽 대인 기린산(麒麟山)에는 여덟 분의 보살을 우두머리로 하여 1만의 지장보살이 나타나고, 서쪽 대인 장령산(長嶺山)에는 무량수여래를 우두머리로 하는 1만의 대세지보살(大勢至菩薩)[41]이, 북쪽 대인 상왕

---

40 강원도 평창군 진부면에 있었던 절로, 현재는 그 자리에 주춧돌과 깨진 탑만 남았다.

산(象王山)에는 석가여래를 우두머리로 하여 500의 대아라한(大阿羅漢)[42]이 나타나고, 지로산(地盧山)이라고도 하는 중앙의 대인 풍로산(風盧山)에는 비로자나불(毘盧遮那佛)[43]을 우두머리로 하여 1만의 문수보살이 나타났다. 그들은 이와 같은 5만의 진신들에게 하나하나 경배하였다.

그때부터 매일 새벽이면 문수보살이 진여원(眞如院), 즉 지금의 상원(上院)에 이르러 36가지 형상으로 변하여 나타났다. 두 태자는 매일 골짜기 속의 맑은 물을 길어다 차를 끓여 바치고 밤이 되면 각자의 암자에서 도를 닦았다.

그때 정신왕과 그 아우가 왕위 다툼을 벌이자 백성들이 이들을 쫓아내고 장군 네 사람을 산으로 보내 두 태자를 모셔 오게 하였다. 장군들이 먼저 효명의 암자 앞에 도착하여 만세를 부르자 때마침 오색구름이 일어나 이레 동안 그곳을 덮었다. 백성들이 구름을 보고 모두 모여 왕의 행차를 갖추어 놓고 두 태자를 모셔 가려고 하였다. 그러나 보천은 울면서 끝까지 사양하였으므로 효명 태자만 모시고 돌아와 왕위에 앉혔다.

---

41 아미타불의 오른쪽에 있는 보살로서 중생에게 지혜의 빛을 비춰 준다.
42 소승 불교의 수행자 가운데서 가장 높은 경지에 오른 이. 온갖 번뇌를 끊고 사제(四諦)의 이치를 바로 깨달아 세상 사람들의 존경을 받을 만한 공덕을 갖춘 성자를 아라한이라 하는데, 이 중 가장 나이가 많고 덕이 많은 사람을 대아라한이라 한다.
43 보통 사람의 눈으로는 볼 수 없는 광명(光明)의 부처. '태양'이라는 뜻을 가진 산스크리트 바이로차나(Vairocana)를 음역하면 비로자나가 된다.

그는 여러 해 동안 나라를 다스렸다(기록에서는 '재위 20년'이라 했으나 효명이 죽을 당시의 나이가 스물여섯 살이라고 한 말이 잘못 전해진 것으로 보인다. 그가 재위한 기간은 다만 10여 년뿐이었다. 또 신문왕의 동생이 왕위를 다투었다는 이야기도 있으나《국사》에는 나와 있지 않아 자세한 것은 알 수 없다).

새로운 세대를 위한 삼국유사

09

뱀 아이와 선문답을 나누다

원효

서라벌의 만선북리(萬善北里)에 한 과부가 살고 있었다. 그녀가 남편도 없이 갑작스레 임신하여 아이를 낳았다. 그러나 아이는 나이가 열두 살이 되도록 말도 제대로 하지 못하고 일어서지도 못할 뿐 아니라 뱀처럼 기어 다녀서 모두들 그 아이를 사동(蛇童)이라 불렀다. 그의 행동이 하나같이 예사롭지 않은 것이 없었다.

어느 날 사동의 어머니가 죽었다. 때마침 원효가 고선사(高仙寺)에 머물고 있었는데 사복(蛇福, 사동이 자란 뒤에는 그를 사복이라고 불렀다.)을 보고 반갑게 맞이하여 예를 올렸으나, 사복은 답례조차 하지 않고 퉁명스럽게 말했다.

"옛날 그대와 내가 함께 불경을 싣고 다니던 암소[44]가 지금 죽었는데 나와 함께 장사 지내는 것이 어떻겠는가?"

"좋다."

그래서 함께 사복의 집으로 갔다. 사복은 원효에게 포살[45]수계(布薩授戒)를 해 달라고 부탁하였다.

원효는 시신 앞으로 가서 빌었다.

"태어나지 말지니, 죽는 것이 괴롭구나. 죽지 말지니, 태어나는 것이 괴롭구나."

그러자 사복이 핀잔하여 말했다.

"말이 번거롭다."

그러자 원효가 다시 말했다.

"죽고 사는 것이 괴롭구나."

두 사람은 상여를 메고 활리산(活里山) 동쪽 기슭으로 갔다. 동네 사람들이 이 두 사람의 행동을 보고 비웃었으나 이들은 다른 사람의 시선은 아랑곳하지 않는 듯했다.

원효가 입을 열어 말했다.

"지혜로운 호랑이를 지혜의 숲속에 장사 지내는 것이 마땅하지 않은가?"

사복이 이에 대답하는 게송(偈頌)을 단숨에 지어 불렀다.

옛날 석가모니 부처님,

---

44 사복이 자신의 어머니를 가리켜 이른 말이다.
45 불교에서 동일 지역의 승려들이 정기적으로 모여 계율을 범한 자가 다른 승려들에게 고백하고 참회하는 의식을 말한다.

새로운 세대를 위한 삼국유사

사라수(娑羅樹) 사이에서 열반에 드셨도다.

지금 또한 그러한 자가 있어,

연화장(蓮花藏) 세계로 들어가고자 하네.

이렇게 짓고 나서 띠풀 곧 삘기의 줄기를 뽑아 점을 쳐 보니, 아래에 밝고 맑고 환한 세계가 있었는데, 칠보 난간의 누각이 장엄하여 인간 세상이 아닌 것이었다. 사복이 어머니 시신을 업고 땅속으로 함께 들어 가니 갈라져 있던 땅이 다시 합쳐졌다.

후세 사람들은 사복과 그의 어머니를 위해 금강산 동남쪽에 절을 짓고 도량사(道場寺)라 하였으며, 해마다 3월 14일이면 법회를 열었다고 한다.

◤ 한 걸음 더

불교의 세계관 | 불교에서는 우주가 하나가 아니라 여러 우주가 있다고 하고, 우리가 사는 이곳은 사바세계라고 부른다. 부처의 세계로는 아미타불의 극락세계, 다보여래의 다보세계 등이 널리 알려져 있다.

사바세계는 다시 과거 무한량(無限量) 시절부터 순차적으로 부처들이 임기제로 운영하는데, 이번 겁을 현겁이라고 부른다. 석가모니불이 사바세계 현겁의 네 번째 부처이다. 원래는 네 번째 부처로 미륵불이 나오려고 했는데, 석가모니가 순서를 바꾸었다 한다. 다섯 번째 부처인 미륵불이 출현하는 세계를 용화세계라 한다.

즉 사바세계는 석가모니불이 담당하는 이 세계를 말하는 것이며 현겁 동안 1,000명의 부처가 출현한다고 한다. 이 부처들에 대한 석가모니불의 예언은 《팔만대장경》〈현겁경〉에 쓰여 있다.

향가 〈찬기파랑가〉와 〈안민가〉를 짓다

충담

신라 경덕왕이 나라를 다스린 지 24년이 되던 해였다. 삼월 삼짇날 왕이 귀정문(歸正門) 누각 위에 올라가 신하들에게 말했다.

"누가 길거리에서 위엄과 풍모가 있는 승려 한 분을 모셔 올 수 있겠는가?"

때마침 위엄 있는 큰스님 한 분이 길거리를 지나가고 있었다. 그래서 신하들이 그 스님을 왕에게 데려왔다. 왕이 말했다.

"그는 내가 말한 위엄 있는 스님이 아니다."

그러고는 스님을 돌려보냈다. 다시 한 스님이 해어져 누빈 옷을 걸치고 벗나무로 만든 통을 메고서 남쪽에서 오고 있었다. 왕은 그를 보고 기뻐하며 누각 위로 맞아들였다. 왕이 스님의 나무통 안을 살펴보니 차를 끓이는 도구가 가득 들어 있었다.

왕이 말했다.

"대사는 누구인가?"

"소승은 충담(忠談)이라 합니다."

"어디에서 오는 길인가?"

"소승은 해마다 3월 3일과 9월 9일에 차를 끓여 남산 삼화령(三花嶺)의 미륵세존께 올리는데, 지금도 차를 올리고 돌아오는 길입니다."

이 말을 듣고서 왕이 말했다.

"내게도 차를 한 잔 나누어 줄 수 있겠는가?"

그래서 승려는 차를 끓여 왕에게 바쳤는데, 찻잔 속에서 향긋한 내음이 풍겼다.

왕이 말했다.

"대사가 기파랑(耆婆郎)을 찬미한 사뇌가(詞腦歌)⁴⁶를 지었다는데, 정말 그러한가?"

"그렇습니다."

왕이 다시 말했다.

"그렇다면 나를 위해 〈안민가(安民歌)〉를 지어 보라."

충담은 곧바로 왕명을 받들어 노래를 지어 바쳤다. 왕이 그를 갸륵하게 여겨 왕사(王師)⁴⁷에 임명했으나, 그는 공손히 절하며 간곡히 사양하고 받지 않았다.

---

46 사뇌가는 곧 향가를 말한다. 여기서 사뇌가는 〈찬기파랑가〉를 가리킨다.
47 왕의 불교 수행을 돕는 승려.

〈안민가〉는 이런 내용이다.

임금은 아버지요,
신하는 자애로운 어머니라.
백성을 어리석은 아이로 여기면,
모든 백성이 사랑을 알리라.

꾸물거리며 사는 중생,
이들을 먹여 다스려라.
이 땅을 버리고 어디로 가겠느냐 하면
이 나라가 보전될 줄 알리라.
아아, 왕답게 신하답게 백성답게 하면
나라는 계속 태평하리.

충담이 지은 〈찬기파랑가(讚耆婆郎歌)〉는 이러하다.

열어젖히자 벗어나는 달이
흰 구름 좇아 떠간 언저리
백사장 펼친 물가에
기파랑(耆婆郎)의 모습이 잠겼어라.
일오천(逸烏川) 자갈벌에서
낭의 지니신 마음 좇으려 하네.

아! 잣나무 가지 높아

서리 모를 씩씩한 모습이여!

4장

—

승려들의 신통력과
기이한 이야기

4장에서 다루는 인물들 역시 기이한 행적을 보인 승려들이다. 불교를 전파하고 정착시키는 데 기여한 이야기가 중심을 이룬다. 이런 내용을 다루는 일연의 의도는 일반 대중에게 신비로움을 전해 그들이 자연스럽게 불교를 믿게 하려는 것이었을 터이다. 또한 조상들의 정신과 숨결을 불교적 삶에서 찾고자 하는 의도도 있었을 것이다.

신효 거사는 어머니에게 자신의 허벅지 살을 베어 드릴 정도로 효심이 지극하였고 월정사에 살면서 불교 번창에 힘썼다. 승려 보양은 용궁에서 불경을 외우고 불법을 크게 이루었다. 선덕 여왕 시대의 양지는 지팡이 끝에 포대를 하나 걸어 두고 그 지팡이가 저절로 날아다니며 시주를 받게 했다는 믿기 힘든 신통력의 소유자이다.

이해하기 힘든 말장난을 하면서 불경을 풀이한 혜공은 "자네가 눈 똥은 내 물고기이다."라는 말을 남겼다. 점을 치는 신기한 대나무 조각 이야기도 등장한다. 대현과 법해는 바닷물을 마음대로 움직일 정도로 신통력이 있었다.

이 밖에도 죽었다 살아 돌아온 선율 이야기나, 추위에 얼어붙은 여인을 구하여 하늘로부터 보답을 받은 정수의 이야기도 흥미롭게 전개된다. 까마귀가 사제의 인연으로 묶어 준 지통과 낭지의 이야기, 현몽을 꾼 뒤 땅속에서 돌미륵을 파낸 이야기도 재미있다.

물론 어디까지가 진실이고 어디까지가 거짓인지 구분하기 어려운 이야기들이며, 기이하고 괴이한 주인공들이 과연 그런 능력을 실제로 가지고 있었는지는 의문이다. 그러므로 《삼국유사》라는 책의 제목 그대로 설화요, 전설로 읽기를 권유한다. 이런 독서를 통해 우리는 조상들이 물려준 따스한 삶의 지혜를 얻고 보다 열린 마음으로 세계를 이해하게 될 것이다. 또한 지은이 일연이 동원한 수많은 문학적 장치를 보며 그를 시대의 빼어난 작가로 인정하게 될 것이다.

어머니에게 허벅지 살을 베어 드리다

신효

월정사에 전해 오는 옛 기록을 살펴보면 이러하다.

"자장 법사가 처음 오대산에 와서 부처의 실제 모습을 보려고 산기슭에 띠를 엮어 집을 짓고 살았으나, 이레 동안이나 나타나지 않았다. 그래서 묘범산(妙梵山)으로 가서 정암사(淨岩寺)를 세웠다."

그 뒤에 신효 거사(信孝居士)¹라는 사람이 있었는데, 어떤 사람은 그가 유동보살(幼童菩薩)²의 화신이라고 한다. 그의 집은 공주에 있었고 홀어머니를 극진히 모셨다. 그런데 그의 어머니가 고기가 아니면 밥을

---

1   '거사'란 출가하지는 않았지만 불교를 굳게 믿으며 집에서 수도하는 사람으로서, 법명을 가지고 있다.
2   석가모니가 전생에 보살이었을 때의 이름으로, 여기서는 정행(淨行)을 닦는 보살을 말한다.

드시지 않았으므로 거사는 고기를 구하기 위해 산과 들을 돌아다녀야 했다. 그러던 어느 날 길에서 다섯 마리의 학을 보고 활을 쏘았는데, 학 한 마리가 깃털 하나를 떨어뜨리고는 날아갔다. 거사가 그 깃털을 주워 눈에 대고 사람들을 보았더니 사람들이 모두 짐승으로 보였으므로 너무 끔찍해 고기를 얻지 못하고 집으로 돌아왔다. 그리고 어머니에게 자신의 허벅지 살을 베어 드렸다. 그 뒤 어머니가 돌아가시자 출가하여 그 집을 내놓아 절을 지었으니, 지금의 효가원(孝家院)이 그곳이다.

이후 거사는 고향을 떠나 하솔(河率)³ 지방으로 갔는데 깃털로 눈을 가리고 사람들을 보았더니 대부분 사람의 모습으로 보였으므로 그곳에서 살아야겠다고 마음먹었다. 그는 머물 곳을 찾아 돌아다니다 길에서 나이 많은 아낙을 만나 살 만한 곳을 물어 보니 아낙이 대답하였다.

"서쪽 고개를 넘으면 북쪽을 바라보는 골짜기가 있는데 그곳이 살 만합니다."

말을 마치고 아낙은 사라졌다. 거사는 이것이 관음보살의 가르침임을 깨닫고 곧 성오평(省烏坪)을 지나 자장 법사가 처음에 지은 떳집으로 들어가 살았다.

하루는 승려 다섯 명이 찾아와 말했다.

"당신이 가지고 온 가사 한 폭은 지금 어디 있습니까?"

거사가 어떻게 대답해야 할지 몰라 망설이자 다시 승려가 말했다.

"당신이 지난번 길에서 주워 눈에 대고 사람을 본 깃털이 바로 그 가

---

3   강릉의 옛 이름.

사입니다."

거사가 놀라서 얼른 깃털을 꺼내 바쳤다. 그러자 승려가 그것을 떨어져 나간 자기의 가사 폭에 갖다 대니 서로 꼭 들어맞았는데, 깃털이 아니라 베였다. 거사는 다섯 승려와 헤어진 뒤에야 비로소 그들이 다섯 성중(聖衆)[4]의 화신임을 알았다.

이 월정사는 자장이 처음 띠를 엮어 지은 절이다. 그다음에 신효 거사가 와서 살았으며, 그다음에는 범일의 제자 신의가 와서 암자를 짓고 살았다. 뒤에 수다사의 장로 유연이 와서 살면서 점점 더 큰 절이 되었다. 절에 있는 다섯 성중과 9층 석탑은 모두 거룩한 성인이 머물렀음을 보여 주는 흔적이다.

풍수에 밝은 자는 이렇게 말한다.

"국내의 이름난 산 가운데 이곳이 가장 좋으니, 불교가 오랫동안 번창할 곳이로다."

---

4   성중이란 부처를 따라다니는 성자를 말한다.

02

용궁에서 불경을 외다

보양

신라 시대 이래로 청도군(淸道郡)에는 작갑사(鵲岬寺)와 그 밖에 크고 작은 절들이 있었지만, 후삼국이 서로 싸우던 때 대작갑(大鵲岬)·소작갑(小鵲岬)·소보갑(所寶岬)·천문갑(天門岬)·가서갑(嘉栖岬) 등 다섯 갑사가 모두 무너지고 기둥만 남자, 이 다섯 갑사의 기둥을 한데 모아 대작갑사에 두었다.

승려 보양(寶壤)이 중국에서 불법을 익히고 돌아오다가 서해 가운데 이르렀을 때 바다가 갈라지더니 용이 나타났다. 용의 안내로 궁궐에 들어간 승려는 용왕의 요청대로 불경을 외고 금실을 수놓은 비단 승복 한 벌을 시주로 받았다. 아울러 용왕은 자기 아들 이목(璃目)을 승려에게 딸려 보내며 부탁하였다.

"지금은 세 나라가 소란스러운 때[5]라 불교를 믿는 군주가 없지만, 만약 스님이 내 아들과 함께 신라의 작갑에다 절을 짓고 살면 도적을 피할 수 있을 것이오. 또한 몇 년 안에 반드시 불교를 보호하는 어진 왕이 나와 삼국을 안정시킬 것이오."

말을 마쳐 서로 헤어지고 신라로 돌아와 어느 골짜기에 이르렀을 때였다. 갑자기 노승이 나타나 스스로 원광이라 일컬으며 인궤(印櫃)를 안고 나오더니 이를 건네주고는 사라졌다. 보양 법사가 무너진 절을 일으키고자 북쪽 고개에 올라가 바라보니 들판에 5층으로 된 누런 탑이 있었다. 그러나 내려와서 그 탑을 찾아보니 흔적이 없었으므로 다시 올라가 바라보자 까치들이 땅을 쪼아 대고 있었다. 까치를 보자 바다의 용왕이 '작갑'이라 말했던 것이 생각나 다시 그 땅으로 가서 파 보니 과연 오래된 벽돌이 무수히 많이 나왔다. 이 벽돌들을 모아 높은 탑을 쌓았는데, 탑이 만들어지니 남아 있는 벽돌이 하나도 없었다. 이로써 이곳이 예전의 절터였음을 깨닫고는 절을 짓고 살면서 이곳을 작갑사라고 불렀다. 얼마 지나지 않아 고려의 태조(太祖)가 삼국을 통일하고는 보양 법사가 이곳에 절을 짓고 산다는 말을 듣고 곧 다섯 갑사의 토지 500결을 합하여 이 절에 바쳤다.

937년 임금이 운문선사(雲門禪寺)라는 절 이름을 내렸다. 용왕의 아들 이목은 늘 절 옆의 작은 연못에 살면서 보양의 불법 교화를 남몰래 도왔다. 어느 해 갑자기 가뭄으로 밭의 채소가 타들어 가므로 보양이 이목에게 명하여 비를 내리도록 하니 한 고을에 충분할 정도로 비가

---

5   후삼국 시대를 의미한다.

내렸다. 그런데 하늘 나라 임금은 자신도 모르게 비를 내리게 하였다 하여 이목을 죽이려 하였다. 이목이 보양 법사에게 위급함을 알리자 법사가 이목을 마루 밑에 숨겼다. 얼마 후 하늘의 사자가 내려와 이목을 내놓으라고 하자 법사가 뜰 앞에 있는 배나무[이목(梨木)]를 가리켰다. 하늘의 사자가 배나무에 벼락을 내리고는 하늘로 올라갔다. 벼락을 맞은 배나무가 시들어 꺾였으나 이목이 어루만지니 즉시 살아났다. 그 나무가 몇 해 전 땅에 쓰러지니 어떤 사람이 그것으로 빗장 방망이를 만들어 법당(法堂)과 식당에 모셔 두었는데, 그 방망이 자루에 글이 있었다.

처음에 법사는 당나라에 들어갔다가 돌아와 먼저 추화군(推火郡)[6] 봉성사(奉聖寺)에 머물렀다. 때마침 태조가 동쪽을 정벌하는 길에 청도 땅에 이르렀는데, 산적이 '개의 성'이라는 뜻의 견성(犬城)이라는 지역에 모여 오만하게 굴며 항복을 하지 않았다. 태조는 산 아래 있는 법사에게 찾아가 산적을 쉽게 물리칠 방법을 물었다. 그러자 법사는 이렇게 대답하였다.

"개라는 동물은 밤에만 지키고 낮에는 지키지 않으며, 또 앞쪽만 지키고 뒤쪽은 잊어버리니, 낮에 견성의 뒤쪽인 북쪽을 공격해야 합니다."

태조가 이 말대로 하여 산적을 패배시키고 항복을 받아 냈다. 태조는 그의 신기한 계책을 고맙게 생각하여 해마다 가까운 고을에서 '세금으

---

6   오늘날의 경상남도 밀양 지역이다.

로 벼 오십 석을 거두어 주며 향을 피우는 데 쓰게 하였다. 그래서 그 절에 태조와 보양 두 성인의 초상을 모시고 봉성사라 하였다. 이후 법사는 작갑사로 가서 불법을 크게 이루고 그곳에서 삶을 마쳤다.

지팡이가 저절로 날아다니며 시주를 받다

양지

승려 양지(良志)는 선덕 여왕 때에 자취를 나타냈을 뿐 그의 조상과 고향은 자세히 알 수가 없다. 양지는 시주를 받을 때면 지팡이 끝에 포대 하나를 걸어 두었다. 그러면 지팡이가 저절로 시주할 집으로 날아갔고 제 스스로 흔들어 소리를 냈다. 그러면 그 집에서 알아서 그 포대에다 공양미를 담아 주었고 포대가 차면 다시 날아서 절로 돌아왔다. 그래서 그가 머물고 있는 절을 석장사(錫杖寺)라 하였다.[7] 양지는 신기하고 특별한 재주가 많아 이와 같이 다른 사람이 이해하기 어려운 일들을 해냈다.

---

7   절의 이름에 들어간 '석장'은 승려가 길을 나섰을 때 짚고 다니는 지팡이를 가리킨다. 지팡이의 윗부분에는 큰 고리에 여러 개의 작은 고리를 걸어 길을 갈 때 소리가 나도록 했다.

양지는 또 글씨에도 뛰어났으며, 영묘사(靈廟寺)의 장륙삼존(丈六三尊)과 불상과 기와, 천왕사(天王寺) 탑 아래의 불상과 조각도 모두 빚어냈다. 또한 영묘사와 법림사(法林寺) 두 절의 현판에 글씨를 썼으며, 또 일찍이 벽돌을 조각하여 작은 탑을 하나 만들고 동시에 3,000개의 불상을 만들어 그 탑 안에 넣어 절 가운데 모시고 예를 올렸다. 그가 영묘사의 장륙을 조각할 때 마음을 경계에 두고 고요히 생각하며 잡념 없는 상태에서 진흙을 주물러 만들었기 때문에 온 성안의 남녀가 다투어 진흙을 날라 쌓으면서 이런 풍요(風謠)[8]를 불렀다.

오라, 오라, 오라.
오라, 슬프구나.
서럽구나, 우리들은!
공덕 닦으러 오라.

지금까지도 경주 사람들이 방아를 찧거나 다른 일을 할 때 이 노래를 부르는 것은 아마도 여기에서 비롯된 것으로 보인다.

양지 스님은 재주가 완벽하고 덕을 갖춘 큰 인물이었지만, 이를 숨긴 채 하찮은 재주만을 세상에 내보인 인물이었다고 할 수 있다.

---

8   넌지시 말하여 깨우친다는 의미로, 그 지방의 풍속을 읊은 노래.

04

자네가 눈 똥은 내 물고기이다

혜숙과 혜공

승려 혜숙(惠宿)이 호세랑(好世郎)이 이끄는 화랑의 무리에서 자취를 감추자,[9] 호세랑은 화랑의 이름을 적은 책인 화랑 명부에서 혜숙의 이름을 지워 버렸다. 혜숙은 적선촌(赤善村)이라는 마을로 가서 20여 년이나 숨어 살았다. 하루는 국선 구참 공(瞿旵公)이 적선촌 근처로 나가 사냥을 하고 있었는데, 혜숙이 다가오더니 구참 공의 말고삐를 잡으며 부탁하였다.

"소승이 공을 따라가도 되겠습니까?"

구참 공이 허락하자 혜숙은 옷을 훌훌 벗어젖히더니 말을 타고 이리저리 내달리며 구참 공과 앞뒤를 다투었다. 혜숙의 말 타는 솜씨에 감

---

9 이기백 교수는 혜숙을 "은거 생활을 즐기는 염세적 사상의 소유자"라고 했다.

탄한 구참 공은 보는 것만으로도 즐거워하였다. 사냥을 마치고 일행이 모두 모여 앉아 피로를 풀며 고기를 삶고 구워서 혜숙에게 먹기를 권하였다. 혜숙도 같이 먹으면서 조금도 꺼려하는 기색이 없더니 이윽고 앞으로 나와 말했다.

"여기에 맛있는 고기가 있는데 좀 더 드시는 것이 어떻겠습니까?"

공이 말했다.

"좋소이다."

혜숙이 주위 사람들을 물리더니 자신의 허벅지 살을 베어 쟁반에 담아 올리는데 그 옷에 피가 줄줄 흘러내렸다. 공이 깜짝 놀라 말했다.

"어찌하여 이런 짓을 하는가?"

혜숙이 말했다.

"처음에 저는 공이 어진 사람이라서 자기 자신 대하듯 세상 만물을 대할 거라고 생각했기 때문에 공을 따라온 것입니다. 그런데 지금 공이 좋아하는 일을 보니 그저 살생을 즐기고 남을 해치며 자신만을 위할 뿐입니다. 어찌 이것이 어진 사람이나 군자가 할 일이겠습니까? 공은 제가 믿고 함께할 사람이 아닌 것 같습니다."

마침내 혜숙은 옷을 털고 가 버렸다. 공이 몹시 부끄러워하며, 혜숙이 먹던 그릇을 보니 쟁반 안의 신선한 고기가 그대로 남아 있었다. 공이 이상한 생각이 들어 조정에 돌아와 이 사실을 왕께 아뢰었다. 진평왕이 그 말을 듣고 사신을 보내 혜숙을 데려오게 하자 혜숙은 일부러 여자와 한 침대에 누워 자는 척하였다. 사신이 이 일을 추하게 생각하고 돌아오다가 칠팔 리쯤 가서 길에서 혜숙을 만났다. 어디서 오느냐고 사신이 묻자 혜숙이 말했다.

"성안에 있는 시주하는 집의 칠일재(七日齋)에 갔다가 끝마치고 오는 길이오."

사신이 그 말을 왕께 아뢰자 사람을 보내 시주하는 집을 조사하게 했는데 그 또한 사실이었다. 얼마 후 혜숙이 갑자가 죽자 마을 사람들이 이현(耳峴)이라는 고개의 동쪽에 묻어 주었다. 그런데 그 마을 사람 중에 이현 서쪽에서 오는 이가 있었다. 그가 길에서 혜숙을 만나 어디를 가느냐고 물었다.

"오랫동안 이곳에서 살았으므로 다른 곳을 돌아다니고자 한다."

이들이 서로 인사하고 헤어졌다. 혜숙은 반 리쯤 가다가 구름을 타고 어디론가 가 버렸다. 그 사람이 이현 동쪽에 도착하여 혜숙을 장사 지낸 사람들이 아직 뿔뿔이 흩어지지 않은 것을 보고는 혜숙을 만난 일을 다 말했다. 사람들이 도무지 믿을 수 없어 무덤을 파 보니 혜숙은 온데 간데없고 짚신 한 짝만이 덩그러니 있을 뿐이었다. 지금 안강현의 북쪽에 혜숙사(惠宿寺)라는 절이 있는데 혜숙이 살던 곳으로 알려졌으며 또한 혜숙의 유골을 묻은 곳도 남아 있다.

승려 혜공(惠空)은 천진 공(天眞公)의 집에서 일하는 노파의 아들이다. 그의 어릴 적 이름은 우조(憂助)이다. 우조가 일곱 살 되던 해에 천진 공의 몸에 몹쓸 종기가 나서 거의 죽을 지경에 이르자 문병하는 사람들이 길을 가득 채웠다. 이를 보고 우조가 어머니에게 말했다.

"집에 무슨 일이 있기에 이처럼 손님이 많습니까?"

어머니가 말했다.

"주인이 나쁜 병에 걸려 곧 죽게 되었는데, 너는 어찌 그것을 모르느냐?"

우조가 말했다.

"제가 그분을 낫게 해드릴 수 있습니다."

어머니가 그 말을 듣고 의아해 하며 공에게 알리자, 공이 우조를 불러오도록 하였다. 그는 공의 침상 아래에 앉아서 한마디도 하지 않았는데 얼마 후 갑자기 종기가 터지더니 병이 다 나았다. 그러나 공은 우연일 뿐이라 생각하고 우조를 그다지 특별하게 여기지 않았다.

우조는 자라서 어른이 되자 공을 위해 매를 길렀는데 이것이 공의 마음을 매우 흡족하게 하였다. 한 번은 공의 아우가 벼슬을 얻어 다른 지방으로 가게 되었는데, 공에게 부탁하여 좋은 매를 골라 가지고 벼슬살이하는 곳으로 갔다. 어느 날 저녁, 공은 문득 아우가 가져간 그 매 생각이 나서 다음 날 새벽에 우조를 보내 가져오게 해야겠다고 생각하였다. 그런데 우조가 이를 먼저 알고 순식간에 그 매를 찾아 가지고 와 공에게 바쳤다. 공이 크게 놀라 그제야 과거에 종기를 낫게 해 준 것도 비범한 일이었음을 깨닫고는 말했다.

"제가 높고 귀한 분이 저희 집에 머물고 계신 줄도 모르고 무례한 말과 행동으로 더럽히고 욕되게 하였으니 그 죄를 어찌 씻을 수 있겠습니까? 이제부터는 도사(導師)[10]가 되어 저를 이끌어 주십시오."

그러고는 내려가 우조에게 절하였다.

---

10 어리석은 중생에게 바른길을 가르쳐 깨달음의 경지에 들어서게 하는 승려를 말한다.

우조의 신령스러움과 기이함이 서서히 드러나, 마침내 그는 승려가 되어 이름을 혜공으로 바꾸었다. 혜공은 항상 작은 절에 머물며 날마다 술에 취하여 삼태기를 지고 미친 듯이 거리에서 춤을 추었으므로 사람들은 그를 부궤 화상(負簣和尙) 곧 '삼태기를 진 중'이라 불렀다. 또 그가 머무는 절을 부개사(夫蓋寺)라 불렀는데, '부개'라는 말은 삼태기의 신라 말이었다.

또한 혜공이 자주 절의 우물 속에 들어가 몇 달 동안 나오지 않자 그의 이름으로 우물 이름을 삼았다. 우물에서 나올 때면 푸른 옷을 입은 어린 동자가 먼저 솟아올랐다. 절의 승려들은 그것을 혜공이 우물 속에서 나올 징조로 보았다. 그런데 신기하게도 혜공은 우물에서 나왔는데도 옷이 물에 젖어 있지 않았다.

늘그막에 혜공은 항사사(恒沙寺)로 옮겨 살았다. 이때 원효는 여러 불경을 풀이하다가 의심나는 것이 있으면 혜공을 찾아가 물었는데, 가끔은 서로 말장난을 하기도 하였다. 어느 날, 원효와 혜공이 시냇가에서 물고기와 새우를 잡아먹고 돌 위에 대변을 보았는데, 혜공이 그것을 가리키며 말했다.

"자네가 눈 똥은 내 물고기이다."[11]

이 때문에 절의 이름을 오어사(吾魚寺)라고 하였다. 어떤 사람은 이 말을 원효 법사의 말이라고 하지만 잘못된 것이다. 민간에서는 그 시냇

---

11 원문 '여시오어(汝屎吾魚)'의 번역인데, "너는 똥을 누고 나는 고기를 누었다."라는 의미로 보면 된다.

물을 잘못 불러 모의천(毛矣川)이라고 한다.

또 이런 일도 있었다. 구참 공이 산에 유람을 갔다가 혜공이 산길에서 죽어 그 시체가 썩어 구더기가 생긴 것을 보고는 한참 동안 슬픔에 잠겨 있었다. 그러다가 말고삐를 돌려 성으로 들어가자, 혜공이 술에 취해 거리에서 춤을 추고 있었다. 또 하루는 혜공이 풀로 새끼줄을 꼬아 영묘사로 들어가서 금당과 주변 건물들을 둘러 가며 새끼줄로 묶고는 절의 관리인에게 말했다.

"이 새끼줄을 사흘 뒤에 풀어라."

관리인이 이상하게 생각하면서도 그 말대로 따랐더니 정말로 사흘 만에 선덕 여왕의 가마가 행차하여 절에 들어왔는데, 귀신이 절에 불을 질러 탑을 태웠지만 새끼줄을 맨 곳만은 화재를 피하였다.

또 신인종(神印宗)[12]의 조사(祖師) 명랑(明朗)이 금강사(金剛寺)를 새로 짓고 기념 법회를 베풀었는데 큰스님들이 다 모였지만 혜공만은 오지 않았다. 명랑이 향을 피우고 경건하게 기도하자 잠시 후 혜공이 도착했는데 때마침 큰 비가 내리고 있었으나 혜공의 바지와 저고리는 젖지 않았고 발에는 진흙도 묻어 있지 않았다. 혜공이 명랑에게 말했다.

"부르심이 간절하여 이렇게 왔습니다."

그에게는 이와 같이 신비스런 자취가 꽤 많았다. 죽을 때는 공중에 떠 있는 채로 입적했는데, 그의 사리는 수를 셀 수 없을 정도로 많았다.

12 　진언종의 한 갈래로, 선덕 여왕 원년에 명랑이 세웠다.

그가 살아생전에 《조론(肇論)》[13]을 보고서 말했다.

"이것은 내가 예전에 지은 것이다."

이로써 혜공이 승조(僧肇)[14]의 후신(後身)임을 알 수 있다.

한 걸음 더

진언종 | 대일삼부경, 곧 《대일경(大日經)》·《금강정경(金剛頂經)》·《소실지경(蘇悉地經)》에 의거해 다라니의 힘으로 자기 몸이 곧 부처가 되기를 바라는 종파이다. 인도에서 일어나 중국 당나라에 전해졌다. 우리나라에는 신라 문무왕 4년(664년)에, 혜통(惠通)이 당나라 선무외삼장(善無畏三藏)으로부터 인결(印訣)을 받아 와 연 것으로 전한다.

---

13 중국 후진(後進) 때에 승조가 지은 책.
14 인도 승려 구마라습(鳩摩羅什)의 제자이며 교리에 밝았다.

신기한 대나무 조각을 던져 접을 치다

심지

승려 심지(心地)는 신라의 제41대 왕인 헌덕 대왕(憲德大王) 김씨의 아들이다. 태어나면서부터 효성스럽고 우애가 있었으며 천성이 맑고 슬기로웠다. 열다섯 살에 머리를 깎고 중이 되어 스승을 따라 부지런히 불도를 닦으며 중악[中岳, 지금의 공산(公山)이다.]에 머무르던 중이었다. 마침 속리산에서 수도하던 승려 영심(永深)이 스승인 진표 율사(眞表律師)의 불골간자(佛骨簡子, 점치는 데 사용하는 대나무 조각)를 전해 받아 부처님의 말씀을 듣는 대규모 법회(法會)를 연다는 말을 듣고 찾아갔으나, 이미 날짜가 지나 참여할 수 없었다. 그래서 뜰에 자리를 깔고 엎드려 사람들과 함께 예불을 드리고 뉘우쳤는데, 이레가 지나자 하늘에서 큰 눈이 내렸으나 이상하게도 그가 서 있는 땅 근처로는 눈발조차 휘날리지 않았다. 승려들은 신기하고 이상하여 그가 부처님을 모신 불당으로 들어오는 것을 허락하였다. 그러나 그는 병이 있다며 사양하고 불당을 향해 예를 올리니 팔뚝과 이마에서 피가 흐르는데 진표 율사가 선계산에서 피 흘리던 것과 같았다. 그러자 지장보살이 날마다 와서 그를 위문하였다. 그는 법회가 끝나고 산으로 돌아가던 도중에 점치는 대나무 조각 두 개가 옷깃 사이에 끼어 있는 것을 발견하고 깜짝 놀랐다. 그것을 가지고 영심에게 돌아가 아뢰자, 영심이 말했다.

"점치는 대나무 조각은 상자 속에 들어 있는데 어떻게 그런 일이 있을 수 있겠는가."

영심이 조사해 보니 상자는 예전 그대로 있었지만, 열어 보니 점치는 대나무 조각은 이미 없어졌다. 영심이 이상하게 여기고 그가 가져온 점치는 대나무 조각을 겹겹이 싸서 간직해 두었다. 심지가 다시 길을 가는데 또다시 점치는 대나무 조각이 옷깃에 끼어 있으므로 돌아가 보고하자 영심이 말했다.

"부처님의 뜻이 그대에게 있으니, 그대가 받들고 가시게."

그러고는 점치는 대나무 조각을 심지에게 주었다. 심지가 그것을 머리에 이고 산으로 돌아오니, 중악의 산신이 두 선자(仙子)를 데리고 심지를 산꼭대기로 인도하여 어떤 바위 위에 앉히고는, 바위 아래로 내려가 엎드려 절하며 정계(正戒)를 받았다. 심지가 말했다.

"이제 적당한 땅을 골라 부처님의 점치는 대나무 조각을 모시려 하는데 이 일은 우리들이 마음대로 정할 수 없으니 높은 곳으로 함께 올라가 점치는 대나무 조각을 던져 점을 쳐 봅시다."

산신들과 함께 산꼭대기에 올라가 서쪽을 향해 점치는 대나무 조각

을 던지자 점치는 대나무 조각이 바람에 날아갔다. 이때 산신이 노래를
지어 불렀다.

막혔던 바위가 멀리 물러가니 땅이 숫돌처럼 평평해지고,
낙엽이 날아 흩어지니 앞이 밝아진다.
부처 뼈의 점치는 대나무 조각을 구해 얻어,
깨끗한 곳에 맞이하여 정성스레 바친다.

노래를 마치고 점치는 대나무 조각을 찾은 숲속 샘에 즉시 불당을 지
어 모셨다. 지금 동화사(桐華寺)[15]의 첨당(籤堂) 북쪽에 있는 작은 우물
이 바로 그곳이다.

---

15 현재의 대구시 팔공산에 있다.

법력으로 바닷물을 움직이다

대현과 법해

경덕 대왕 때인 753년 여름, 나라에 심한 가뭄이 계속되자 들녘의 곡식들이 모두 타들어 가고 있었다. 그러자 왕이 조서를 내려 큰스님 대현(大賢)을 궁궐 안으로 불러들였고, 불경을 강론하여 단비를 기원하게 하였다. 유가종(瑜伽宗)의 시조 대현 스님이 때마침 경주 남산 용장사(茸長寺)에 머물러 있었다.

어느 날 재(齋)를 올리려고 바리때를 한참 동안 열어 놓았는데, 공양하는 이가 정한수를 늦게 올렸다. 감독하는 관리가 꾸짖자 공양을 올리는 사람이 말했다.

"궁궐 우물이 말라 버려 멀리서 길어 오느라 늦었습니다."

대현이 그 말을 듣고는 말했다.

"왜 진작 말하지 않았느냐?"

그러고 나서 그날 낮 강론 때, 향로를 붙들고 아무 말도 없이 있자 말라 있던 우물에서 물이 일곱 길이나 솟아올라 그 높이가 절의 당간(幢竿)과 나란할 정도였다. 그리하여 온 궁궐이 깜짝 놀라 그 이름을 금빛이 나는 우물이란 뜻의 금광정(金光井)이라 하였다. 대현은 일찍이 자신을 청구사문(青丘沙門)이라 일컬었다.

이듬해 754년 여름, 왕은 또 다른 큰스님 법해(法解)를 황룡사로 모셔 와 《화엄경(華嚴經)》을 강론하게 하고 자신도 그곳에 가서 향을 피우며 조용히 말했다.

"지난여름 대현 법사가 《금광경(金光經)》을 강론하자 우물물이 일곱 길이나 솟았는데, 당신의 법력은 어떠한가?"

법해가 말했다.

"그것은 아주 자그마한 일에 불과한데 어찌 다른 사람들에게 드러내놓고 얘기하겠습니까? 바닷물을 기울여 동악(東岳)[16]을 잠기게 하고 수도를 떠내려가게 하는 것 정도는 되어야 하지 않겠습니까."

법해의 호기 어린 말투에 왕은 믿지 않고 그저 자신을 놀리는 것이라 생각하였다. 그런데 낮에 경전을 강론할 때 법해가 향로를 안고 가만히 있으니, 잠시 후 궁궐에서 갑자기 울부짖는 소리가 났다. 잠시 후 신하들이 달려와 보고하였다.

"동쪽 연못이 넘쳐 대궐 안채 50여 칸이 떠내려갔습니다."

왕은 너무 놀라 넋이 나간 사람처럼 멍하니 있었다. 그러자 법해가

---

16 경주 토함산을 이른다.

웃으면서 말했다.

"동해 물을 기울이고자 수맥(水脈)을 먼저 불어나게 한 것뿐입니다."

왕은 법해의 신통력이 보통이 아님을 알고는 자기도 모르게 일어나 절을 하였다. 이튿날 감은사에서 사람이 와서 왕에게 아뢰었다.

"어제 정오에 바닷물이 넘쳐 법당 계단 앞까지 밀려왔다가 오후 네 시쯤 모두 빠졌습니다."

이런 일이 있은 뒤 왕이 그를 더욱 존경하게 되었다.

불경을 완성시키려고 죽음에서 돌아오다

선율

망덕사의 승려 선율(善律)이 신도들로부터 돈을 시주받아 600권짜리 《반야경》을 만들다가 일이 끝나기도 전에 갑자기 저승사자에게 잡혀 염라대왕에게 갔다. 염라대왕이 물었다.

"너는 인간 세상에서 무슨 일을 하였느냐?"

선율이 말했다.

"소승은 늘그막에 《반야경》을 만들고자 했으나 일을 채 끝내지 못하고 이렇게 잡혀 왔습니다."

염라대왕이 말했다.

"너의 정해진 목숨은 비록 다하였으나 좋은 일을 다 마치지 못했으니 다시 인간 세상으로 돌아가 그 보배로운 일을 끝마치는 것이 낫겠다."

그러고는 선율을 인간 세상으로 돌려보냈다. 선율이 저승에서 돌아오는 길에 어떤 여인을 만났는데 울면서 그 앞에 와 절을 하고는 말했다.

"저는 신라 사람인데, 제 부모님이 금강사(金剛寺)의 논 한 이랑을 몰래 훔친 죄에 연루되어, 저승에 잡혀 와 오랫동안 뼈저린 고통을 받고 있습니다. 스님께서 고향으로 돌아가시거든 제 부모님께 이 일을 말하여 빨리 그 논을 돌려주도록 해 주십시오. 또 제가 인간 세상에 있을 때 참기름을 침대 아래에 숨겨 두고, 곱게 짠 베를 이불 사이에 감추어 두었으니, 법사께서는 제 기름을 가져다 공양하는 부처님 등불[불등(佛燈)]을 켜 주시고 베는 팔아 불경을 베껴 쓰는 비용으로 쓰십시오. 그렇게 해 주신다면 저승에서라도 은혜를 입어 고통에서 벗어날 수 있을 것입니다."

선율이 말했다.

"그대의 집은 어디에 있는가?"

"사량부에 있는 구원사(久遠寺)의 서남쪽 마을입니다."

선율이 그 말을 듣고 막 떠나려 하니, 다시 살아났다. 이때는 선율이 죽은 지 열흘이 되어 남산 동쪽 기슭에 이미 장사 지낸 후였다. 그가 무덤 속에서 사흘이나 살려 달라고 부르짖자, 지나가던 목동이 소리를 듣고 절에 알렸으므로 절의 승려가 가서 무덤을 파고 꺼내 주었다. 선율은 그동안 있었던 일을 다 설명하고, 그 여인의 집을 찾아갔다. 여인은 죽은 지 15년이 지났는데, 참기름과 베는 그 자리에 그대로 있었다. 선율이 그녀가 말한 대로 명복을 빌었더니 여자의 넋이 와서 아뢰었다.

"스님의 은혜에 힘입어 저는 벌써 괴로움에서 벗어났습니다."

당시 사람들은 이를 듣고 모두 놀라 감탄하여 너나없이 선율을 도와 불경을 완성시켰다. 그 불경은 경주의 승사서고(僧司書庫)[17]에 있는데 매년 봄가을이면 그것을 꺼내 신도들이 돌려 읽으며 재앙이 물러가기를 빌었다.

---

17 불경을 보관하는 창고.

새로운 세대를 위한 삼국유사

08

까마귀가 맺어 준 사제의 인연

지통과 낭지

삽량주(揷良州) 아곡현(阿曲縣)[18]의 영취산에 이상한 승려가 있었다. 수십 년 동안 자그마한 절에 살고 있었으나 고을에서 아무도 그를 알지 못하였고, 그 또한 자신의 이름과 성을 말하지 않았다. 그는 절을 찾아오는 사람들에게 언제나 《법화경(法華經)》을 강론하였고 신통력도 지니고 있었다.

문무왕이 왕위에 오를 무렵 지통(智通)이라는 승려가 있었는데, 원래는 이량 공(伊亮公) 집안의 종이었다. 이 종이 일곱 살에 중이 되고자 할 때였다. 어디선가 까마귀가 와서 울며 말했다.

"영취산으로 가서 낭지(朗智) 대사의 제자가 되어라."

---

18 오늘날의 울주군을 말한다.

나이 어린 지통은 그 말을 듣고는 영취산으로 갔으나 낭지 대사를 어떻게 찾아야 할지 몰랐다. 나무 아래에서 잠시 쉬고 있는데, 문득 이상한 사람이 나타나더니 말했다.

"나는 보현 대사(普賢大士)인데, 너에게 계품(戒品)을 주려고 한다."

그는 지통에게 계를 주고는 사라졌다. 이 계를 받자마자 지통은 마음이 확 트이고 지혜(智慧)[19]가 두루 통하는 것을 느꼈다. 다시 길을 가다가 우연히 한 승려를 만나 낭지 대사가 사는 곳을 물어보니, 그가 이상하다는 듯이 말했다.

"어찌해서 낭지를 찾느냐?"

지통은 신기한 까마귀에 대한 일을 모두 이야기하였다. 그러자 그가 빙그레 웃으면서 말했다.

"내가 바로 낭지이다. 지금 법당 앞으로 까마귀가 와서 '성스러운 아이가 법사의 제자가 되고자 올 것이니 나가 맞이하라.'라고 알려 주어서 맞으러 나온 것이다."

그러고는 손을 잡고 기쁜 마음으로 말했다.

"신령스러운 까마귀가 너를 깨우쳐 나에게 가라 일러 주고, 또다시 그 까마귀가 나타나 나에게 너를 맞이하라고 알려 주니, 이는 모르긴 해도 산신령이 아무도 모르게 도와주시는 것이다."

전하는 말로는 이 산신령을 변재천녀(辯才天女)[20]라고 한다.

---

19 진실한 지혜로서 열반을 증명하는 것. 제법(諸法)에 환하여 잃고 얻음과 옳고 그름을 가려내는 마음의 작용으로서, 미혹을 소멸하고 보리(菩提)를 성취함.

지통이 그 말을 듣고는 눈물을 흘리며 스승으로 모시고 예를 올렸다. 얼마 후 낭지가 계를 주려고 하자 지통이 말했다.

"저는 동구 밖 나무 밑에서 벌써 보현 대사로부터 부처님의 가르침을 받았습니다."

낭지가 감탄하며 말했다.

"잘했구나! 네가 벌써 그것을 받았구나. 나는 태어나면서부터 아침저녁으로 기도하며 보살을 만나기를 간절히 바랐으나 정성이 부족한 탓인지 부처님을 감동시키지 못한 듯하다. 그런데 네가 이미 가르침을 터득했으니, 나는 너보다도 못하구나."

그러고는 갑자기 자세를 낮추어 나이 어린 지통에게 도리어 예를 올렸다. 지통은 깜짝 놀라 낭지 법사에게 함께 예를 올렸다.

보현 대사가 지통에게 계를 주었던 나무를 일러 보현수(普賢樹)라 하였다.

지통이 말했다.

"법사께서는 이곳에 머무르신 지 오래된 듯합니다."

낭지가 말했다.

"법흥왕께서 왕위에 있던 527년에 처음 이곳에 왔는데, 지금은 얼마나 되었는지 모르겠다."

지통이 산에 도착했을 때가 바로 문무왕 즉위 원년(661년)이었으니

---

20 불법을 노래하는 여신이며 흰 연꽃에 앉아 비파를 타는 모습을 하고 있다. 재복과 지혜와 수명을 주는 신이다.

이를 기준으로 단순하게 계산해 보아도 이미 135년이나 된다.

그 뒤에 지통은 의상 대사의 제자가 되어 높고 오묘한 진리를 깨달아 불교의 가르침에 이바지하고 《추동기(錐洞記)》라는 책을 쓰기도 했다.

옛날 원효가 반고사(磻高寺)에 있을 때 자주 낭지를 찾아가 만났는데, 낭지는 원효에게 《초장관문(初章觀文)》과 《안신사심론(安身事心論)》을 저술하게 하였다. 원효가 저술을 끝낸 뒤 남의 눈에 띄지 않게 살아가는 사람인 문선(文善)을 시켜 자신이 지은 책들을 보냈는데, 그 책의 끝에 게송을 적었다.

지통과 원효는 모두 위대한 성인인데 두 성인이 낭지를 스승으로 섬겼으니 낭지 법사의 도가 얼마나 높은지 알 수 있다. 낭지 법사는 가끔씩 구름을 타고 중국의 청량산(淸凉山) 곧 오대산에 가서 다른 신도들과 함께 강론을 듣고 순식간에 절로 돌아오곤 하였다. 그래서 그곳 승려들은 그를 이웃에 사는 사람으로만 짐작할 뿐 어디 사는지 알지 못하였다. 그런데 어느 날 주지 스님이 여러 승려에게 말했다.

"이 절이 아닌 다른 절에서 온 승려들은 저마다 자신이 사는 곳의 유명한 꽃과 진기한 식물을 가지고 와서 절에 바치시오."

이튿날 낭지가 영취산에서 자라는 색다른 나뭇가지를 하나 꺾어 가지고 가서 바쳤다. 주지 스님이 이것을 보고 말했다.

"이 나무는 범어로 달제가(怛提伽)라고 하며, 이곳에서는 혁(赫)이라고 하는 것이다. 이것은 오로지 인도와 신라의 두 영취산에만 있는 것이다. 그 두 산은 모두 제10 법운지(法雲地)[21]로서 보살이 사는 곳이니 이것을 가져온 사람은 반드시 거룩한 분일 것이다."

그러고는 낭지의 행색을 살펴보더니 그제야 그가 영취산에 살고 있음을 알았다. 이로 인해 신도들은 낭지를 새로운 눈으로 보게 되었으니, 낭지의 이름이 절 안팎으로 드러났다. 그래서 신라에서는 낭지가 사는 암자를 혁목암(赫木庵)이라고 불렀는데, 지금의 혁목사(赫木寺) 북쪽 언덕에 있는 옛터가 바로 그 자리이다.

---

21 세상에 진리의 비를 뿌리는 구름 같다는 뜻. 제10 법운지는 보살이 수행하는 52단계 가운데 50단계에 해당한다.

09

시들지 않는 연꽃을 피우다

연회

큰스님 연회(緣會)는 옛날에 영취산에 숨어 살며 늘《법화경》을 읽고 보현보살의 수행 방법대로 법력을 닦았다. 그가 머무는 곳의 뜰의 연못에는 언제나 연꽃 몇 송이가 피어 있어 사시사철 시들지 않았다.

신라 원성왕이 그 놀라운 이야기를 듣고는 그를 불러 나라의 큰스승인 국사(國師)로 삼고자 하였다. 그런데 조용히 홀로 수행하는 것을 즐기는 법사는 그 말을 듣자마자 암자를 버리고 달아났다. 그가 서쪽 고개 바위 사이를 지나가는데 한 노인이 밭을 갈다가 물었다.

"법사께서는 어디를 가십니까?"

법사가 대답하였다.

"내가 들으니, 나라에서 나에 대해 잘못 알고 내게 벼슬을 주어 얽매어 두려고 하기에 그것을 피하려는 것이오."

노인이 듣고는 말했다.

"이름이야 여기서도 팔 수 있는데 왜 힘들게 멀리까지 가서 팔려고 하십니까? 법사야말로 이름 파는 것을 싫어하지 않는군요."

연회는 자기를 업신여기는 것이라 불쾌하게 생각하고는 귀담아듣지 않았다. 마침내 몇 리를 가다가 시냇가에서 한 노파를 만났는데, 그 노파도 이렇게 물었다.

"법사께서는 지금 어디를 가십니까?"

법사는 조금 전에 한 말처럼 똑같이 대답하였다. 노파가 말했다.

"조금 전에 어떤 사람을 만나지 않았습니까?"

연회는 다시 대답하였다.

"어떤 노인이 나를 매우 모욕하기에 화가 나서 대꾸도 하지 않았습니다."

그러자 노파가 한탄하며 말했다.

"그분이 문수 대성(文殊大聖)인데, 어찌 그분의 말씀을 듣지 않았습니까?"

연회가 그 말을 듣고는 깜짝 놀라 황급히 되돌아가 보니 노인이 아직도 밭을 갈고 있었다. 연회는 머리를 조아리며 잘못을 빌었다.

"보살님의 말씀을 제가 어찌 감히 거역하겠습니까? 그래서 돌아왔습니다. 그런데 시냇가의 그 노파는 누구신지요?"

노인이 태연스레 말했다.

"그분이 변재천녀이시다."

말을 마치자 노인은 조용히 사라져 버렸다.

연회는 자신이 머물던 절로 돌아왔는데, 얼마 후 왕의 사자가 조서를 가지고 그를 부르러 왔다. 연회는 명을 따를 수밖에 없음을 알고는 어쩔 수 없이 왕의 부르심에 따라 대궐로 갔다. 왕은 그를 국사로 삼았다. 그래서 법사가 노인에게 감명 받은 곳을 문수 대성의 이름을 따서 문수점(文殊岾)이라 하고, 노파를 만났던 곳을 아니점(阿尼岾)이라 하였다.

현몽으로 땅속에서 돌미륵을 파내다

생의

선덕왕 때 승려 생의(生義)는 언제나 도중사(道中寺)에 머물며 수도에 온 정성을 기울였다.

꿈에 한 승려가 그를 데리고 남산으로 올라가더니 어떤 장소를 정하여 풀을 묶어 표시하게 하고는 산의 남쪽 골짜기에 이르러 말했다. "내가 이곳에 묻혔으니, 대사께서 꺼내어 고갯마루에 묻어 주시오."

꿈에서 깨자 친구와 함께 풀로 표시해 둔 곳을 찾아갔다. 그리고 그 골짜기로 가서 땅을 파 보니 돌미륵이 나왔으므로 삼화령(三花嶺) 위에 모셨다. 그러고는 선덕왕 13년에 거기 절을 지어 살았는데, 후에 생의사(生義寺)라고 이름 지었다(이 절의 이름이 지금은 잘못 전해져 성의사(性義寺)라고 한다. 향가를 잘 짓던 스님 충담사(忠談師)가 매년 삼월 삼짇날과 9월 9일 중양절에 차를 끓여 올린 분이 바로 이 부처였다).

II

얼어 죽을 뻔한 여인을 구하다

정수

신라 제40대 애장왕(哀莊王) 때의 일이다.

승려 정수(正秀)라는 자가 황룡사에 머물며 도를 닦고 있었다. 날이 차갑고 눈도 많이 쌓이고 해가 저문 어느 겨울날이었다. 정수가 바깥일이 있어 외출했다. 그가 삼랑사(三郞寺)라는 절에서 돌아오는 길에 천엄사(天嚴寺) 문밖을 지나다가, 아이를 낳은 한 여자 거지가 얼어서 움직이지도 못하고 거의 목숨이 끊어질 지경이 되어 있는 것을 보게 되었다. 법사는 불쌍해서 그 여자 거지를 한참 동안 안아 주었다. 그러자 여자 거지가 다시 숨을 쉬는 것이었다. 그런데 아무래도 걱정이 되어 자신의 옷을 벗어 덮어 주고 벌거벗은 채 절로 달려와 거적으로 몸을 덮고 밤을 새웠다.

그날 밤이었다. 왕이 계신 궁궐로 소리가 들려왔다.

"황룡사의 승려 정수를 왕의 스승으로 삼으라."

왕이 급히 사람을 보내 일의 시작과 끝을 조사하게 하니 모든 일이 사실이었다. 그래서 왕이 정중히 옷을 갖춰 입고는 정수를 궁궐로 불러 들여 국사로 삼았다.

—

인간과 귀신의 세계를
넘나든 사람들

5장에서 다루고 있는 내용 또한 기이한 것으로, 인간 세계와 귀신의 세계를 넘나든 사람들의 이야기다. 전혀 사실적일 것 같지 않지만 지은이 일연은 《삼국유사》에서 이 부분 역시 비중 있게 다룬다. 요즘의 판타지 소설 못지않게 흥미로운 이야기들이다.

귀신과 함께 다리를 놓은 비형랑의 이야기에서는 일연의 뛰어난 상상력을 엿볼 수 있다. 가히 역사 판타지 소설의 원형 콘텐츠로 삼을 만한 내용이다. 빼어난 활 솜씨로 용왕의 딸을 얻은 거타지 이야기도 있다. 귀신과 대화를 나눌 수 있었던 밀본 거사, 병을 일으키는 용을 물리친 혜통의 이야기도 있다. "임금님 귀는 당나귀 귀."라는 말로 유명한 경문왕, 거센 파도를 잠재워 나라를 평화롭게 한 신비로운 피리 이야기도 있다. 바다 신의 노여움을 풀어 준 탑 이야기도 있고, 미타불과 미륵불을 구하고 왕생한 노힐부득과 달달박박 이야기도 중요하게 다루어진다. 연오랑과 세오녀가 일본에 가서 왕이 된 이야기는 아직도 널리 거론되는 이야깃거리다.

오늘날의 눈으로 보면 다소 황당하고 설득력이 떨어진다고도 할 수 있겠지만 또 한편으로는 세상을 아름답고 윤택하게 하는 모티브를 제공하기 때문에 우리는 이런 이야기를 읽으며 여전히 감동을 느낀다.

귀신과 함께 다리를 놓다

비형랑

신라 제25대 사륜왕(舍輪王)의 시호는 진지 대왕(眞智大王)이며 성은 김씨이다. 왕비는 기오 공(紀烏公)의 딸인 지도 부인(知刀夫人)이다. 사륜왕은 576년 왕위에 올라 4년 동안 나라를 다스렸으나 정치는 더욱 어지러워지고 자신은 술과 여자에 빠져 나라가 위태로워지니 백성들이 그를 왕의 자리에서 물러나게 했다.

진지왕은 여자를 무척 밝히는 사람이었다. 사량부에 있는 어느 여인의 얼굴이 너무도 아름다워 사람들이 그녀를 복사꽃 여인이라는 뜻의 도화랑(桃花娘)이라 불렀다. 왕은 이 소문을 듣고 그녀를 궁중으로 불러 관계를 맺으려 하였다. 그러자 여인은 낯빛을 바꾸며 말했다.

"여자가 지켜야 할 일은 두 남편을 섬기지 않는 것입니다. 설령 임금의 위엄이 있다 해도 남편이 있는 여인에게 강요하지는 못할 것입니다."

진지왕은 감히 왕에게 말대꾸를 한다고 생각하고는 화가 치밀어 말했다.

"너를 죽인다면 어떻게 하겠는가?"

여인이 대답했다.

"차라리 길거리에서 죽더라도 제게는 두 마음이 없음을 증명하고자 합니다."

이 말을 들은 왕은 다시 그녀를 희롱하며 말했다.

"남편이 없어지면 괜찮겠는가?"

그런데 이번에는 생각지도 못한 대답을 하는 것이었다.

"그렇다면 괜찮습니다."

그래서 왕은 그녀를 집으로 돌려보냈다. 이해에 왕이 자리에서 물러나 죽었고, 그 후 2년 만에 도화랑의 남편 역시 죽었다. 남편이 죽은 지 열흘쯤 지난 어느 날 밤에 왕이 살아 있을 때와 똑같은 모습으로 도화랑의 방에 들어와 말했다.

"네가 지난번 약속한 바와 같이 이제 네 남편이 없어졌으니 되겠는가?"

그러나 여인은 좀처럼 승낙하지 않았다. 여인이 제 부모에게 여쭙자 부모가 말했다.

"왕의 명을 어떻게 피하겠는가?"

그리고 그 딸을 왕이 머무는 방으로 들여보냈다. 왕은 그녀와 함께 이레 동안 이곳에 머물렀다. 이들이 머문 집의 지붕을 항상 오색구름이 감싸고 있고 방 안에 향기가 가득하였다. 그런데 이레가 지나자 왕이 갑자기 자취를 감추었다.

이런 일이 있은 후 도화랑이 임신을 하였다. 열 달이 차 아이를 낳으려고 했는데 산통이 어찌나 심한지 그 소리가 천지를 울릴 지경이었다. 드디어 한 사내아이를 낳으니 이름을 비형랑(鼻荊郎)이라 하였다.

선덕 여왕의 아버지 진평 대왕(眞平大王)이 아이가 매우 남다르다는 말을 듣고는 비형랑을 데려다 궁중에서 길렀다. 비형랑이 열다섯 살이 되자 왕은 그의 능력이 뛰어난 것을 보고는 잡일을 처리하는 집사(執事) 벼슬을 주었다.

그런데 비형랑은 매일 밤이면 어딘가 먼 곳으로 사라져 놀다가 새벽이 되어야 궁궐로 들어오는 것이었다. 이를 이상하게 생각한 왕이 날쌘 병사 50명에게 그를 지키게 하였다. 그런데 이게 웬 일인가? 알고 보니 비형랑은 매일 월성을 넘어 서쪽 황천(荒川)[1] 언덕 위로 가서 귀신들을 거느리고 노는 것이 아닌가. 병사들이 숲속에 숨어 엿보니, 귀신들이 밤새 놀다가 새벽을 알리는 절의 종소리를 듣고 각기 흩어지면 비형랑도 궁궐로 돌아오는 것이었다. 병사들이 와서 이 사실을 아뢰었다. 왕이 비형랑을 불러 물었다.

"네가 귀신들을 거느리고 논다는 것이 사실이냐?"

비형랑이 대답하였다.

"그렇습니다."

왕이 말했다.

---

1 현재의 경주 남천 하류를 가리키는데, 여기서 신원사 터가 보인다.

"그렇다면 귀신들을 시켜 신원사(神元寺) 북쪽 시내에 다리를 놓게 하라."

비형랑은 왕의 명령을 받들어 귀신들에게 돌을 다듬게 하여 하룻밤 사이에 큰 다리를 놓았다. 그 때문에 이 다리를 '귀신 다리'라는 뜻에서 귀교(鬼橋)라고 불렀다.

왕이 다시 물었다.

"귀신들 중에서 인간 세상에 나와 나랏일을 도울 만한 자가 있느냐?"

비형랑이 대답하였다.

"길달(吉達)이란 자가 있는데, 나라의 정치를 도울 만합니다."

왕이 말했다.

"그를 데려오너라."

이튿날 비형랑이 길달을 데려 오자, 왕은 길달에게도 집사의 벼슬을 내렸다. 길달은 충성스럽기가 세상에 둘도 없어 왕이 대단히 신임했다.

이때 각간 임종(林宗)이 자식이 없었으므로 왕은 길달을 그의 아들로 삼게 하였다. 임종이 길달에게 흥륜사 남쪽에 누문(樓門)을 짓도록 명령하자 길달은 매일 밤 그 문 위로 가서 잠을 잤다. 이 때문에 그 이름을 길달문(吉達門)이라 하였다.

어느 날 길달이 여우로 둔갑해 도망치자 비형랑은 귀신을 시켜 길달을 붙잡아 죽였다. 그랬더니 귀신들이 비형랑의 이름만 들어도 무서워 도망쳤다. 당시 사람들은 이를 빗대어 노래를 지어 불렀다.

성스러운 왕의 넋이 아들을 낳았으니,

비형랑의 집이 여기로세.
날뛰는 온갖 귀신들이여,
이곳에는 함부로 머물지 말라.

이때부터 민간에서는 이 노래 가사를 집 밖에 써 붙여 귀신을 쫓곤
하였다.

02

활 솜씨로 용왕의 딸을 얻다

거타지

제51대 진성 여왕(眞聖女王)이 즉위하고 얼마 후 신라는 나라의 힘이 약해지면서 점점 몰락의 길로 들어섰다. 왕의 자리에 오른 지 몇 해가 안 되어 유모(乳母) 부호 부인(鳧好夫人)과 그의 남편 잡간(迊干) 위홍(魏弘) 등 불과 서너 명 신하들이 나랏일을 쥐락펴락했고, 도적이 벌 떼처럼 일어나 온 나라 사람들이 모두 걱정하였다. 그래서 어떤 사람이 다라니(陀羅尼)²를 지어 길 위에 던졌는데 그 내용이 왕의 잘못을 험담하는 것이었다. 왕과 신하들이 이것을 손에 넣고는 누구의 소행인지 서로들 추측하여 말했다.

---

2   범문(梵文)을 번역하지 않고 음(音) 그대로 외는 것. 그 자체에 신비한 힘이 있어 이를 외는 사람은 한없는 기억력을 얻고 모든 재액에서 벗어날 수 있다고 한다.

"왕거인(王居仁)이 아니면 누가 이런 글을 짓겠는가?"

그래서 왕거인은 영문도 모른 채 옥에 갇히고 말았다. 왕거인이 시를 지어 하늘에 하소연하니 하늘이 곧 그 감옥에 벼락을 내려 풀려나게 해 주었다.

아찬(阿湌) 양패(良貝)는 왕의 막내아들이다. 그는 당나라에 사신으로 갈 때 백제의 해적이 진도(津島)³를 막고 있다는 말을 듣고 활 쏘는 무사 50명을 뽑아 따르게 하였다. 배가 곡도(鵠島)⁴에 도착했을 때, 바람과 파도가 세차게 일어 열흘 넘게 꼼짝없이 머물러야 하였다. 공은 걱정이 되어 사람을 시켜 점을 치게 하였다. 점을 친 사람이 말했다.

"섬에 귀신 연못이 있으니 제사를 지내야 합니다."

그러고는 못에 제물을 차려 놓으니 못의 물이 사람 키 높이만큼이나 솟구쳤다. 그날 밤 꿈에 한 노인이 나타나 공에게 말했다.

"활 잘 쏘는 사람을 이곳에 남겨 두면 순풍을 만날 것이다."

공은 꿈에서 깨어나 그 일을 주위 사람들에게 알리고 물었다.

"누구를 남겨 두어야 하는가?"

사람들이 말했다.

"나뭇조각 50개를 만들어 우리들의 이름을 써 넣고 그것들을 바다에 던진 뒤 가라앉는 자의 이름으로 제비를 뽑아야 합니다."

양패 공이 그렇게 하기로 하고 나뭇조각 50개를 바다에 던지니 군사

---

3 나루터와 섬이라고 해석하기도 한다.
4 오늘날의 백령도를 말한다.

들 가운데 거타지(居陀知)란 사람의 이름이 물속으로 가라앉았으므로 그 사람을 남게 하였다. 그러자 갑자기 순풍이 불어 배가 거침없이 나아갔다. 섬에 남겨진 거타지가 수심에 잠겨 홀로 서 있는데 갑자기 한 노인이 연못에서 나와 말했다.

"나는 서해의 신(神)인 약(若)인데, 날마다 중 하나가 해 뜰 무렵 하늘에서 내려와 다라니를 외면서 이 못을 세 바퀴 돌면, 우리 부부와 자손들이 모두 물 위로 떠오른다오. 그러면 그 중은 내 자손들의 간장(肝腸)을 모조리 먹어 치운다오. 이제 우리 부부와 딸 하나만 남았소. 내일 아침이면 반드시 또 그가 올 테니 그때 그대가 그 중을 쏘아 주시오."

거타지가 말했다.

"활 쏘는 일이라면 제가 누구보다 잘하니 명령대로 하겠습니다."

그러자 노인이 고마워하고는 곧 사라졌다. 거타지는 숨어 엎드려 기다리고 있었다. 이튿날 동쪽이 밝아 오자 과연 중이 나타나 이전처럼 주문을 외면서 늙은 용의 간을 빼내려 하였다. 이때 거타지가 활을 쏘아 중을 맞히니 곧장 중은 늙은 여우로 변해 땅에 떨어져 죽었다. 그러자 노인이 나와 감사해 하며 말했다.

"공의 은혜를 입어 내 목숨을 보존하게 되었으니 내 딸을 그대의 아내로 주겠소."

거타지가 고마운 마음을 전하며 말했다.

"제게 주신다면 평생을 저버리지 않고 늙어 죽을 때까지 사랑하겠습니다."

노인은 자신의 딸을 한 송이 꽃으로 변하게 해 거타지의 품속에 넣어 주고는, 두 용에게 거타지를 데리고 사신의 배를 뒤쫓아 가 호위하여 당나라로 들어보내도록 명령하였다.

당나라 사람들은 신라의 배가 용 두 마리의 호위를 받으며 들어오는 것을 보고 황제에게 아뢰었다. 그러자 황제가 근심스러운 표정으로 말했다.

"신라 사신은 반드시 비범한 사람일 것이다."

그래서 잔치를 열어 거타지를 신하들보다 높은 자리에 앉히고 금과 비단을 후하게 주었다. 신라로 돌아온 후 거타지가 품속에서 꽃송이를 꺼내자 꽃이 여인으로 변했으므로 두 사람은 오래오래 함께 살았다.

03

선덕 여왕을 살리고 귀신을 물리치다

밀본

선덕 여왕의 이름은 덕만(德曼)이다. 왕이 병에 걸려 오랫동안 낫지 않자 흥륜사의 승려 법척(法惕)이 왕의 조서를 받들어 그 질병을 돌보았으나 오래도록 효험이 없었다.

당시 신라에는 밀본 법사(密本法師)라는 스님의 어진 행실이 온 나라에 널리 알려져 있었다. 왕을 가까이 모시는 신하들이 법척 대신 밀본 법사를 데려오자고 왕에게 간청하자 왕이 법사를 궁궐로 불러들이도록 했다. 밀본이 왕의 침실 밖에서 《약사경(藥師經)》[5]을 다 읽으니 갑자기 가지고 있던 지팡이가 저절로 침실 안으로 날아들더니 늙은 여우 한 마리와 법척을 찔러 뜰 아래로 거꾸로 내던졌다. 그러자 왕의 병이 곧 나

---

5   약사유리광여래의 본원(本願)과 공덕을 설명한 것으로, 밀교에서 주로 읽는 경전이다.

왔다. 이때 밀본의 이마 위에서 다섯 빛깔의 신비한 광채가 나타나 모두가 놀라워하였다.

또 이런 일도 있었다.

재상 김양도(金良圖)가 어렸을 때 갑자기 입이 붙어 버리고 몸이 뻣뻣하게 굳어 말을 하지 못하고 팔다리도 쓰지 못하게 되었다. 그런데 당시 김양도의 눈에는 언제나 큰 귀신 하나가 작은 귀신 여럿을 거느리고 와서 집 안의 모든 음식을 씹어 맛을 보고 무당이 와서 제사를 지내면 여러 귀신이 다투어 무당을 깔보고 욕되게 하는 모습이 보였다.

김양도는 귀신들을 물러가게 하고자 하였으나 입이 붙어 말을 할 수가 없었다. 이때 그의 아버지가 법류사(法流寺)라는 절에 있는 이름을 알 수 없는 승려를 오도록 하여 불경을 외우게 했다. 그러나 큰 귀신이 작은 귀신에게 명하여 쇠방망이로 그 승려의 머리를 쳐서 땅에 넘어뜨리니 승려가 이내 피를 토하고 죽어 버렸다. 그래서 김양도의 아버지는 며칠 뒤 사람을 보내 밀본을 불러오게 했는데, 심부름 갔던 사람이 돌아와 말했다.

"밀본 법사가 우리의 청을 받아들여 곧 오겠다고 했습니다."

귀신들은 이 말을 듣고는 놀라 모두 얼굴이 하얗게 질렸다. 작은 귀신이 말했다.

"법사가 도착하면 우리에게 불리할 테니 지금 피하는 것이 좋지 않겠습니까?"

그러나 큰 귀신은 거들먹거리며 아무렇지 않은 듯 말했다.

"그자가 뭐 그리 대단하다고. 감히 우리를 해칠 수 있겠는가?"

얼마 후 큰 힘을 가진 대력신(大力神)들이 쇠로 된 갑옷과 긴 창으로 무장하고는 사방에서 와서 여러 귀신을 붙잡아 갔고, 무수한 천신(天神)이 둘러서서 기다렸다. 잠시 후 밀본이 왔다. 밀본이 불경을 펴기도 전에 김양도는 병이 나아 말을 할 수 있게 되었다. 몸이 풀리자 그는 지난 일을 모두 법사에게 이야기하였다. 김양도는 이 일로 해서 불교를 독실하게 믿어 평생 동안 게을리하지 않았다. 또한 흥륜사 법당의 미륵존상과 좌우의 보살상을 빚었으며 금색으로 벽화를 가득 그렸다.

밀본은 일찍이 금곡사(金谷寺)에 산 적이 있었다.

김유신이 어떤 늙은 거사와 친하게 사귀었는데, 그가 바로 밀본 법사였으나 세상 사람들은 이를 알지 못하였다. 그때 김유신의 친척인 수천(秀天)이 오랫동안 나쁜 질병을 앓고 있었으므로 김유신이 법사를 보내 진찰하게 하였다. 바로 그날 수천의 친구인 인혜사(因惠師)라는 승려가 중악에서 찾아와 밀본 법사를 보고는 모욕하며 말했다.

"그대의 모습과 태도를 보니 간사한 사람 같은데 어떻게 남의 병을 고치겠는가?"

법사가 말했다.

"나는 김유신의 명을 받고 마지못해 왔을 뿐이오."

인혜가 말했다.

"그대는 내 신통력을 보아라."

그러더니 향로에 향을 피우고 주문을 외웠다. 이윽고 오색구름이 인혜의 이마를 둘러싸고 하늘에서는 꽃이 흩어져 내렸다. 그때 법사가 말했다.

"스님의 신통력은 정녕 불가사의합니다. 제게도 변변치 못한 기술이 있으니 한번 시험해 보겠습니다. 스님께서는 잠깐 제 앞에 서 계십시오."

인혜가 그의 말대로 하자 법사가 손가락을 퉁겨 소리를 내었다. 그러자 인혜가 넘어져 공중으로 한 길 남짓이나 올라갔다가 얼마 후 천천히 거꾸로 떨어져 머리가 땅에 말뚝처럼 박혔다. 옆에 있던 사람들이 인혜를 밀고 당겨 봤지만 꿈쩍하지 않았다. 법사가 떠난 뒤 인혜는 몸이 거꾸로 박힌 채 그곳에서 밤을 지새웠다. 이튿날 수천이 김유신에게 사람을 보내니 김유신이 법사에게 인혜를 구해 달라 청했다. 이 일로 인해 인혜는 더는 자신의 신통력을 자랑하지 않게 되었다.

04

병을 일으키는 독룡을 물리치다

혜통

승려 혜통(惠通)은 그 성씨를 자세히 알 수 없다. 그가 인간 세상에 있을 때 그의 집은 남산 서쪽 기슭의 은천동(銀川洞) 어귀에 있었다. 어느 날, 집 동쪽 시냇가에서 놀다가 수달 한 마리를 잡아 죽이고는 그 뼈를 동산에 버렸는데 이튿날 아침 그 뼈가 없어졌다. 핏자국을 따라갔더니 그 죽은 수달이 옛날에 살던 굴속으로 들어가 다섯 마리의 새끼를 끌어안고 웅크려 있었다. 그것을 바라보고는 한참 동안 놀라워하고 탄식하더니 괴로움을 못 이겨 한동안 방황하다가 마침내 속세를 버리고 출가하여 이름도 혜통으로 바꾸었다.

혜통이 당나라로 가서 선무외삼장(善無畏三藏)[6]을 찾아뵙고 배움을

---

6   당나라로 건너가 밀교의 시조가 된 인도 승려.

간곡하게 청하니, 삼장이 말했다.

"해가 뜨는 변방[7]의 사람이 어찌 감히 불법의 기량[법기(法器)]을 쉽게 배울 수가 있겠는가?"

그러고는 끝내 가르쳐 주지 않았다. 그러나 혜통은 포기하지 않고 그곳에 머물면서 3년 동안 열심히 섬겼으나 그래도 받아 주지 않았다. 혜통이 분하고 애가 타 뜰에 서서 화로를 머리에 얹자 잠깐 사이에 이마가 터지면서 우레 소리가 났다. 삼장이 소리를 듣고 와 보고는 화로를 내리고 터진 자리를 손가락으로 만지며 주문을 외자 상처는 이전 모습으로 아물었으나 왕(王)자 모양의 흉터가 생겼다. 그리하여 혜통을 왕 화상(王和尙)이라 일컫고 큰 그릇이 될 것으로 여겨 이심전심하는 심법[인결(印訣)]을 가르쳐 주었다.

이때 당나라 황실의 공주가 병이 나자 고종은 삼장에게 딸을 구해 달라고 요청하였다. 삼장은 자기 대신 혜통을 추천하였다. 혜통은 명을 받고 가서 환자와는 따로 떨어진 방에 머물면서 흰 콩 한 말을 은그릇에 넣고 주문을 외웠다. 그러자 흰 콩이 흰 갑옷을 입은 귀신 군대로 변하는 것이었다. 그 군대로 병마를 쫓아내려 하였으나 이기지 못하였다. 다시 검은 콩 한 말을 금그릇에 넣고 주문을 외자 검은 갑옷을 입은 귀신 군대로 변하였다. 두 색깔의 귀신 군대가 힘을 합쳐 병마와 싸우자 갑자기 병마가 시뻘건 교룡(蛟龍)[8]으로 변하여 뛰쳐나가고 마침내 공주의 병이 나았다.

———

7 신라를 낮춰 부른 말이다.

병마는 혜통이 자신을 쫓아낸 것을 원망하여 그의 본국 신라의 문잉림(文仍林)으로 가서 많은 사람의 목숨을 해쳤다. 이때 정공(鄭恭)이 당나라에 사신으로 갔다가 혜통을 만나 말했다.

"스님이 내쫓은 사악한 용이 신라에 와서 심한 피해를 끼치니 빨리 없애도록 하시오."

그래서 혜통은 665년 본국으로 돌아와 독룡(毒龍)을 쫓아냈다. 그러자 독룡은 이번에는 정공을 원망하면서 정공의 집 문밖의 버드나무로 변신하여 살았는데, 정공은 이를 모른 채 그 나무의 무성함을 감상하며 무척 아꼈다.

신문왕이 죽고 효소왕(孝昭王)이 자리에 올라 신문왕의 무덤을 고쳐 짓고 장사 지낼 길을 만드는데, 정공의 집 버드나무가 길을 막고 있자 관리가 베어 버리려 하였다. 그러자 정공이 크게 화를 내며 말했다.

"차라리 내 목을 베면 베었지 이 나무는 베지 못한다."

관리가 이를 왕에게 아뢰니 왕이 매우 화가 나 법관에게 명령하였다.

"정공이 왕 화상의 신통력을 믿고 왕의 명을 거스르며 제 목을 베라고 하였으니 원하는 대로 해 주는 것이 마땅하리라."

그리하여 정공을 죽이고는 그 집을 묻어 버렸다. 그 뒤 왕과 신하들이 의논하였다.

---

8   상상 속 동물. 모양이 뱀과 같고 몸의 길이는 한 길이 넘으며 넓적한 네발이 달려 있고 가슴은 붉고 등에는 푸른 무늬가 있으며 옆구리와 배는 비단처럼 부드럽고 눈썹으로 교미하여 알을 낳는다고 한다.

"왕 화상은 정공과 상당히 친했으므로 반드시 정공의 죽음을 의심할 것입니다. 그를 먼저 없애야 합니다."

왕은 군사를 풀어 왕 화상을 잡아들이도록 하였다. 이때 혜통은 왕망사(王望寺)에 있다가 군사가 오는 것을 보고는 지붕으로 올라가 붉은색 주사(朱砂)가 든 병을 가지고 붉은 먹을 붓에 묻혀 이렇게 외쳤다.

"내가 하는 것을 보아라."

그러고는 병목에 붉은색 줄을 그으며 말했다.

"너희들은 모두 각자의 목을 보아라."

군사들이 자신의 목을 보니 모두 붉은 줄이 그어져 있었다. 그들이 서로를 보며 깜짝 놀랐다.

혜통이 또 말했다.

"내가 만약 이 병의 목을 자르면 너희들의 목도 당연히 잘릴 것이니 어떻게 하겠느냐?"

군사들이 혼비백산하여 도망갔다. 그들이 목에 붉은 줄이 그어진 채로 왕에게 달려가니 왕이 말했다.

"승려의 신통력을 우리들의 힘으로 어찌 막겠느냐?"

왕은 혜통을 그냥 내버려 두었다. 얼마 후 공주가 갑자기 병이 생겨 드러눕자 왕은 혜통에게 공주를 고치라고 명하였다. 이에 혜통이 공주를 낫게 하니 왕이 크게 기뻐하였고 그제야 혜통이 말했다.

"정공은 원한을 품은 독룡의 저주로 억울하게 나라의 형벌을 받은 것입니다."

왕은 그 말을 듣고는 후회하는 마음이 생겨 정공의 처자식을 풀어 주

새로운 세대를 위한 삼국유사

고 혜통을 국사로 삼았다.

한편 독룡은 정공에게 원수를 갚고 난 후 기장산(機張山)으로 가 웅신(熊神)이 되었는데 그 악독함이 매우 심하여 백성들이 몹시 괴로워하였다. 혜통이 산속에 가서 독룡을 좋은 말로 타일러 불살계(不殺戒)[9]를 주니 웅신의 해로움이 바로 그쳤다.

한번은 신문왕이 몹쓸 종기가 나서 혜통에게 보아 주기를 청하니, 혜통이 왕을 위해 주문을 외자 즉시 종기가 나았다.

혜통이 말했다.

"폐하께서는 전생에 재상의 신분으로 있으면서 선량한 백성 신충(信忠)을 잘못 판단하여 종으로 삼았기에, 신충이 원한을 품고 되살아나 앙갚음을 하는 것입니다. 지금의 몹쓸 종기도 신충의 일 때문이니, 신충을 위해 절을 세우고 명복을 빌어 원한을 풀어야만 합니다."

왕이 옳다고 여겨 절을 세우고 신충봉성사(信忠奉聖寺)라 하였다. 절이 만들어지자 하늘에서 외치는 소리가 들렸다.

"왕께서 절을 지어 명복을 빌어 주셔서 제가 괴로움에서 벗어나 하늘에 태어났으니 원망이 이제 풀렸습니다."

그 소리가 났던 곳에는 원망을 끊는다는 뜻으로 절원당(折怨堂)을 세웠는데 그 절의 본당과 절이 지금까지도 남아 있다.

---

9   불교의 다섯 가지 계명 중 하나로 중생을 죽이지 못하게 하는 계율이다.

05

임금님 귀는 당나귀 귀

━━━━━━━━━━━━━━━━━━━━━━━━━━━━━━━━━━

경문왕

경문왕(景文王)에게는 이상한 일이 있었다.

왕이 자는 침실에 매일 저녁 수많은 뱀이 모여들었다. 징그럽게 생긴 뱀들이 대궐 주위를 넘나들자 여기저기에서 뱀을 발견하고는 너무 놀라고 무서워 비명을 질러 댔다. 더구나 신하들은 왕이 해를 입을까 두려워 뱀들을 모두 몰아내려 하였다. 그런데 정작 경문왕은 이렇게 말하는 것이 아닌가?

"나는 뱀이 없으면 편히 잠들 수가 없으니 몰아내지 마라."

시중드는 자들이 보니 왕이 잠잘 때면 뱀처럼 혀를 길게 내밀어 자기의 온 가슴에 펼쳐 놓았다.

또 이런 일도 있었다. 경문왕은 왕위에 오른 후 귀가 갑자기 당나귀 귀처럼 크게 자라났다. 그런데 왕후와 궁인들 모두가 이 사실을 알지 못하였으며 오직 왕의 관(冠)을 만드는 사람만이 이 사실을 알고 있었다. 그는 평생토록 왕의 비밀을 다른 사람에게 말하지 않았는데 혼자만 알고 있으려니 답답해 미칠 지경이었다.

어느 날 그가 죽을 때가 되자 자신이 살아 있을 때 한 번도 말하지 못한 비밀을 어딘가에서 누군가에게 말해야만 한이 남지 않을 것 같았다. 그래서 그는 도림사(道林寺) 대숲 가운데로 들어가 사람이 없는 곳에서 대나무를 향해 외쳤다.

"우리 임금님 귀는 당나귀 귀다."

그 후로 바람만 불면 대숲에서 이런 소리가 났다.

"우리 임금님 귀는 당나귀 귀다."

왕은 화가 나서 대나무를 모두 베어 버리고는 산수유를 심었는데, 바람이 불면 이런 소리가 났다.

"우리 임금님 귀는 기다랗다."

하늘이 내려 준 허리띠

천사옥대

신라 제26대 백정왕(白淨王)은 죽은 다음에 진평 대왕(眞平大王)이라고 불렸으며, 성은 김씨이다. 그는 579년 8월에 왕위에 올랐는데, 키가 열한 자나 될 정도로 거인이었다. 하루는 진평왕이 자신이 세운 절인 내제석궁[內帝釋宮, 천주사(天柱寺)라고도 한다.]으로 나아가 섬돌을 밟는 순간 돌 두 개가 한꺼번에 부서져 내렸다. 놀란 왕이 곁에 있던 신하에게 말했다.

"이 돌을 다른 곳으로 옮기지 말고 그대로 두어 후대 사람들에게 보여 주어라."

이 돌이 바로 성안에 있는 다섯 개의 부동석(不動石) 가운데 하나이다.

왕이 즉위한 그해, 천사가 궁궐 뜰로 내려와 왕에게 말했다.

"하늘에 계신 상제께서 나에게 이 옥대를 전해 주라고 명하셨소."

왕이 몸소 무릎을 꿇고 받자 천사는 하늘로 올라갔다. 그 뒤로 왕은 천지와 조상에 제사 지내고 나라에서 큰 제사를 지낼 때마다 이 허리띠를 맸다.

훗날 고려 왕이 신라 정벌을 꾀하다가 이렇게 물었다.

"신라에는 세 가지 보물이 있어 정벌할 수가 없다고 하는데, 이는 무엇을 말하는가?"

"첫째는 황룡사의 장륙존상(丈六尊像)이고, 둘째는 그 절의 구층탑(九層塔)이며, 셋째는 진평왕의 천사옥대(天賜玉帶) 즉 하늘이 내려 준 옥대이옵니다."

이 말을 들은 고려 왕은 정벌 계획을 그만두었다.

은밀한 비법으로 당나라 군대를 막아 내다

사천왕사

신라 문무왕이 왕위에 오른 해는 661년이었다. 그 후 6년이 지나 667년의 어느 날이었다. 사비 남쪽 바다에서 여인의 시체가 나왔는데, 키가 일흔세 자나 되고 발의 길이가 여섯 자, 음부의 길이도 석 자나 되었다.

이듬해인 668년에 문무왕은 김인문, 김흠순 등과 함께 군사를 거느리고 고구려 정벌에 나서 평양에 도착했다. 때마침 당나라 군대가 고구려를 멸망시키고 당나라 장수 이적(李勣)이 고장왕(高藏王)[10]을 사로잡

---

10 고구려의 제28대 왕(?~682년)으로 마지막 왕인 보장왕을 말한다. 성이 고씨라서 '고장왕'이라 부른 것이며, 이름은 장(藏) 또는 보장(寶藏)이다. 연개소문에 의하여 왕위에 올랐으며, 재위 27년(668년) 나당(羅唐) 연합군의 침공으로 고구려가 멸망하자 중국 당나라로 압송되었다. 재위 기간은 642~668년이다.

아 당나라로 돌아가던 때였다.

이때 당나라의 유병(遊兵)[11]과 여러 장병 가운데는 진영에 머물다가 틈이 생기면 신라를 습격하여 부녀자를 욕보이는 이들이 적지 않았다. 문무왕은 이 문제가 심각하다는 것을 알고는 군대를 일으켜 만일의 사태에 대비하고자 했다. 이듬해 당나라 고종은 여러 가지 경로로 문무왕이 당나라 군대에 대항하기 위해 어떤 일을 계획하고 있는지 알게 되었다. 그는 사신을 보내 김인문을 불러 꾸짖었다.

"너희가 우리에게 군사를 요청하여 고구려를 멸망시켜 주었는데, 이제는 오히려 우리를 해치려 하다니 이게 말이나 되는 일인가?"

그리고는 그를 옥에 가두어 버렸다. 고종은 군사 50만 명을 훈련시켜, 설방(薛邦)을 장수로 삼아 신라를 침략하려고 하였다.

이때 불교를 공부하려고 당나라로 유학 가 있던 의상 대사(義湘大師)가 김인문을 몰래 찾아갔다. 김인문이 의상 대사에게 당나라의 신라 정벌 계획을 알려 주자 의상이 신라로 돌아와 문무왕에게 사실을 아뢰었다. 왕은 매우 두려워하며 신하들을 모아 놓고 당나라 군대를 막아 낼 방법을 물었다. 각간 김천존(金天尊)이 아뢰었다.

"요즘 명랑 법사가 바닷속 용궁으로 들어가 비법을 전수받고 돌아왔다고 하니, 그에게 물어보십시오."

왕은 즉시 명랑을 궁궐로 불러들여 대비책을 물었다.

---

11 진(陣)의 후방에 있다가 전투가 벌어지기 바로 직전 나아가 적을 교란하거나 와해된 적을 추격하는 임무를 맡은 병력.

명랑 법사가 아뢰었다.

"낭산(狼山) 남쪽에 신유림(神游林)이 있는데, 그곳에 사천왕사(四天王寺)[12]를 세우고 도량(道場)[13]을 열면 됩니다."

그때 정주(貞州)[14]에서 사자가 달려와 다급한 말투로 보고하였다.

"지금 수많은 당나라 군사가 우리 국경 근처에 와서는 바닷가를 맴돌고 있습니다."

왕이 다시 명랑 법사에게 물어보았다.

"상황이 다급해졌으니 어찌하면 되겠소?"

명랑 법사가 아뢰었다.

"곱게 물들인 오색 비단으로 임시로 절을 만들면 됩니다."

그래서 곱게 물들인 비단으로 절을 짓고, 풀로 다섯 방위를 맡은 신 모양의 형상을 만들었으며, 명랑 법사를 우두머리로 하여 불교에 정통한 승려 열두 명에게 은밀한 비법을 쓰도록 하였다.

드디어 당나라 군대와 신라 군대가 전쟁을 하려는 때 갑자기 바람과 파도가 거세게 일어나 당나라 군대의 배가 모두 뒤집혀 가라앉고 말았다. 그 후 절을 고쳐 짓고 이름을 사천왕사라고 하였다. 이곳에서는 지금까지도 강론이 계속되고 있다.

---

12 경주 낭산의 동남쪽 기슭에 있던 절. 신라 문무왕 19년(679년)에 명랑이 창건하였는데 현재 불전(佛殿)의 주춧돌과 탑지(塔址)만 남아 있다.
13 부처나 보살이 도를 얻은 곳 또는 도를 얻으려고 수행하는 곳을 말한다. 불도를 수행하는 승려들이 모인 곳을 이르기도 한다.
14 현재의 황해도 개풍 지역.

시간이 흘러 671년, 당나라는 다시 조헌(趙憲)을 장수로 삼아 5만 명의 군사를 보내 신라를 정벌하도록 했는데, 신라에서 또 그 비법을 썼더니 예전처럼 배가 가라앉았다고 한다. 이때 한림랑(翰林郎) 박문준(朴文俊)이 김인문과 함께 당나라의 감옥에 갇혀 있었다.

당나라 고종이 박문준을 불러 물었다.

"너희 나라에는 무슨 비법이 있어 두 번이나 많은 병사를 보냈는데도 살아 돌아온 자가 없느냐?"

그러나 박문준은 고종에게 이렇게 둘러대어 아뢰었다.

"저희 속국의 신하들은 윗나라인 당나라에 온 지 10여 년이나 되어 나라 안의 일이 어떻게 되어 가는지 잘 알지 못합니다. 다만 이곳에 멀리 떨어져 있어도 한 가지 정도는 들은 것이 있습니다. 저희가 당나라의 두터운 은혜를 입어 삼국을 통일하였으므로 그 은혜를 갚기 위해 새로 낭산 남쪽에 천왕사(天王寺)를 짓고 폐하의 만수무강을 빌며 오랫동안 법회를 열고 있다고 합니다."

고종은 이 말을 듣고 아주 기뻐하며, 예부시랑(禮部時郎) 악붕귀(樂鵬龜)를 신라에 사신으로 보내 그 절을 살펴보게 하였다. 왕은 당나라 사신이 곧 올 것이라는 말을 미리 듣고는 신라를 지키는 이 절을 절대로 보여 주어서는 안 될 것으로 생각하여 사천왕사 남쪽에 임시로 절을 짓고 당나라 사신 일행을 기다렸다.

사신이 와서 말했다.

"먼저 황제의 만수무강을 비는 곳인 천왕사에서 부처님께 향을 올리겠습니다."

그러자 왕은 사신을 이끌어 새로 지은 절을 보여 주었다. 물론 왕은 마음이 조마조마했다. 그런데 아니나 다를까 그 사신은 문 앞에 서서 차가운 목소리로 말했다.

"이것은 결코 사천왕사가 아니외다."

왕이 이 말을 듣고, 사천왕사가 맞다고 둘러댔으나 아무런 소용이 없었다. 당나라의 사신은 임시로 만든 덕요산(德遙山)의 절을 바라보기만 할 뿐 끝내 들어가 보지 않았다. 그래서 사신의 입을 막기 위해 금 천 냥을 주었더니 사신의 태도가 변하며 걱정하지 말라고 했다. 안심이 되지는 않았으나 그의 말에 따를 뿐이었다. 그러나 역시 뇌물은 효과가 있었다. 사신은 당나라로 돌아가 거짓으로 아뢰었다.

"신라는 천왕사라는 절을 새로 지어 그곳에서 황제의 만수무강을 빌고 있었을 뿐입니다."

그래서 새 절은 당나라 사신의 말에 따라 망덕사(望德寺)라 하였다.

o8

거센 파도를 재워 천하를 평화롭게 한 피리

만파식적

제31대 신문 대왕(神文大王)의 이름은 정명(政明)이고 성은 김씨이다. 681년 7월 7일 왕위에 올랐으며, 아버지 문무 대왕을 위해 동해 바닷가에 감은사를 지었다.

이듬해 5월 초하루에 동해를 감독하는 관리 파진찬(波珍飡) 박숙청 (朴夙淸)이 왕에게 아뢰었다.

"동해 가운데 있던 작은 산 하나가 감은사 쪽으로 떠내려 와 파도를 따라 왔다 갔다 한다고 합니다."

왕이 이 말을 듣고 이상하게 여겨 점치는 자 김춘질(金春質)을 불러 점을 치도록 하니 이렇게 아뢰었다.

"돌아가신 왕께서 지금 바다의 용이 되어 삼한을 지키고 있으며, 또한 김유신 공이 33천 가운데 한 분이 되어 지금 세상에 내려와 나라의 대신(大臣)이 되었습니다. 두 성인께서 덕을 같이하여 나라를 지킬 보배를 내리시려고 하는 것입니다. 만약 폐하께서 바닷가로 나가시면 반드시 값을 매길 수 없는 큰 보배를 얻으실 것입니다."

왕이 기뻐하며 그달 7일에 이견대로 가서 그 산을 바라보고 사신을 보내 살펴보게 하였다. 산의 형세는 거북 머리처럼 생겼고 그 위에 대나무 한 그루가 있었는데, 낮에는 둘이 되고 밤에는 하나로 합쳐졌다. 사신이 와서 이 놀라운 사실을 아뢰자 왕은 그날 밤 감은사에 가서 묵었다.

이튿날 정오 무렵이었다. 갑자기 대나무가 하나로 합쳐지자 천지가 진동하고 이레 동안 비바람이 사납게 몰아치면서 날이 어두웠다가 밝았다를 거듭하더니 그달 16일에야 겨우 바람이 멈추고 파도가 가라앉았다. 왕이 배를 타고 바다 가운데 그 섬으로 나아가니 바다의 용이 갑자기 나타나 검은 옥대를 왕께 바쳤다.

왕은 용을 맞이하여 함께 자리에 앉았다.

왕이 물었다.

"이 산과 대나무가 떨어졌다 합쳐졌다 하는 것은 무슨 까닭인가?"

용이 말했다.

"그것은 마치 손바닥도 한 손으로 치면 소리가 나지 않지만, 두 손으로 치면 소리가 나는 것과 같습니다. 이 대나무란 물건은 서로 합친 이후에야 소리가 나게 되어 있으니 훌륭한 왕께서 소리로써 천하를 다스릴 좋은 조짐입니다. 왕께서 이 대나무를 가져다 피리를 만들어 불면 천하가 평화로워질 것입니다. 돌아가신 왕께서는 이미 바닷속 큰 용이 되셨고 김유신 또한 하늘의 신이 되었습니다. 두 성인께서 한마음이 되어, 값을 매길 수 없는 큰 보물을 임금님께 바치는 것입니다."

왕이 매우 놀라 기뻐하며 오색 비단과 금과 옥으로 용에게 성의를 보이고는 사람을 시켜 대나무를 베어 가지고 바다에서 물러 나왔다. 그러자 산과 용이 금세 사라져 보이지 않았다.

다음 날인 17일에 왕이 지림사 서쪽 시냇가에 이르러 수레를 멈추고 점심을 먹었다. 태자 이공(理恭, 즉 효소 대왕이다.)이 대궐을 지키다가 이 소식을 듣고 말을 달려와 축하하고 옥대를 천천히 살펴본 다음 아뢰었다.

"이 옥대에 달린 장식은 모두 살아 있는 용입니다."

왕이 말했다.

"네가 어찌 아느냐?"

태자가 아뢰었다.

"한쪽을 떼서 물에 넣어 보십시오."

그리하여 왼쪽에서 두 번째 쪽을 떼어 내어 시냇물에 담갔더니 곧바로 용이 되어 하늘로 올라갔고, 그 자리는 연못이 되었다. 그래서 이 못을 용연(龍淵)이라 부르게 되었다.

왕은 궁궐로 돌아와 그 대나무로 피리를 만들어 국보를 간직하는 창고인 천존고(天尊庫)에 보관했는데, 이 피리를 불면 적군이 물러가고 병이 나으며 가물 때는 비가 내리고 장마 때는 비가 그치며 불던 바람은 멈추고 넘실대는 파도는 잠잠해졌다. 그래서 이 피리를 '거센 물결을 잠재우는 피리'라는 뜻의 '만파식적(萬波息笛)'이라 부르고 국보로 삼았다. 효소 대왕 때에 부례랑(夫禮郎)이 살아 돌아온 기이한 일이 있었으므로 다시 이 피리를 '수없이 거센 물결들을 가라앉히는 피리'라는 뜻의 만만파파식적(萬萬波波息笛)이라 불렀다.

09

바다 신의 노여움을 풀어 준 탑

파사 석탑

금관(金官) 호계사(虎溪寺)에 돌로 만든 탑이 있었으니 파사 석탑(婆
娑石塔)이다.[15] 이 탑은 옛날 이 고을이 금관국에 속해 있을 때 수로왕의
왕비 허황옥(許黃玉)이 서축의 아유타국(阿踰陀國)에서 배에 싣고 와 여
기 옮겨 놓은 것이다.

허황옥은 부모의 명을 받고 바다에 배를 띄워 동쪽으로 향하려 하다
가 바다 신의 노여움을 사 건너지 못하고 돌아왔다. 아버지인 왕에게
아뢰니 왕은 파사 석탑을 배에 싣고 가라고 하였다. 그랬더니 별 탈 없
이 바다를 건너 남쪽 언덕에 배를 댈 수 있었다. 이 배에는 붉은 돛대와

---

15 '금관'은 현재의 김해시를 말하며, 호계사는 김해시에 있었던 절로 가락국 질지왕 2년
(452년)에 질지왕이 창건하였다. 파사 석탑은 1873년 허 왕후릉으로 옮겨졌으며, 현재
전각을 둘러쳐 놓았다.

붉은 깃발을 달았고, 아름다운 구슬과 옥이 실려 있었다. 지금 그곳을 주포(主浦)라 부른다. 그리고 공주가 비단 바지를 벗던 언덕을 비단 언덕이라는 뜻의 능현(綾峴)이라 하고, 붉은 깃발이 처음으로 들어온 해안을 깃발이 나오는 해변이라는 뜻에서 기출변(旗出邊)이라고 하였다.

수로왕이 허황옥을 아내로 맞이하여 함께 150여 년 동안 나라를 다스렸다. 그러나 당시 해동에는 절을 지어 부처님의 가르침을 받드는 일이 없었다. 왜냐하면 불교가 아직 이 땅에 전해지지 않아 사람들이 믿지 않았기 때문이다.

제8대 질지왕 2년(452년)에 이 땅에다 처음으로 절을 지었으며, 또 왕후사(王后寺)라는 절도 지어 지금까지 여기서 복을 빌고 있고 남쪽에 있는 왜국을 물리쳤다.

탑은 사각형에 5층인데 겉모양을 보면 조각이 매우 잘되어 있어 기묘하기까지 하다. 돌은 조금 붉은 얼룩무늬를 띠고 있고 돌의 재질이 매우 물러 이 땅에서 나는 것은 아니다.《신농본초(神農本草)》[16]에서 닭벼슬의 피를 떨어뜨려 시험하였다는 돌이 바로 이것이다. 금관국은 또한 가락국이라고도 한다.

---

16 '신농'은 중국 고대의 전설상의 임금으로, 백성에게 따비와 보습을 이용하여 농사짓는 법을 가르쳐 농업의 신으로 숭앙받았다.《신농본초(神農本草)》를 짓고, 물건의 교역(交易)을 시작했다고 전해진다.

IO

아육 왕의 염원이 신라에서 이루어지다

황룡사 장륙존상

신라 제24대 진흥왕이 왕위에 오른 지 14년째 되던 때(553년)의 일이다. 이해 2월에 용궁 남쪽에 대궐을 지으려고 하는데 그 땅에서 누런빛의 황룡(黃龍)이 나왔다. 그래서 이곳에 절을 짓고 황룡사라 하였는데 절을 지은 기간이 17년이나 되었다.

얼마 후 남쪽 바다에 큰 배 한 척이 나타나 하곡현(河曲縣) 사포[絲浦, 지금의 울주 곡포(谷浦)다.]에 정박하였다. 배 안을 조사해 보니 편지가 있었고, 이런 내용이었다.

"서축의 아육 왕이 황철 5만 7,000근, 황금 3만 푼을 가지고 부처상 세 개를 붙인 석가삼존상을 만들려 하였으나 뜻을 이루지 못하여 배에 실어 바다에 띄워 보내며 '인연 있는 땅에 도착해 장륙존상을 이루어 주소서.'라 기원하고, 아울러 견본으로 부처상 한 개와 보살상 두 개를 실어 보낸다.”

하곡현 관리가 이 사실을 보고하니, 왕은 사자에게 명을 내려 그 고을 성 동쪽의 높고 깨끗한 곳에 '인도 동쪽에 있는 절'이라는 뜻의 동축사(東竺寺)를 지어 이곳에 석가삼존상을 모시도록 하였다. 금과 철은 수도 경주로 옮겨 574년 3월에 장륙존상을 주조하여 황룡사에 모셨는데, 공사는 금방 이루어졌으나 실로 어마어마한 철과 황금이 들어간 셈이다. 그런데 이듬해 부처상이 발꿈치에 닿도록 눈물을 흘려 그 밑바닥이 한 자나 젖었는데, 이것은 대왕이 돌아가실 조짐이었다.

더러는 불상이 진평왕 때 다 만들어졌다고 하지만, 이는 잘못된 것이다. 또 다른 책에 따르면, 아육 왕은 서축 대향화국(大香華國)[17]의 왕인데 부처님이 세상을 떠난 후 100년 만에 태어났다고 한다. 살아서 부처님께 공양하지 못함을 한탄하여 금과 철을 조금씩 거두어 불상을 세 번이나 만들었으나 번번이 완성을 보지 못하였다. 그런데 태자만이 혼자 이 일에 관여하지 않아 왕이 사람을 보내 태자를 꾸짖었다. 그러자 태자가 왕께 아뢰었다.

“아버님, 이 일은 우리나라의 힘만으로는 이루지 못합니다. 저는 처음부터 이를 알았기 때문에 가 보지 않은 것입니다.”

왕은 태자의 말을 옳게 여기고 불상을 만들고자 모아 놓은 금과 철을 편지와 함께 배에 실어 바다에 띄워 보냈다. 배는 바다를 떠돌며 남염부제(南閻浮提) 16개의 큰 나라와 500개의 중간 나라, 1만 개의 작은

---

17   옛날 인도에 있던 나라 이름이다.

나라들과 8만 곳의 촌락을 두루 다녔으나 끝내 불상은 만들어지지 못하였다. 배가 마지막에 신라에 이르러 진흥왕이 수도 경주에 있는 문잉림에서 만들도록 하여 불상을 완성하니 모습이 아주 잘 갖추어졌다. 비로소 아육 왕의 시름이 가셨다.

훗날 큰스님 자장 법사가 중국에 유학하여 오대산에 이르자 문수보살이 나타나 자장 법사에게 감동하여 비결을 주면서 부탁하였다.

"너희 나라의 황룡사는 석가모니불과 가섭불(迦葉佛)[18]이 강연하던 자리로, 그분들이 좌선하시던 큰 돌이 아직도 남아 있다. 그렇기에 천축(天竺)의 무우 왕(無憂王)[19]이 금과 철을 조금씩 모아 바다에 띄워 보냈는데 1,300여 년이 지난 후에야 너희 나라에 당도하여 부처님상을 완성해 그 절에 모셔 놓았으니 부처님의 거룩한 인연이 그리한 것이다."

불상이 완성되고 나서 동축사에 있던 석가삼존상 역시 황룡사 안으로 옮겨 모셨다. 절의 역사를 기록한 《사기(寺記)》를 보면 진평왕 6년에 금당이 만들어졌으며, 선덕왕 때에 절의 제1대 주지는 진골 출신의 환희사(歡喜師)였고, 제2대 주지는 국통(國統)[20] 자장이며, 그다음은 국통혜훈(惠訓)이고, 그다음은 상률사(廂律師)였다고 한다. 몽골의 침입 이후 큰 불상과 두 보살상이 모두 불에 타 녹아 없어지고 지금은 작은 석가상만 덩그러니 남아 있다.

---

18 석가모니불 이전에 성불한 7불(佛) 가운데 여섯 번째 부처.
19 천축은 인도를 가리키며, 무우 왕은 곧 아육 왕을 말한다.
20 신라 시대에 국왕의 고문으로서 불교 정책의 총책임을 맡아보던 승직(僧職). 진흥왕 12년(551년)에 고구려에서 온 혜량 법사(惠亮法師)를 처음으로 국통에 임명하였다.

남염부제 | 불교에서 쓰는 용어로 섬부주(贍部洲)라고도 한다. 수미산을 중심으로 세계를 네 곳으로 나누었을 때 남쪽을 가리킨다. 동쪽은 승신주(勝神洲), 서쪽은 우화주(牛貨洲), 북쪽은 구로주(俱盧洲)라고 한다. 인간들이 사는 곳이며, 여러 부처가 나타나는 곳은 사주(四洲) 가운데 이곳뿐이라고 한다.

신라의 보물인 피리와 가야금을 되찾다

백률사 대비상

경주의 북쪽 산을 금강령(金剛嶺)이라 하는데, 이 산 남쪽에 백률사
(栢栗寺)[21]가 있다. 그 절에는 대비상(大悲像)이라는 관세음보살상이 하
나 있는데, 언제 만들어졌는지는 알 수 없지만 기이한 영험이 널리 알
려져 있었다.

어떤 사람은 중국의 빼어난 장인이 중생사(衆生寺)[22]의 관음소상(觀音
塑像)을 만들 때 대비상도 같이 만들었다고 하였다. 세상 사람들은 백
률사 섬돌 위에 있는 발자국을 두고 관세음보살이 일찍이 도리천[23]에

---

21 경상북도 경주시 동천동 소금강산에 있는 절.
22 경상북도 경주시 배반동 낭산에 있는 절.
23 불가에서 말하는 욕계육천(欲界六天)의 둘째 하늘. 세계의 중심에 있는 수미산 꼭대기
    에 있다.

올라갔다가 돌아와 법당으로 들어갈 때 밝은 돌 위의 발자국이 지금까지 없어지지 않고 남아 있는 것이라고 말하기도 한다. 또 어떤 사람은 관세음보살이 부례랑을 구해 낸 다음 돌아올 때 남긴 발자국이라고도 하는데 그 내용은 이러하다.

신라의 효소왕은 화랑 중에서도 유명한 대현살찬(大玄薩湌)[24]의 아들 부례랑을 받들어 국선으로 삼았다. 그가 거느린 무리가 1,000명이었는데, 그 가운데에서도 안상(安常)이란 화랑과 가장 친하였다. 693년 늦봄에 부례랑은 무리를 이끌고 금란(金蘭)[25]에 놀이를 갔다가 북명(北溟)[26] 근처에서 그만 오랑캐에게 붙잡히고 말았다. 무리가 모두 어쩔 줄 몰라 우왕좌왕하다가 되돌아왔으나 안상만은 혼자서 오랑캐들을 뒤쫓아 갔다.

효소왕은 그 소식을 듣고는 놀라움을 금치 못하여 말했다.

"선대왕께서 신령스러운 피리를 얻어 나에게 전해 주어 지금도 신비스러운 가야금과 함께 궁궐 창고에 보관하고 있는데 국선이 갑자기 적에게 붙잡혀 가다니 알 수 없는 일이로구나. 이를 어찌하면 좋겠는가?"

바로 이때 피리와 가야금이 보관되어 있는 천존고를 이상한 구름이 뒤덮었다. 왕이 놀라고 두려워하여 창고를 조사하게 하니 창고 안의 가야금과 피리가 사라지고 없었다.

---

24 신라 관직의 여덟째 등급인 사찬(沙湌)을 말한다.
25 강원도 통천의 신라 때의 이름.
26 현재의 원산만 일대.

왕이 말했다.

"나는 어찌 이리도 복이 없는가? 지난번에는 국선을 잃어버리더니 또다시 가야금과 피리를 잃었구나."

왕이 즉시 창고를 지키는 김정고(金貞高) 등 다섯 사람을 옥에 가두고 4월에는 온 나라에 방을 붙였다.

"가야금과 피리를 찾아낸 사람에게는 거두어들인 세금 일 년치를 상으로 주겠다."

다음 달인 5월 15일에 부례랑의 부모가 백률사 불상 앞에 나아가 며칠 동안 저녁 기도를 올렸다. 그러자 갑자기 향을 피운 단 위에서 가야금과 피리 두 가지 보물이 나타나고, 부례랑과 안상 두 사람이 대비상 뒤에 와 있었다. 부모가 매우 기뻐하며 어찌된 일인지 물으니 부례랑이 말했다.

"저는 붙잡혀 간 뒤 그 나라 대도구라(大都仇羅) 집의 목동으로 일하게 되어 대오라니(大烏羅尼)의 들판에서 소를 치고 있었는데, 갑자기 단정한 모습의 스님 한 분이 두 손에 가야금과 피리를 들고 와서 저를 위로하며 '고향 생각이 나는가?'라고 묻기에 저도 모르는 사이에 그 앞에 꿇어앉아 '임금님과 부모를 그리워하는 마음을 어찌 말로 다하겠습니까?'라고 말하였습니다. 그랬더니 그 스님이 '그렇다면 나를 따라 오너라.' 하여 마침내 바닷가까지 따라갔는데, 거기에서 다시 안상과 만났습니다. 스님은 피리를 둘로 쪼개어 우리 두 사람에게 주면서 각각 한 조각씩 타게 하고 자신은 가야금을 타고 바다를 건너 돌아왔는데, 순식간에 이곳에 오게 되었습니다."

이런 사실을 왕에게 급히 알리자 왕은 매우 놀라 사신을 보내 맞이하게 하였다. 부례랑은 가야금과 피리를 가지고 대궐로 들어왔다. 왕은 50냥의 금은으로 만든 다섯 가지 그릇 두 벌과 누비 가사 다섯 벌, 비단 3,000필, 밭 1만 경(頃)을 절에 시주해 부처님의 은덕에 보답하고, 죄수들을 용서한다는 명을 내려 옥에 갇힌 자들을 모두 풀어 주었으며, 또 관리들의 작위를 3급씩 높이고, 백성들에게 3년간 세금을 면제해 주었다. 백률사의 주지를 봉성사(奉聖寺)로 옮기고, 부례랑을 대각간으로 임명하였으며, 아버지 대현(大玄) 아찬을 태대각간(太大角干)으로, 어머니 용보 부인(龍寶夫人)을 사량부 경정 궁주(鏡井宮主)로, 안상을 대통(大統)으로 삼았다. 또 옥에 가두었던 다섯 사람을 풀어 주면서 각기 5급의 벼슬도 내렸다.

그런데 다음 달인 6월 12일에 별똥별이 동쪽 하늘에 나타나고 17일에는 또다시 서쪽에 별똥별이 나타나니, 왕은 불안하기가 이를 데 없었다. 그러자 천문을 보는 관리가 아뢰었다.

"이는 가야금과 피리에 작위를 내리지 않았기 때문입니다."

왕이 놀라서 피리를 만파식적에서 만만파파식적이라고 높여 불렀더니, 혜성이 그제야 사라졌다.

새로운 세대를 위한 삼국유사

12

미타불과 미륵불을 구하다 함께 왕생하다

노힐부득과 달달박박

백월산(白月山)은 신라 구사군(仇史郡)²⁷ 북쪽에 있는데, 산봉우리들이 기이하고 빼어난 모습으로 수백 리까지 뻗쳐 있어 정말로 큰 진산(鎭山)이었다.

옛 노인들 사이에는 이런 말이 전해졌다.

"옛날에 당나라 황제가 연못을 하나 팠는데, 매달 보름 전날이면 달빛이 밝아지고 연못 가운데 산이 하나 보이면서 사자처럼 생긴 바위의 그림자가 은은하게 꽃 사이에 비쳤다지. 황제는 화가에게 명령하여 그 아름다운 모습을 그리게 한 다음, 사신을 보내 이 그림과 똑같은 산을 온 천하에서 찾도록 했어. 사자가 신라에 도착하여 백월산(白月山)을 보

---

27 현재의 경상남도 창원이다.

니 큰 사자 바위가 있었는데, 산의 서남쪽 두 걸음쯤 되는 곳에 봉우리가 셋인 삼산(三山)이 있어 그 이름을 화산(花山)이라 불렀어. 그림과 비슷하기는 했으나 진짜 그 산인지 알 수 없어 사신이 신발 한 짝을 사자암 정상에 매달아 놓고 당나라에 돌아와 황제에게 아뢰었는데, 신발의 그림자 역시 연못에 나타났어. 황제가 이상하게 여겨 백월산이라는 이름을 내렸어(보름 전에 흰 달의 그림자가 못에 나타나므로 그렇게 불렀다). 그 후로는 연못의 그림자가 사라졌지."

이 산의 동남쪽으로 3,000걸음쯤 되는 곳에 선천촌(仙川村)이라는 마을이 있었다. 그 마을에는 두 명의 기인이 살고 있었다. 한 사람은 노힐부득(努肹夫得)으로 아버지 이름은 월장(月藏)이고 어머니 이름은 미승(味勝)이다. 또 한 사람은 달달박박(怛怛朴朴)인데 아버지 이름은 수범(修梵)이고 어머니 이름은 범마(梵摩)이다. 노힐부득과 달달박박 두 사람은 외모부터가 평범하지 않고 또 속세를 벗어난 높은 사상이 있었으므로 서로 벗이 되어 사이좋게 지냈다.

둘은 스무 살이 되자 마을 동북쪽 고개 밖의 법적방(法積房)으로 가 머리를 깎고 승려가 되었다. 얼마 후 서남쪽 치산촌(雉山村) 법종곡(法宗谷)의 승도촌(僧道村)에 오래된 절이 있는데 머물며 수양할 만하다는 말을 듣고는 함께 가서 대불전(大佛田)과 소불전(小佛田)이라는 두 마을에 각각 살았다. 노힐부득은 회진암(懷眞庵)에 머물렀고 달달박박은 유리광사(瑠璃光寺)에 머물렀는데, 그들 모두 처자식을 데리고 가 생계를 꾸리는 일을 하며 살았다. 그러면서도 정신을 수양하며 속세를 떠날 생각을 잠시도 버리지 않았다. 그들은 세상살이의 덧없음을 보고는 서로 말했다.

"기름진 땅에 풍년이 드는 것이 참으로 좋기는 하지만 옷과 음식이 마음먹은 대로 생기고 저절로 배부르고 따뜻함을 얻는 것만 못하며, 아내와 가정이 좋기는 하지만 연지화장(蓮池花藏)[28]에서 여러 부처와 앵무새, 공작과 함께 즐기는 것만 못하다. 더구나 불교를 배우면 부처가 되어야 하고, 도를 닦으면 반드시 진리를 얻어야 하지 않는가? 지금 우리가 이미 머리 깎고 승려가 되었으니, 속세에 얽매인 것을 던져 버리고 지극히 높은 도를 이루는 것이 당연한 노릇이거늘, 어찌 계속 티끌 같은 세상에 파묻혀 속세의 무리들과 같이 지내려 하는가?"

이들은 마침내 인간 세상을 버리고 깊은 산골로 숨기로 하였다.

어느 날 밤 꿈에 백호광(白毫光)[29]이 서쪽으로부터 오더니 그 빛 속에서 금색 팔이 내려와 두 사람의 이마를 쓰다듬었다. 깨어나 꿈 이야기를 하니, 두 사람의 꿈이 똑같은 것이어서 둘은 오랫동안 감탄하였다. 마침내 두 사람은 백월산 무등곡(無等谷)으로 들어갔는데, 달달박박은 북쪽 고개 사자암에 터를 잡아 여덟 자의 판잣집을 짓고 살았으므로 널빤지 방이라는 뜻의 판방(板房)이라 하였고, 노힐부득은 동쪽 고개 돌무더기 아래의 물이 있는 곳에 집을 짓고 살았기 때문에 돌로 된 방이라는 뜻의 뇌방(磊房)이라 하였다. 두 사람은 각기 암자에 살면서 부득은

---

28 연화장(蓮華藏) 세계. 불교에서 말하는 이상적인 불국토.
29 백호란 부처의 두 눈썹 사이에 있는 희고 빛나는 가는 터럭을 말하며, 여기서 나오는 광명이 무량세계를 비춘다.

부지런히 미륵불이 되기를 구하고, 박박은 미타불(彌陀佛)[30]을 외웠다.

이곳에서 도를 닦은 지 3년이 못 된 709년 4월 8일, 성덕왕(聖德王)이 즉위한 지 8년이 되던 해의 일이었다.

해가 저물어 갈 무렵 스무 살가량 되어 보이는 아주 아리따운 낭자가 갑자기 난초와 사향 냄새를 풍기며 북쪽 암자에 도착하여 잠을 자고 가기를 간청하며 시를 지어 바쳤는데 내용은 다음과 같다.

나그네 길음 늦어 해가 지니 온 산은 저물고,

길 막히고 성(城)은 먼데 사방이 고요하네.

오늘밤은 이 암자에서 머물고자 하니,

자비로운 스님께서는 화내지 마오.

그러자 박박이 어처구니없다는 표정을 짓고는 쌀쌀맞게 말했다.

"절은 깨끗함을 지키는 데 힘써야 하므로 그대가 가까이 올 수 있는 곳이 아니오. 이곳에 머물지 말고 빨리 떠나시오."

박박은 일언지하에 거절하고는 문을 닫고 방 안으로 들어갔다.

낭자가 남쪽 암자로 가 또다시 부득에게 간청하니, 부득은 다정한 목소리로 말했다.

"그대는 이 밤중에 어디에서 왔소?"

---

30   서방 정토에 있는 부처. 이 부처를 염하면 죽은 뒤에 극락에 간다고 한다. 아미타불, 아미타여래라고도 한다.

낭자가 대답하였다.

"저의 고요하고 맑은 모습은 텅 빈 경지인데 어디를 오고 가겠습니까? 다만 당신의 뜻과 소원이 깊을 뿐 아니라 덕행이 높다는 말을 듣고 장차 해탈을 할 수 있도록 도와주려는 것입니다."

그러고는 게(偈)³¹를 하나 올렸는데, 다음과 같다.

해 저문 깊은 산길에
가도 가도 인가가 보이지 않네.
소나무와 대나무의 그늘은 더욱 깊건만.
골짜기의 시냇물 소리는 오히려 새롭네.
자고 가기 애원함은 길을 잃어서가 아니라
높은 스님을 인도하기 위함이네.
바라건대 내 청만 들어주고,
누구냐고는 묻지 마오.

부득은 이 낭자가 예사 인물이 아님을 직감했다. 내용이 깊은 뜻을 담고 있었기 때문이다.

"이곳은 부녀자와 함께 있을 곳이 아니지만 중생의 뜻에 따르는 것 또한 보살행(菩薩行)³²의 하나지요. 더구나 깊은 골짜기에 밤이 어두웠

---

31 시의 형식을 빌려 불덕(佛德)을 찬미하고 교리를 서술한 것이다.
32 부처가 되려고 자비로운 덕행을 수행하는 것을 말한다.

으니 어찌 소홀히 대접할 수 있겠소."

그러고는 낭자를 맞이하여 선 채 절을 하고 암자 안에 머물게 하였다.

밤이 되자 부득은 마음을 더욱 맑게 하고 몸가짐을 가다듬었다. 그러고는 희미한 등불을 켜고 비스듬히 벽을 마주하여 고요히 염불을 하였다. 둘만 있는 공간이라 그런지 왠지 어색한 침묵만이 흐르고 있었다. 깊은 밤이 되었을 때 낭자가 그를 불러 말했다.

"제가 불행하게도 아이를 낳을 기미가 있으니 스님께서는 짚으로 자리를 깔아 주십시오."

부득은 가엾다는 생각이 들어 거절하지 못하고 촛불을 희미하게 밝혔다. 낭자는 아이를 낳자 다시 부득에게 목욕을 시켜 달라고 간청하였다. 노힐부득은 부끄러운 마음과 두려움이 엇갈렸으나, 애처로운 마음이 더해져 거절하지 못하고 목욕통을 준비하여 낭자를 통 속에 앉히고 더운물로 목욕을 시켰다. 그러자 얼마 후 이상한 일이 벌어졌다. 통 속의 물에서 향기가 풍기며 물이 금색으로 변하는 게 아닌가? 부득이 몹시 놀라니, 낭자가 말했다.

"스님께서도 목욕을 하십시오."

부득은 말도 안 된다며 그렇게 할 수 없다고 마다하다가 마지못해 그의 말에 따르기로 하고 함께 탕 속에 들어갔다. 그런데 갑자기 정신이 맑아지더니 피부가 금빛으로 변하고 옆에는 연꽃 모양의 대, 곧 연화대(蓮花臺)가 생기는 것이었다. 낭자는 부득에게 연화대에 앉으라고 권하며 말했다.

"나는 관음보살인데 이곳에 와서 당신을 도와 성불(成佛)을 하도록

새로운 세대를 위한 삼국유사

한 것이오."

말을 마치고 낭자는 사라졌다.

한편 박박은 두 사람이 함께 밤을 보내고 있다는 생각에 이렇게 중얼거렸다.

"오늘 밤 부득이 반드시 계를 더럽혔을 것이니 가서 실컷 비웃어 주리라."

박박이 의기양양하게 부득이 있는 곳에 가 보았더니 노힐은 연화대에 앉아 미륵존상이 되어 빛을 뿜어내고 있었다. 자신이 생각한 것과는 전혀 달랐다. 본인도 모르게 머리를 조아리고 예를 갖추어 말했다.

"이게 어찌 된 일입니까?"

지난밤의 사연을 모두 자세히 말하니, 박박이 탄식하며 말했다.

"내 마음이 틀에 매여 있어 운 좋게 부처님을 만났는데도 예우하지 못하였습니다. 큰 덕이 있고 지극히 어진 스님께서 저보다 먼저 성불했으니 옛 우정을 잊지 말고 도와주십시오."

부득이 말했다.

"통 안에 아직 물이 남았으니 목욕을 해 보시오."

박박도 몸을 씻자 부득처럼 무량수(無量壽) 부처[33]가 되어, 두 부처는 서로 마주앉았다. 산 아래 마을 사람들이 이 소식을 듣고는 다투어 와서 감탄하며 "참으로 희귀한 일이다."라고 하였다. 두 부처는 그들에게 말씀을 들려주더니 구름을 타고 가 버렸다.

---

33 '아미타불'을 달리 이르는 말. 수명이 한없다 하여 이렇게 이른다.

13

해와 달이 빛을 잃다

연오랑과 세오녀

신라 제8대 아달라왕(阿達羅王)은 일성왕(逸聖王)의 큰아들로 154년부터 184년까지 30년 동안 나라를 다스렸다. 아달라왕이 즉위한 지 4년째 되던 해(157년)였다. 동해 바닷가에 연오랑(延烏郞)과 세오녀(細烏女) 부부가 살고 있었는데, 남편 연오랑은 가난하지만 매우 부지런한 어부였다. 그는 하루 종일 바다로 나가 조개도 잡고 해조(海藻)도 따면서 열심히 살아갔다.

하루는 연오랑이 바다에 나가 미역을 따고 있는데 웬 바위가 하나 나타나 그를 태우더니 일본으로 가 버렸다. 그런데 그가 갈 때 밝게 빛나는 해도 함께 따라가는 것이었다. 연오랑이 도착해 보니 하는 말도 달랐고 생김새도 자기와는 다른 낯선 땅이었다. 다름 아닌 왜국 곧 일본이었다. 그 사람들은 서로 바라보면서 말했다.

"이 사람은 보통 사람이 아니다. 해도 함께 따라온 것을 보면……."

그러고는 그를 왕으로 삼았다.

세오녀는 남편이 돌아오지 않자 이상하게 여겨 바닷가에 가서 남편을 찾다가 남편이 벗어 놓은 신발을 발견하였다. 세오녀가 이상한 생각이 들어 바위 위로 올라갔더니 바위가 다시 이전처럼 그녀를 싣고 일본으로 데려갔다. 일본 사람들이 놀라고 의아하게 여겨 왕에게 이 사실을 알리고 세오녀를 왕께 바쳤다. 이렇게 해서 부부는 일본에서 다시 만나게 되었고 세오녀는 귀비(貴妃)가 되었다.

그런데 이와 동시에 신라에서는 해와 달이 빛을 잃었다.[34] 그러자 점치는 관리가 왕께 아뢰었다.

"해와 달의 정기가 우리나라에 내렸었는데, 이제 일본으로 가 버렸기 때문에 이런 일이 생긴 것입니다."

왕은 사신을 보내 두 사람에게 돌아오기를 간곡히 요청하였다. 그러나 연오랑의 생각은 달랐다. 그는 주위의 신하들에게 말했다.

"내가 이 나라에 오게 된 것은 하늘의 뜻인데 지금 어떻게 돌아가겠습니까? 그러나 짐의 비(妃)가 짜 놓은 고운 비단이 있으니, 이것으로 하늘에 제사를 지내면 될 것입니다."

그러고는 비단을 주었다. 사신은 이해가 가지 않았지만, 어쨌든 돌아와 이 사실을 신라 왕에게 아뢴 후, 연오랑의 말대로 제사를 지냈더니 해와 달이 다시 온 천하를 비추는 것이 아닌가. 그래서 그 비단을 왕의

---

34 일식과 월식을 뜻한다.

곳간에 간직하여 국보로 삼았다. 그 창고의 이름을 귀비고(貴妃庫)라 하고 하늘에 제사 지낸 곳을 영일현(迎日縣) 또는 도기야(都祈野)라 하였다.

14

화랑으로 다시 태어난 미륵선화를 만나다

진자와 미시

신라 진지왕 때의 일이다. 흥륜사의 승려 진자(眞慈)가 날마다 법당의 주인인 미륵상 앞에 나아가 바람을 빌었다.

"우리 부처님께서 화랑으로 변하여 세상에 나타나신다면, 제가 언제나 미륵의 얼굴을 가까이 대하고 받들겠습니다."

그는 나날이 정성스럽고 간절하게 기원했다. 어느 날 저녁 꿈에 한 승려가 나타나 말했다.

"네가 웅천 수원사(水源寺)로 가면 미륵선화(彌勒仙花)를 보게 될 것이다."

진자는 꿈에서 깨어나 놀라고 기쁜 마음으로 무작정 그 절을 찾아갔는데, 열흘 동안 길을 가면서 한 걸음에 한 번씩 예를 올렸다. 그 절에 도착하여 문밖에 이르자, 잘생긴 소년 하나가 반갑게 맞아들이더니 작은 문으로 데리고 들어가 손님방으로 안내하였다. 진자는 올라가면서 예를 갖추어 말했다.

"그대와 나는 평소 알지 못하는데 어찌 이같이 친절하고 정중하게 대접하시오?"

소년이 말했다.

"저 역시 수도 사람입니다. 덕망 높으신 스님께서 멀리서 오시는 것을 보고 맞았을 뿐입니다."

그러고 나서 소년이 문을 열고 나갔는데 어디로 갔는지 알 수 없었다. 진자는 속으로 우연한 일일 것이라 생각하고 그다지 이상하게 여기지는 않았다. 단지 그 절의 승려에게 지난번에 꾼 꿈과 이곳에 오게 된 이유만 이야기하였다.

"잠시 이곳에 머물면서 미륵선화를 기다리려 하는데 괜찮겠습니까?"

절의 승려는 그의 정성이 보통이 아님을 알고는 말했다.

"이곳에서 남쪽으로 가면 천산(千山)이라는 곳이 있는데, 예로부터 지혜로운 사람들이 살고 있어 부처님의 공덕이 많다고 합니다. 그곳으로 가 보는 것이 좋을 듯합니다."

그 승려가 말한 산기슭에 이르자 웬 노인이 진자를 맞이하며 말했다.

"무엇 하러 이곳에 왔는가?"

진자가 대답하였다.

"미륵선화를 만나 뵈려고 합니다."

노인이 말했다.

"지난번에 수원사 문밖에서 이미 미륵선화를 보았을 텐데, 또 무엇을 구하러 이곳까지 왔는가?"

진자는 이 말을 듣고는 놀라 땀까지 흘리며 수원사로 돌아갔다. 한 달 남짓 지나자 진지왕이 그가 돌아왔다는 소식을 듣고는 불러들여 까닭을 물었다.

"그 소년이 스스로 수도 사람이라고 하였다면 성인은 거짓말을 하지 않는 법이니 성안에서 찾아보는 것이 어떻겠소?"

진자는 왕명을 받들어 무리를 모아 마을을 두루 돌면서 찾았다. 그때 빼어난 모습으로 단장한 그 소년이 영묘사 동북쪽 길가의 나무 아래를 한가롭게 거닐며 놀고 있었다. 진자가 그와 마주치자 깜짝 놀라며 말했다.

"이분이 미륵선화이시다."

진자가 소년에게 가까이 다가가 물었다.

"당신의 집은 어디입니까? 성이 무엇인지 듣고자 합니다."

소년이 대답하였다.

"제 이름은 미시(未尸)인데, 어릴 때 부모님께서 모두 돌아가셔서 저의 성을 모릅니다."

그래서 진자는 그를 가마에 태우고 왕에게 데려갔다. 왕은 그 소년을 공경하며 받들어 국선으로 삼았다. 이때부터 나라의 예의와 풍속이 순조롭게 전파되었다. 그렇게 거의 7년을 지냈는데 갑자기 소년이 간 곳을 모르게 되었다. 진자는 매우 슬퍼하고 그리워하였다. 그러나 진자는 소년의 자비로운 은덕을 흠뻑 입고 맑은 가르침을 받아 정성껏 도를 닦았다. 그러나 늘그막에는 진자 역시 어디로 갔는지 아무도 몰랐다.

15

자라에게서 신기한 구슬을 얻다

묘정

신라 원성왕은 임금이 되어서도 불경을 열심히 읽었다. 원성왕은 황룡사의 승려 지해(智海)를 궁궐로 청하여 50일 동안《화엄경》을 강론하게 하였다.

지해를 모시는 어린 중 묘정(妙正)은 항상 금빛이 나는 우물이란 뜻의 금광정(金光井)에서 그릇을 씻었는데, 자라 한 마리가 샘 한가운데서 떴다 잠겼다 하면서 놀고 있었다. 묘정은 먹다 남은 밥을 늘 자라에게 주곤 하였다. 50일 동안의 강론이 끝나 돌아가게 되자 묘정이 자라에게 말했다.

"내가 너에게 수십 일 동안이나 먹을 것을 주며 덕을 베풀었는데, 너는 어떻게 내게 갚겠느냐?"

이 말을 듣고 자라는 말도 없이 사라져 버렸다. 며칠 후 자라가 작은 구슬 하나를 입에서 토해 내더니 묘정에게 주고자 하는 듯해 묘정이 그 구슬을 얻어 허리띠 끝에 매달았다. 이후부터 원성왕은 묘정을 보기만 하면 애지중지하며 자신이 머무는 방으로 불러들여 곁에 두었다.

이즈음 잠깐 벼슬에 있는 이가 당나라에 사신으로 가게 되었다. 그도 묘정을 귀여워하여 함께 가기를 청하니 왕도 둘이 같이 당나라로 들어가도록 허락해 주었다.

그런데 이게 웬일인가? 당나라 황제 역시 묘정을 보자 총애하게 되었고 승상과 모든 신하가 하나같이 그를 존경하고 신임하였다. 그런데 관상을 보는 사람 하나가 황제에게 아뢰었다.

"이 어린 중을 살펴보건대 길상(吉相)이 하나도 없는데 다른 사람에게 존경과 신임을 받으니, 반드시 뭔가 특별한 물건을 지니고 있을 것입니다."

그래서 사람을 시켜 조사해 보니 묘정의 허리띠 끝에서 작은 구슬이 나왔다. 그러자 황제가 화난 목소리로 말했다.

"짐에게는 여의주 네 개가 있었는데 지난해에 한 개를 잃어버렸다. 지금 이 구슬을 보니 바로 내가 잃어버린 그것이다."

황제가 묘정에게 캐물으니, 묘정은 처음부터 끝까지 하나하나 사실대로 아뢰었다. 황제가 다시 말했다.

"내가 구슬을 잃어버린 날과 네가 구슬을 얻은 날이 같다."

황제가 그 구슬을 빼앗고 묘정을 도로 신라로 보냈는데 신기하게도 그 이후로는 아무도 묘정을 신임하지 않았다.

6장

—

재치와 지혜가
담긴 이야기

6장에서 다루는 내용들은 일상 속에서 재치와 지혜로 난제를 해결하거나 뜻하지 않은 행운을 얻은 자들의 이야기이다. 《삼국유사》가 불교를 바탕으로 서술되었다는 시각에 상당 부분 동의하지만, 여기 수록한 다양한 이야기를 보면 비불교적인 내용도 적잖이 있다.

숯으로 호공의 집을 빼앗은 탈해 이야기라든지 신부를 못 구해 안달이 난 지증왕 이야기는 사실 읽기에 민망할 정도로 내용이 파격적이다. 당나귀 귀가 되었던 경문왕에 대한 또 다른 이야기도 있는데 경문왕은 장가를 잘 들어 임금이 될 수 있었다는 내용이다. 해몽 덕에 임금이 된 원성왕 이야기도 있고, 하늘의 기미를 미리 알아차린 선덕 여왕, 수로 부인과 노인의 이야기, 아내의 간통 사실을 알고도 시 한 편을 지어 마음을 달랜 처용 이야기 등은 여유 있는 삶의 모습을 보여 준다. 원효가 계율을 어기고 요석 공주를 얻은 이야기의 파격성 역시 신선한 충격으로 다가온다. 또한 자신의 누이 문희와 김춘추를 혼인시킨 김유신의 이야기를 보면 일급 중매쟁이의 사례를 보는 것 같아 입가에 미소가 머금어진다.

오늘날 우리가 비록 팍팍한 시대를 살아갈지라도 이런 이야기를 통해 삶을 좀 더 여유롭게 봤으면 하는 바람이다. 재치와 지혜는 바로 그러한 여유를 가질 때 생겨나는 마력이 아닌가?

숫돌과 숯으로 호공의 집을 빼앗다

탈해왕

신라 남해왕 때 가락국(駕洛國) 바다 한가운데에서 낯선 배 한 척이 이리저리 떠다니고 있었다. 그러자 그 나라의 수로왕(首露王)이 신하와 백성들과 함께 북을 두드리며 배를 맞이하여 자기 나라에 머물게 하려고 하였다. 그러나 배는 쏜살같이 달아나 계림 동쪽 하서지촌(下西知村)의 아진포(阿珍浦)라는 포구에 이르렀다.

그때 아진포 포구 가에 아진 의선(阿珍義先)이라는 고기잡이 노파가 살고 있었는데, 그녀는 혁거세왕에게 물고기를 잡아 바치던 어부의 어미였다. 어느 날 이 노파는 바닷가에서 웬 까치 떼가 지저귀는 소리를 듣고는 이상한 생각이 들어 배를 바라보면서 말했다.

"이 바다 가운데는 원래 바위가 없는데 무슨 일로 까치가 모여들어 우는 걸까?"

노파가 배를 당겨 가까이 가서 살펴보니 까치들이 배 위에 모여 있었다. 배 안에는 궤짝 하나가 있었는데, 길이가 스무 자에 넓이가 열세 자나 될 만큼 컸다. 배를 끌어다가 숲속의 나무 아래 매어 두고는 아무래도 꺼림칙한 생각이 들어 먼저 하늘을 향해 기도하고는 조심스럽게 궤짝을 열어 보았다. 그런데 이게 웬 일인가? 그 안에 반듯한 모습의 사내아이가 일곱 가지 보물[1]과 함께 있었고, 데리고 온 노비들도 앉아 있었다. 이들을 모두 데려다가 이레 동안 잘 대접하니, 고마움을 느낀 사내아이가 비로소 입을 열어 말했다.

"저는 본래 저 바다 건너 용성국(龍城國)[2] 사람입니다. 우리나라에는 스물여덟 명의 용왕님이 계시는데, 이분들은 사람의 모습으로 태어나 대여섯 살 때부터 왕위를 이어받아 온 백성을 가르치고 나라를 다스렸습니다. 8품 계급의 성골(姓骨)이 있으나 이와는 관계없이 모두 큰 자리인 왕위에 올랐습니다. 저희 아버지 함달파왕(含達婆王)께서는 적녀국왕(積女國王)의 딸을 맞아 왕비로 삼았는데, 오랫동안 아들이 없자 아들을 낳게 해달라고 빌어 7년 만에 알 한 개를 낳았습니다. 그러자 아버지 왕께서는 신하들을 모아 놓고 묻기를 '사람이 알을 낳은 일은 예나 지금이나 없는 해괴한 일이니 좋은 일은 아닐 것이다.'라고 하였습니다. 그러고는 궤짝을 만들어 그 속에다 넣고 또한 칠보와 노비까지 배에 싣고 띄워 보내면서 '아무 곳에나 인연 있는 곳에 닿아 나라를 세우

---

1   불가의 일곱 가지 보물로서 금·은·유리·마노·호박(琥珀)·산호·차거(硨磲)를 말한다.
2   《삼국사기》에서는 다파나국(多婆那國)이라고 했는데, 일본과 관련 있는 나라이다.

고 집안을 일으켜라.'라고 기원했습니다. 그러자 바닷속의 붉은 용이 갑자기 나타나더니 우리가 탄 배를 호위하면서 둥둥 떠다니다가 이곳에 오게 된 것입니다."

말을 끝내자마자 그 어린 왕자는 지팡이를 가지고 노비 두 명을 데리고 토함산 위로 올라갔다. 그곳에서 이레 동안 머물면서 성안에 살 만한 곳이 없나 살펴보니, 초승달 모양의 봉우리 하나가 있어 오래도록 살 수 있을 것 같았다. 그래서 노비들을 시켜 내려가 살펴보게 하니 바로 호공(瓠公)이라는 사람의 집이라고 했다. 이런저런 고민 끝에 왕자는 곧장 꾀를 내어 노비에게 몰래 그 집 옆에다 숫돌과 숯을 묻게 하고는 아무 일도 없는 듯이 산을 내려왔다.

그리고 다음 날 이른 아침에 그 집에 찾아가서 큰 소리로 말했다.

"여기는 우리 조상 대대로 살던 집인데 당신은 대체 누구란 말이오?"

호공은 난데없는 억지에 그럴 리 없다며 펄쩍 뛰었다. 한참 동안 옥신각신하면서 서로 자기네 집이라고 다투었다.

그러다 왕자가 먼저 입을 열었다.

"관청에 가서 누구의 말이 맞는지 한번 물어보기로 합시다."

왕자의 말에 호공은 기꺼이 동의했다. 그래서 관청으로 찾아가 시비를 가려 줄 것을 청했다.

재판관이 먼저 왕자에게 물었다.

"무슨 근거로 이 집을 네 집이라고 하느냐?"

그가 말했다.

"우리 조상은 본래 대장장이였는데, 제가 잠깐 이웃 고을에 간 사이 그가 빼앗아서 살고 있는 것입니다. 땅을 파서 조사해 보시면 알 것입니다."

호공은 그럴 리 없다면서 왕자가 숫돌과 숯을 숨겨 놓은 것도 모른 채 얼마든지 땅을 파 보라고 했다. 재판관이 사람을 보내 땅을 파 보게 하니 왕자의 말대로 숫돌과 숯이 나왔다. 호공은 눈이 휘둥그레져 그건 말도 안 된다고 외쳤지만, 이미 그의 집은 왕자의 것이 되고 말았다.

이런 내용을 전해들은 신라 남해왕은 왕자 곧 탈해의 지혜에 감탄하여 그가 나중에 큰 인물이 될 것을 알아보고는 자신의 첫째 공주를 주어 아내를 삼게 하니, 이 사람이 바로 아니 부인(阿尼夫人)이다.

탈해와 아니 부인 두 사람이 잘 살아가던 어느 날이었다. 탈해가 동악(東岳)에 올랐다 돌아오는 길에 하인에게 마실 물을 떠 오게 하였다. 그런데 하인이 물을 길어 오는 도중 자기가 먼저 한 모금 마시고 탈해에게 바치려 했으나 잔이 입에 붙어 떨어지지 않았다. 탈해가 그 무례함을 꾸짖자 하인이 맹세하였다.

"앞으로는 보이지 않는 곳에서도 감히 주인님을 속이지 않겠습니다."

그제야 비로소 잔이 입에서 떨어졌다. 이때부터 하인은 두려워서 감히 그를 속이지 못하였다. 지금 동악에 있는 요내정(遙乃井)이라 불리는 우물이 바로 그 하인이 물을 뜬 곳이다.

세월이 흘러 남해왕의 아들 노례왕이 세상을 떠나자 마침내 탈해가 왕위에 올랐다. 그러고는 옛날에 자기 집이었다고 하면서 다른 사람의 집을 빼앗았기 때문에 성을 석씨(昔氏)라 하였다. 어떤 사람은 까치로 인해 상자를 열었기 때문에 까치 작(鵲)자에서 새 조(鳥)자를 떼어 버리고 성을 석(昔)씨로 한 것이라고 했으며, 상자 속의 알을 깨고 출생했기 때문에 탈해라 이름 지었다고 하기도 한다.

탈해왕이 왕위에 있은 지 23년 만에 죽으니, 소천구(疏川丘)라는 언덕 위에 장사 지냈다. 그러자 왕의 넋이 이런 말을 했다.

"나의 뼈를 조심해서 묻으라."

그 두개골의 둘레가 석 자 두 치, 몸통뼈의 길이는 아홉 자 일곱 치였고, 치아는 하나같이 엉켰으며, 뼈마디는 사슬처럼 이어져 있어 세상에 둘도 없는 장사의 골격이었다. 그 뼈를 부수어 형상을 다시 만들어 대궐 안에 모셨다. 그런데 왕의 넋이 또 말했다.

"나의 뼈를 동악에 두라."

그래서 동악 곧 토함산에 받들어 모셨다.

탈해왕과 관련된 이야기로 이러한 것도 전해 온다. 탈해왕이 죽은 뒤 문무왕 시대인 680년 어느 날 밤, 문무왕의 꿈에 매우 위엄 있고 사나워 보이는 한 노인이 나타나 이렇게 말했다.

"나는 탈해왕이다. 내 뼈를 소천구에서 파내 조그만 조각상으로 만들어 토함산에 잘 모셔라."

문무왕이 그의 말대로 하며 지금까지 나라에서 계속 제사를 지내 왔으니 이를 동악신(東岳神)이라고 한다.

02

거문고 집을 쏴라

비처왕

제21대 비처왕[毗處王, 또는 소지왕(炤知王)이라고도 한다.]이 자리에 오른 지 10년째 되던 때의 일이다. 왕이 어느 날 천천정(天泉亭)이라는 정자에 행차하였다. 그때 까마귀와 쥐가 와서 울었는데, 이상하게도 쥐가 사람의 말을 흉내 내어 말하는 것이었다.

"이 까마귀가 가는 곳을 따라가소서."

뭔가 예감한 왕은 군사에게 명령하여 뒤따르게 하였다. 경주 남쪽 피촌(避村)에 이르렀을 때, 돼지 두 마리가 서로 뒤엉켜 싸우고 있었다. 왕이 발걸음을 멈추고 서서 이 광경을 보는 데 정신이 팔려 그만 까마귀가 간 곳을 잃어버리고 말았다. 왕이 어쩔 줄 모르고 길을 배회하고 있는데 웬 노인이 연못 속에서 나와 글을 바쳤다. 그 겉봉에 이렇게 쓰여 있었다.

"이 편지를 뜯어보면 두 사람이 죽고, 뜯어보지 않으면 한 사람이 죽을 것이다."[3]

사신이 와서 글 내용을 아뢰니, 비처왕이 말했다.

"두 사람이 죽는 것보다는 뜯어보지 않고 한 사람이 죽는 것이 낫다."

그러자 점치는 관리가 아뢰었다.

"두 사람이란 일반 백성을 말한 것이며, 한 사람이란 왕을 말하는 것입니다."

왕이 그 말을 듣고 겉봉을 뜯어보니 이렇게 쓰여 있었다.

"거문고 집을 쏴라."

왕은 궁궐로 돌아와 거문고 집을 쏘았다. 그런데 웬 사람의 비명 소리가 들리는 것이 아닌가? 알고 보니 내전(內殿)에서 분향수도를 하는 승려와 비빈이 거문고 집 속에서 은밀히 간통을 저지르고 있었던 것이다. 왕은 너무 놀라고 어이가 없어 두 사람을 즉시 처형했다.

이때부터 우리나라 풍속에 매년 정월 첫째 돼지의 날[상해(上亥)], 첫째 쥐의 날[상자(上子)], 첫째 말의 날[상오(上午)]에는 모든 일에 조심하여 함부로 행동하지 않는 풍속이 생겼다. 그리고 15일을 까마귀 제삿날[오기일(烏忌日)]이라 하여 찰밥으로 제사를 지냈는데 지금까지도 민간에서 행해지고 있다. 이것을 세속에서는 달도(怛忉)라고 하는데, 슬퍼하고 근심하면서 모든 일을 조심하고 금한다는 뜻이다. 또한 노인이 나와 글을 바친 연못의 이름을 서출지(書出池)라고 하였다. 옛 이름은 양

---

3   신라인들이 즐기던 수수께끼 형식의 해학으로서 제유법의 일종이다.

새로운 세대를 위한 삼국유사

기 못이란 뜻의 양피지(壤避池)였는데 사금갑의 전설이 생겨난 이후 서출지로 이름이 바뀐 것이다.

장가를 잘 들어 임금이 되다

경문왕

신라의 제48대 경문 대왕(景文大王)은 이름이 응렴(膺廉)이고 18세에 국선이 되었다. 나이 스물이 되자 헌안 대왕(憲安大王)이 그를 불러 궁중에서 잔치를 베풀며 물었다.

"네가 화랑이 되어 나라를 두루 돌아다녔는데, 무슨 별다른 것이라도 보았는가?"

"신은 아름다운 행실을 가진 사람 셋을 보았습니다."

"그 이야기를 들려달라."

"다른 사람의 윗자리에 있을 만한데도 겸손하게 다른 사람의 아래에 앉는 사람이 그 하나요, 세력이 있고 부자인데도 옷차림이 검소한 사람이 그 둘이요, 본래 귀하고 세력이 있는데도 위세를 부리지 않는 사람이 그 셋입니다."

왕이 그의 말을 듣고 그 어짊에 감동하여 자기도 모르게 눈물을 글썽이며 말했다.

"내게는 두 딸이 있는데 너에게 한 명을 시집보내고자 한다."

응렴은 왕에게 절하고 머리를 조아린 뒤 물러났다. 그리고 이 사실을 부모에게 말하니 부모가 한편으로는 놀라면서도 매우 기뻐하며 그 자식들과 둘러앉아 공주 둘 중 누구와 혼인할지를 의논하였다.

"왕의 맏공주는 외모가 아주 보잘것없으나 둘째는 매우 아름다우니 둘째 공주에게 장가를 드는 것이 좋겠다."

그런데 화랑의 무리 중 우두머리인 범교사(範敎師)라는 자가 소식을 듣고 집으로 찾아와 응렴에게 물었다.

"대왕께서 공주를 그대에게 시집보낸다는 것이 사실이오?"

응렴이 대답했다.

"그렇소."

그러자 범교사가 다시 물었다.

"그럼 두 분 중 누구를 선택하겠소?"

응렴이 말했다.

"부모님께서는 나에게 둘째 공주를 선택하라고 하셨소."

그러자 범교사가 말했다.

"그대가 만약 동생을 선택한다면 나는 반드시 그대의 눈앞에서 죽을 것이오. 그러나 만약 맏공주에게 장가든다면 반드시 세 가지 좋은 일이 있을 것이니 잘 생각해서 결정하시오."

"가르쳐 준 대로 하겠소."

얼마 후 왕이 사람을 보내 웅렴의 생각을 물었다.

"두 딸 가운데 누구를 선택할지는 오직 공의 뜻에 따르겠다."

심부름 갔던 사람이 돌아와 웅렴의 뜻을 아뢰었다.

"맏공주를 받들겠다고 합니다."

그리하여 결혼을 하게 되었다. 혼인 후 겨우 석 달이 지났는데 갑자기 왕의 병세가 악화되자 여러 신하를 불러 말했다.

"짐에게는 아들이 없으니 내가 죽은 뒤의 일은 첫째 공주의 남편인 웅렴이 이어받도록 하라."

이튿날 왕이 죽자 웅렴은 유언을 받들어 새 왕으로 즉위하였다. 그러자 범교사가 왕에게 와서 아뢰었다.

"제가 아뢴 세 가지 좋은 일이 이제 모두 이루어졌습니다. 맏공주를 선택했기 때문에 지금 왕위에 오르신 것이 그 한 가지이고, 이제 쉽게 아름다운 둘째 공주를 얻을 수 있게 된 것이 그 두 가지이며, 맏공주를 선택했기 때문에 왕과 부인이 매우 기뻐하신 것이 그 세 가지입니다."

왕은 그 말을 고맙게 여겨 범교사에게 대덕(大德)[4]이라는 벼슬을 주고 금 130냥을 내렸다.

---

4   덕망이 높은 고승을 가리키는 말.

04

길몽과 꿈풀이 덕분에 임금이 되다

원성왕

원성왕은 본래 이름이 김경신이다. 왕위에 오르기 전 그는 이찬(伊飡) 김주원(金周元)이 상재(上宰) 곧 수상(首相)이 되었을 때 그 밑에서 각간으로 차재[차상(次相)]의 위치에 있었다.

어느 날 김경신이 이상한 꿈을 꾸었다. 그가 꿈에 복두(幞頭)[5]를 벗고 흰 삿갓을 쓰고는 12현의 가야금을 들고 천관사(天官寺)라는 절의 우물 속으로 들어가는 것이었다. 참으로 희한한 꿈이라 소스라치게 놀라며 잠에서 깨어났다. 꺼림칙한 마음에 사람을 시켜 꿈을 풀이하게 했더니, 풀이하는 자가 말했다.

"복두를 벗은 것은 벼슬을 잃을 조짐이고, 가야금을 든 것은 목에 칼

---

5   귀인이 쓰는 모자 혹은 과거 급제자가 쓰던 관이다.

을 쓰고 형벌을 받을 조짐이며, 우물에 들어간 것은 옥에 갇힐 징조입니다."

김경신이 그 말을 듣고 매우 걱정이 되어 문을 닫고는 밖으로 나가지도 않았다. 그때 아찬 벼슬에 있던 여삼(餘三)이 와서 만나 뵙기를 청하였다. 김경신은 병 때문에 나갈 수 없다고 하였다. 그랬더니 다시 찾아와 말했다.

"한 번만이라도 만나 뵙기를 청하는 바입니다."

경신은 하는 수 없이 허락하였다.

아찬이 말했다.

"공께서는 대체 무엇을 꺼리는 것입니까?"

경신은 꿈풀이한 일을 자세히 말했다. 그러자 아찬이 일어나 절하면서 말했다.

"그것은 길몽입니다. 공께서 만약 왕위에 오른 뒤에도 저를 버리지 않으시겠다면 공을 위해 꿈을 풀이해 올리겠습니다."

이에 김경신은 주위 사람들을 물리고 꿈풀이를 청하였다. 아찬이 말했다.

"복두를 벗는 것은 위로 사람이 없다는 뜻이고 흰 갓을 쓴 것은 왕관을 쓸 징조입니다. 또한 12현의 가야금을 지닌 것은 12대손[6]이 왕위를 이어받을 징조이고, 천관사 우물에 들어간 것은 임금이 된다는 좋은 예감입니다."

---

6   원성왕은 내물왕의 12대 후손이다.

경신이 놀라워하면서 되물었다.

"내 위로 김주원이 있는데 어찌 내가 왕위에 오를 수 있단 말인가?"

아찬이 그 방법을 말했다.

"아무도 모르게 북천(北川) 신에게 제사를 지내십시오."

경신은 그다지 믿지 않으면서도 아찬의 말대로 했다.

얼마 후 선덕왕이 죽자, 나라 사람들은 가장 높은 벼슬자리에 있던 김주원을 왕으로 삼아 궁궐로 맞아들이려고 하였다. 그런데 비가 주룩주룩 내리는 것이었다. 김주원의 집은 북천 북쪽에 있었는데 홀연 물이 불어 건널 수가 없었다. 그 틈을 노려 경신이 먼저 궁궐로 들어가 왕의 자리에 오르자 선덕왕의 신하들이 모두 따라와 새 왕에게 예의를 표하고 축하의 말을 전하였다. 이리하여 김경신은 신라의 제38대 원성 대왕이 된 것이다.

원성왕의 무덤은 토함산 서쪽 동곡사(洞鵠寺)에 걸린 듯이 놓여 있어 괘릉(掛陵)이라고 한다. 그곳에는 최치원이 지은 비문이 새겨진 비석이 서 있다. 길몽에 힘입어 왕이 된 원성왕은 부처님에게 고마운 마음이 들어 보은사(報恩寺)라는 절을 지었으며 백성들을 위하여 덕으로 정치하겠다는 뜻에서 망덕루(望德樓)라는 누각을 세웠다.

05

하늘의 기미를 미리 알다

선덕 여왕

신라 제27대 선덕 여왕은 신라 최초의 여왕으로서 진평왕의 딸이다. 당나라 태종 때인 632년 왕위에 올라 16년 동안 나라를 다스렸다. 선덕 여왕은 하늘의 기미만으로 앞으로 일어날 일을 미리 아는 선견지명이 있었다. 다음은 그 가운데 첫 번째 이야기이다.

당 태종이 붉은색, 자주색, 흰색의 세 가지 색깔로 그린 모란꽃 그림과 그 꽃의 씨앗 세 되를 신라에 보내왔다. 왕이 꽃 그림을 보고 말했다.

"이 꽃은 정녕 향기가 없을 것이다."

명을 내려 꽃씨를 뜰에 심도록 하였더니 그 꽃이 피었다가 질 때까지 과연 향기가 없었다.

놀란 신하들이 왕에게 여쭈었다.

"꽃에 향기가 없을 것을 어찌 아셨습니까?"

왕이 말했다.

"원래 향기 있는 꽃에는 나비가 날아드는데 그 꽃 그림에는 나비가 없었으니 이로써 향기가 없는 것을 알았소. 이것은 당나라 황제가 짝이 없는 나를 놀린 것이오."

신하들 모두 여왕의 지혜에 감탄하였다.

두 번째 이야기는 이러하다.

경주 영묘사[7]에 옥문지(玉門池)라는 연못이 있었다. 그런데 어느 해 겨울, 많은 개구리가 이 연못에 모여 사나흘 동안이나 울어 댔다. 사람들이 이상하게 여겨 왕에게 물었다. 왕이 이야기를 듣더니 각간 알천(閼川)과 필탄(弼呑) 등에게 정예 병사 2,000명을 이끌고 서둘러 서쪽 교외로 가서 여근곡(女根谷)[8]을 찾으면 그곳에 틀림없이 적병이 숨어 있을 테니, 아무도 모르게 쳐서 죽이라고 했다.

두 각간이 왕의 명을 받아 저마다 군사 1,000명을 거느리고 서쪽 교외로 가서 여근곡이 어디인지 탐문하였더니 부산(富山) 아래에 과연 그런 곳이 있었다. 실제로 그곳에 백제 군사 500명이 숨어 있었으므로 그들을 포위하여 죽였다. 그중 백제 장군 우소(亏召)는 남산 고개 바위 위에 숨어 있었는데 그도 즉시 포위하여 활을 쏘아 죽였다. 또 1,200여 명의 지원병들이 당도했는데 그들 역시 남김없이 죽였다.

---

7   선덕 여왕 즉위 원년(632년)에 세워진 절인데 현재는 찰간지주(幢竿支柱)만 남아 있다.
8   여성의 생식기 모양으로 생긴 계곡이라는 뜻으로, 경상북도 경주시 건천읍 신평리의 신라 때 지명이다.

놀란 신하들이 왕에게 물었다.

"개구리의 일을 어떻게 아셨습니까?"

왕이 대답했다.

"개구리의 성난 모습은 군사의 모습을 나타내고, 옥문(玉門)이란 여인의 음부를 뜻한다. 여인은 음(陰)이며 그 색이 흰데, 흰색은 서쪽을 나타내므로 군사가 서쪽에 있음을 알았던 것이오. 남근(男根)이 여근에 들어가면 반드시 죽게 되니, 적을 쉽게 잡을 수 있음을 안 것이다."

신하들 모두 음양의 이치에 밝은 지혜로운 여왕에게 감탄하였다.

선덕 여왕의 지기삼사(知幾三事), 곧 앞일을 예측한 세 가지 일에 관한 세 번째 이야기는 이것이다.

왕이 아무런 병에도 걸리지 않았는데 어느 날 모든 신하를 불러 놓고는 말했다.

"내가 어느 해, 어느 달, 어느 날에 죽을 것이니, 나를 도리천에 묻어 장사 지내도록 하시오."

신하들은 그곳이 어디인지 몰라 물었다.

왕이 말했다.

"도리천이란 바로 낭산의 남쪽이다."

왕이 예언한 그날이 오자 과연 왕이 죽었다. 신하들은 왕을 낭산 남쪽에다 장사 지냈다. 그 후 10여 년이 흐른 뒤 문무 대왕이 선덕 여왕의 무덤 아래에 사천왕사라는 절을 지었다. 불경에는 이런 말이 있다.

"사천왕천(四天王天)⁹ 위에 도리천이 있다."

그제야 모두들 여왕의 뜻을 깨닫고 여왕이 얼마나 신비스럽고 영험

새로운 세대를 위한 삼국유사

이 있는 인물인지 알게 되었다.

선덕 여왕 시대에 돌을 다듬어 첨성대를 쌓아 별의 모습을 관찰했다
고 한다.

---

9   불가에서 말하는 욕계육천의 첫째 하늘. 도리천은 수미산 꼭대기에 있고 사천왕천은 수
     미산 중턱에 있다.

노인의 도움으로 해룡에게서 벗어나다

수로 부인

성덕왕 시대에 순정 공(純貞公)이 강릉(江陵) 태수로 임명되어 가던 길에 바닷가에서 점심을 먹게 되었다. 강릉으로 향하는 길은 참으로 멋졌다. 바위가 병풍처럼 둘러쳐진 바위산을 지나는데, 바위의 높이가 천 길이나 되었다. 바위 사이로는 철쭉이 활짝 피어 있었다.

순정 공에게는 예쁜 부인이 있었는데 호기심 많고 성격이 자유분방했다. 이름은 물길이라는 뜻의 수로(水路)였다. 그녀가 철쭉을 보고는 주위 사람들에게 말했다.

"누가 나에게 저 꽃을 꺾어 바치겠소?"

그러나 누구도 선뜻 나서는 자가 없었다. 수로 부인의 당황스러운 부탁에 한 사람이 말했다.

"저기는 사람이 오를 수 없는 가파른 곳입니다."

그때 길옆에서 암소를 끌고 지나가던 노인이 수로 부인과 주위 사람들이 하는 말을 듣고는 위험을 무릅쓰고 그 꽃을 꺾어 왔다. 더욱이 노인은 어느 틈엔가 이런 가사(歌詞), 곧 〈헌화가(獻花歌)〉까지 지어 함께 바쳤다.

　자줏빛 바위 가에
　암소 잡은 손 놓게 하시고,
　나를 아니 부끄러워하시면
　꽃을 꺾어 바치리라.

　모두들 순간적으로 놀랐으나 그 노인이 누구인지는 아무도 몰랐다. 일행은 다시 길을 재촉했다.

　이틀째 길을 가던 중이었다. 바닷가에 닿아 있는 정자 곧 임해정(臨海亭)이 있어 거기서 점심을 먹는데, 바다에 있던 용이 갑자기 부인을 낚아채더니 바닷속으로 들어가 버렸다. 순정 공의 힘으로는 어쩔 수 없어 결국 넘어져 발을 동동 굴렀으나 별 도리 없이 부인을 내줄 수밖에 없었다.

　이때였다. 또다시 웬 노인이 나타나 이런 말을 하였다.

　"옛사람이 말하기를 '여러 사람의 말은 무쇠도 녹인다.'라고 하니 바닷속 짐승인들 어찌 여러 사람의 입을 두려워하지 않겠습니까? 이곳 백성들을 모아 노래를 지어 불러 지팡이로 둑을 두드리면 부인을 다시 볼 수 있을 것입니다."

순정 공이 그 말을 따르니 용이 부인을 모시고 바다에서 나와 다시 그에게 바쳤다. 공이 부인에게 바닷속 일을 물었다.

부인은 이렇게 말했다.

"일곱 가지 보물로 꾸민 궁전의 음식들은 하나같이 꿀맛 같고 향기로워 인간 세상의 음식이 아니었습니다."

그런데 부인의 옷에서 특이한 향기가 풍겼는데 이 세상에서는 맡아 볼 수 없는 신기한 향이었다.

이뿐만이 아니었다. 수로 부인은 빼어난 미인이어서 깊은 산이나 큰 못가를 지날 때마다 신물(神物)에게 몸을 빼앗겼으므로 여러 사람이 〈해가(海歌)〉를 불렀다.

그 가사는 이렇다.

거북아, 거북아! 수로 부인을 내놓아라.
남의 아내를 약탈해 간 죄 얼마나 큰가?
네 만약 거역하고 내다 바치지 않으면
그물을 쳐 잡아서 구워 먹으리라.

마마 귀신을 물리치다

처용

신라 제49대 헌강 대왕(憲康大王) 시대에는 수도 경주로부터 동해 어귀에 이르기까지 집들이 늘어서 있고 담장이 서로 맞닿았으며, 초가는 한 채도 없을 정도로 온 나라가 흥성하였다. 길에는 음악과 노랫소리가 끊이지 않았으며 바람이 때맞춰 불기도 하고 비가 내리기도 하였다.

어느 날 헌강 대왕이 개운포(開雲浦, 학성 서남쪽 지역인데 지금의 울주다.)라는 곳으로 놀러 갔다. 돌아오는 길에 왕이 물가에서 쉬고 있는데 갑자기 구름과 안개가 캄캄하게 하늘을 뒤덮어 길을 잃었다. 왕이 이상히 여겨 천문을 담당하는 관리에게 물으니, 관리가 아뢰었다.

"이는 동해에 있는 용이 조화를 부린 것이니 왕께서 좋은 일을 하여 풀어 주어야 합니다."

그래서 왕은 용을 위해 근처에 절을 짓도록 명령하였다. 명령을 내리자마자 구름이 걷히고 안개가 흩어졌다. 이 때문에 그곳 이름을 구름이 걷힌 포구라는 뜻으로 '개운포'라 한 것이다.

동해의 용은 절을 짓는다는 소식을 듣고 기뻐서 일곱 아들을 거느리고 왕의 수레 앞에 나타나 왕의 덕을 기리며 춤을 추고 음악도 연주하였다. 그중 한 아들이 왕의 수레를 따라 수도 경주로 들어와 왕을 보좌했는데 그의 이름이 처용(處容)이었다. 왕은 처용의 마음을 붙잡기 위해 그에게 아름다운 아내를 주어 자기 곁에 머물도록 하면서 급간(級干)이라는 직책을 주었다. 처용의 아내가 매우 아름다웠으므로 역신(疫神)[10]이 그녀를 좋아하여 사람으로 변해 밤이 되면 그 집에 와 몰래 동침하고는 하였다.

어느 날 처용은 밤늦게 집에 돌아와 두 사람이 함께 자고 있는 것을 보았다. 그는 기가 막혔지만 오히려 이런 노래를 지어 부르고 춤을 추다가 물러났다.

동경(東京) 밝은 달에 밤새도록 노닐다가
들어와 자리를 보니 다리가 넷이구나.
둘은 내 것이지만 둘은 누구의 것인가.
본래 내 것이지만 빼앗긴 것을 어찌하리.

그러자 역신이 처용의 넓은 마음에 감동하여 본래 모습을 드러내고

---

10 천연두를 퍼뜨린다는 마마 귀신을 일컫는다.

새로운 세대를 위한 삼국유사

는 그 앞에 꿇어앉아 말했다.

"제가 공의 아내를 탐내 오늘 밤 죄를 범했는데도 공이 노여워하지 않으니 참으로 감격스럽습니다. 맹세코 오늘 이후로는 공의 모습을 그린 그림만 보아도 절대로 그 문을 넘어 들어가지 않겠습니다."

이때부터 사람들이 문에다 처용의 모습을 그린 그림을 붙여 귀신을 물리치고 복을 빌었다고 한다.

한편, 헌강 대왕은 개운포에서 궁궐로 돌아오자마자 영취산 동쪽 기슭의 좋은 땅을 가려 절을 세우고 망해사(望海寺)라 이름 붙였다. 망해사를 신방사(新房寺)라고도 했으니, 처용을 위해 세운 절인 것이다.

o8

짝 잃은 앵무새와 짝을 찾은 왕

흥덕왕과 지증왕

신라 제42대 흥덕 대왕(興德大王)은 826년 왕위에 올랐다. 왕위에 오른 지 얼마 되지 않아 당나라에 사신으로 갔던 이가 왕에게 앵무새 한 쌍을 선물로 가지고 돌아왔다. 흥덕왕이 기뻐하며 온 정성을 기울여 앵무새를 보살폈다. 하지만 얼마 지나지 않아 갑자기 암컷이 죽고 말았다. 짝 잃은 수컷은 매일같이 구슬프게 울기만 했다. 먹이도 먹지 않고 우는 수컷을 가여워한 왕은 사람을 시켜 수컷 앵무새 앞에다 거울을 달아 주었다. 앵무새는 거울 속에 비친 새를 보고는 자기 짝을 얻은 것으로 알고 기쁜 마음에 거울을 쪼아 대며 마음을 달래곤 했다. 그러다 결국 거울 속의 새가 그림자에 불과함을 알고는 한참 동안 슬피 울다 죽고 말았다.

가엾은 새를 위해 왕이 노래를 지었다 하는데, 내용은 전해지지 않는다.

신라 제22대 지철로왕(智哲老王)은 성이 김씨이고, 이름은 지대로(智大路) 또는 지도로(智度路)이며, 시호는 지증(智證)이다.

지증왕이 왕위에 올랐는데 성기의 길이가 한 자 다섯 치나 되어 좋은 신붓감을 찾기가 어려웠으므로 사신을 전국으로 보내 신붓감을 구해 오도록 하였다. 사신이 모량부에 있는 동로수(冬老樹)라는 나무 아래에 도착했을 때다. 쉬려고 앉아 있는데 저 멀리서 개 두 마리가 북만 한 크기의 커다란 똥 덩어리를 물고 다투며 먹고 있는 것이 보였다.

"저 똥이 여자가 눈 것이라면 좋을 텐데……."

그래서 마을 사람들에게 물으니 한 소녀가 말했다.

"이 마을에 사는 재상의 딸이 그곳에서 빨래를 하다 숲속에 숨어서 눈 것입니다."

그 집을 찾아가 살펴보니 재상의 딸은 키가 무려 일곱 척 다섯 촌이나 되었다. 이 사실을 왕에게 아뢰었더니 왕이 너무 기뻐 자신이 타던 수레를 보내 그녀를 궁궐로 맞아들여 황후로 삼으니 이분이 바로 박씨 연제 부인(延帝夫人)이다. 신하들이 모두 축하하고 왕도 무척 즐거워하였다.

잇자국으로 왕위에 오르다

노례왕

유례왕(儒禮王)이라고도 하는 박노례이질금(朴弩禮尼叱今) 곧 노례왕 (弩禮王)은 선대왕인 남해왕이 세상을 떠난 뒤 왕위를 자신의 매부 탈 해에게 양보하려 했다. 그러자 탈해가 말했다.

"무릇 덕망이 있는 자는 이가 많다 하니, 마땅히 잇자국으로 시험해 봅시다."

이에 떡을 깨물어 시험해 보니 노례왕의 잇자국이 더 많아 먼저 왕이 되었다. 그리하여 이때부터 왕을 잇자국이라는 뜻에서 잇금 혹은 이사 금이라고 부른 것이다. 잇금이란 명칭은 노례왕에게서 비롯되었다.

새로운 세대를 위한 삼국유사

계율을 어기고 요석 공주를 얻다

원효

원효(元曉) 대사는 성이 설씨(薛氏)이고, 압량군(押梁郡)[11] 남쪽 불지촌(佛地村)의 밤골 사라수(裟羅樹) 나무 아래에서 태어났다. 이와 관련하여 오래전부터 전해 오는 이야기가 있다.

"옛날 어느 절의 주지가 그 절의 종들에게 하루 저녁 끼니로 한 사람당 겨우 밤 두 알씩을 주자, 종들이 양이 적다고 관아에 부당함을 고했다. 이야기를 들은 관리가 이상하게 여겨 밤을 가져다가 조사해 보니 밤 한 알이 사발 하나에 가득 찼으므로 도리어 밤 한 알씩만을 주라고 판결하였다. 그래서 그 골짜기를 밤골이라 불렀다."

또 이런 이야기도 전한다.

---

11 오늘날의 경상북도 경산시 압량면으로, 설총과 일연이 태어난 곳이기도 하다.

"원효의 집은 원래 이 골짜기 서남쪽에 있었다. 그의 어머니가 아이를 배어 달이 찼는데 마침 이 밤나무 아래를 지나다가 갑자기 진통이 와서 몸을 풀고 아이를 낳았다. 급한 나머지 집으로 돌아가지도 못하고 남편의 옷을 나무에 걸고 그 속에 누워 아기를 낳았기 때문에 그 나무를 사라수라고 불렀다."

원효가 태어났을 때 다섯 빛깔의 구름이 땅을 뒤덮었다. 이때가 진평왕 39년(617년)이었다. 그는 날 때부터 총명하고 비범하여 스승도 없이 혼자서 깨우쳤다. 원효의 어릴 적 이름은 서당(誓幢)이고 또 다른 이름은 신당(新幢)이다. 그의 어머니 꿈에 별똥별이 품속으로 들어오더니 아이를 배었다. 원효는 출가하고 나서 그 집을 내놓고는 초개사(初開寺)라 이름 짓고, 자기가 태어난 밤나무 옆에도 절을 세우고 이름을 사라사(娑羅寺)라 하였다.

어느 날 원효가 상례에서 벗어난 행동을 하며 거리에서 노래를 불렀으니 그 내용은 이러하다.

그 누가 내게 자루 없는 도끼를 주겠는가.
내가 하늘을 떠받칠 기둥을 깎아 보련다.

사람들은 그 노래의 의미를 알지 못하였다. 자루는 남자의 성기를 비유하는데, '자루 없는 도끼'란 과부를 가리키는 것으로 당시에는 입에 담기 어려운 표현이었다. 또 '하늘을 떠받칠 기둥'이란 국가를 떠받들 재목, 즉 나랏일을 함께 다스릴 만한 인재를 뜻한다. 이 노래의 숨은 뜻을 알아차린 태종 무열왕이 입가에 미소를 띠며 말했다.

"법사가 아마 귀한 부인을 얻어 괜찮은 아들을 낳고 싶은가 보구나. 나라에 훌륭한 인물이 나온다면 이보다 더 좋은 일이 없지 않은가?"

무열왕은 마침 요석궁(瑤石宮)에 혼자 살고 있는 공주가 떠올라 사람을 시켜 원효를 불러오도록 했다. 신하들이 왕명을 받들어 원효를 찾으려 하는데, 원효는 이런 일이 있을 줄 미리 알고는 남산을 거쳐 문천교(蚊川橋)라는 다리를 벌써 지나서 오고 있었다. 임금의 신하들을 만나자 원효는 일부러 물속에 빠져 옷을 적셨다. 신하들은 원효를 요석궁으로 인도하여 옷을 말리고 그곳에 머물렀다 가게 하였다. 그런데 공주 앞에서도 원효는 태연스럽게 옷을 훌훌 벗어 말리는 것이 아닌가? 두 사람은 함께 밤을 지냈고 얼마 후 공주에게 태기가 있어 아이를 낳으니 바로 설총(薛聰)이다.

설총은 태어나면서부터 슬기롭고 영특하여 경서와 역사책에 두루 통달하였으니, 방음(方音)[12]을 만들어 중국과 신라의 풍속 및 물건 이름에도 두루 통하였다. 유가 경전인 육경(六經)[13]과 문학에 주석을 달고 풀이하는 데도 능통했는데 신라에서 불경을 공부하는 사람들에 의해 그 이름이 널리 알려졌다. 신라의 성현 열 명 중 한 명으로 꼽힌다.

원효는 계율을 어겨 설총을 낳은 이후부터 속인들이 입는 옷으로 바

---

12 이두나 향찰 같은 신라 시대의 말을 가리킨다.
13 중국 춘추 시대의 여섯 가지 경서(經書). 《역경》, 《서경》, 《시경》, 《춘추》, 《예기》, 《악기》를 이르는데 《악기》 대신 《주례》를 넣기도 한다.

꾸어 입고 스스로를 소성 거사(小姓居士)라 불렀다. 어느 날 그는 우연히 광대들이 굴리는 큰 박을 얻었는데, 그 모양이 이상하였으므로 그것을 따라 도구를 만들었다. 그리고 《화엄경》의 "일체 무애인(無碍人), 곧 막힌 데가 없는 사람은 단번에 죽고 사는 데서 벗어난다."라는 구절을 따서 그 도구의 이름을 무애(無涯)라 이름 짓더니 노래를 지어 세상에 퍼뜨렸다. 원효는 이 무애를 지니고 수많은 마을을 돌아다니며 노래하고 춤추면서 사람들을 교화시키고 돌아왔다. 그래서 가난하고 배우지 못한 사람들까지 모두 부처님의 이름을 알고 나무아미타불을 부르게 되었으니, 원효의 가르침이 컸다고 할 수 있다.

그가 태어난 마을 이름을 불지촌이라 하고 절의 이름을 초개사라 하며 스스로를 원효라 부른 것은 불교를 처음으로 빛나게 하였다는 의미를 담고 있다. 원효는 일찍이 분황사에 머물면서 《화엄경》을 풀이한 《화엄경소(華嚴經疏)》를 지었다. 또 바다 용의 권유로 길가에서 신하의 예를 갖추고 임금님의 글을 받들어 《금강삼매경(金剛三昧境)》을 풀이한 《삼매경소(三昧經疏)》를 지었는데, 원효는 《금강삼매경》에 이각이 있다는 것을 알고는 소 한 마리를 청하여 벼루를 그 뿔 사이에 놓았다고 한다.

원효가 세상을 떠나자, 아들 설총이 화장한 유골을 부수어 그 가루로 참 얼굴[진용(眞容)]을 빚어 분황사에 모시고는 공경하는 마음을 표하였다. 그런데 어느 날 설총이 빚어 놓은 형상 옆에서 예를 올리자 갑자기 그 상이 돌아보았는데, 지금까지도 돌아본 채 그대로 있다. 원효가 살던 동굴 모양의 절 옆에는 설총의 집터가 남아 있다고 한다.

▰▰

◤ 한 걸음 더

원효 대사와 불교의 대중화 │ 삼국에 전래된 불교는 처음에 지배층을 중심으로 수용되었다. 특히 왕들은 중앙 집권 체제를 정비하는 과정에서 국왕 중심의 통치 이념을 확립하고자 불교를 적극적으로 권장하였다. 그러나 일반 백성들은 불교의 어려운 교리를 제대로 이해하지 못하여 대중화가 힘들었다. 이에 원효는 어려운 경전을 읽거나 불교의 교리에 통달하지 못하여도 '나무아미타불'만 외우면 누구나 극락에 갈 수 있다고 민간에 전하면서 불교 대중화의 시대를 열었다.

누이와 김춘추를 혼인시키다

김유신

제29대 태종 대왕은 이름이 춘추(春秋)이고 성은 김씨이며 용수 각간(龍樹角干) 곧 추봉된 문흥 대왕(文興大王)의 아들이다. 어머니는 진평 대왕(眞平大王)의 딸인 천명 부인(天明夫人)이고, 그의 아내는 문명 황후(文明皇后) 문희이니, 바로 김유신 공의 막내 누이이다. 두 사람을 중매하여 결혼까지 하게 만든 사람은 삼국 통일에 결정적 역할을 한 김유신이다.

어느 날 문희의 언니 보희가 꿈에 서악에 올라가 오줌을 누었더니 수도 경주에 오줌이 가득 차는 꿈을 꾸었다. 잠에서 깨어나 아침에 동생에게 꿈 이야기를 했더니 문희는 그 말을 듣고 흥정하듯 말했다.

"내가 그 꿈을 살게."

그러자 언니가 말했다.

"꿈 값으로 뭘 주겠니?"

동생이 말했다.

"비단 치마를 주면 되겠어?"

언니는 말했다.

"그래."

동생은 꿈을 받으려고 치마폭을 벌렸다. 언니가 말했다.

"어젯밤 꿈을 너에게 주겠다."

동생은 꿈 값으로 비단 치마를 주었다.

이 일이 있은 지 열흘이 지났다. 정월 보름날 김유신이 춘추 공과 함께 자기 집 앞에서 공차기를 하다가 일부러 춘추 공의 옷을 밟아 옷고름을 찢고는 말했다.

"우리 집에 들어가 꿰맵시다."

춘추 공은 김유신을 따라 집으로 들어갔다. 물론 김유신은 나름대로 꿍꿍이속이 있었다. 김유신이 보희에게 옷을 꿰매라고 하자, 보희가 쏘아 대는 말투로 말했다.

"어찌 하찮은 일 때문에 귀공자를 함부로 가까이 하겠습니까?"

그러더니 한사코 마다하였으므로 유신은 춘추의 옷고름을 문희에게 꿰매도록 시켰다. 문희는 선뜻 나서서 꿰매 주었다. 춘추 공은 김유신의 뜻을 알아차리고 문희를 가까이하여, 이후부터 자주 만나 사랑을 키워 나갔다.

어느 날, 김유신은 누이가 임신한 것을 알고는 크게 꾸짖었다.

"부모님께 알리지도 않고 아이를 가지다니 어찌 된 일이냐?"

그러고는 막내 누이를 불태워 죽일 것이라고 온 나라에 소문을 퍼뜨렸다.

어느 날 김유신은 선덕 여왕이 남산으로 행차하기를 기다렸다가 뜰에다 장작을 쌓아 놓고 불을 붙여 연기가 피어오르게 하였다. 여왕이 남산에서 내려다보고는 무슨 연기냐고 물으니 신하들이 말했다.

"김유신이 자신의 누이를 불태워 죽이려는 것입니다."

여왕이 곁에서 수행하는 신하들에게 그 까닭을 물었다.

"그 누이가 남편도 없이 아기를 가졌기 때문입니다."

왕이 다시 물었다.

"누구의 소행이라고 하는가?"

이때 춘추 공이 가까이서 모시고 있다가 안색이 갑자기 변하였다. 왕이 춘추 공을 보며 말했다.

"네 소행이렷다. 어서 빨리 가서 구하라."

그래서 춘추는 임금의 명을 받들어 말을 달려 왕의 명이라 전하고는 문희를 불태워 죽이려 하는 것을 중지시켰다. 물론 이 모든 일은 김유신의 머리에서 치밀하게 계산된 것이었다. 이 일이 있고 나서 얼마 뒤 둘은 혼례를 치렀다.

진덕왕이 죽은 뒤, 김춘추는 654년에 왕위에 올랐다. 8년 동안 나라를 다스리다가 661년에 죽으니, 이때 나이 59세였다. 나라에서는 애공사(哀公寺)라는 절 동쪽에 장사를 지내고 그곳에 비석을 세웠다. 김춘추는 김유신과 함께 온갖 능력을 발휘하고 다른 이들과 힘을 합하여 신라가 삼국을 통일하는 데 큰 공을 세웠다. 하여 그가 죽고 나서 묘호를 태종이라 칭한 것이다.

태종 김춘추의 무덤은 경주시 서악동 고분에 있다. 그의 맏아들 법민 (法敏)을 비롯하여 각간 인문(仁問), 각간 문왕(文王), 각간 노차(老且), 각 간 지경(智鏡), 각간 개원(愷元) 등을 모두 문희가 낳았으니, 그녀가 당 시 꿈을 산 효험이 이렇게 나타난 것이다.

—

진실한 마음을 다룬
이야기

7장에는 평범한 사람들의 진실된 마음을 보여 주는 이야기를 엮었다. 꿈속의 허망한 사랑이라든지, 인간과 미물의 고결한 사랑을 다룬 것, 아내를 이용해 출세한 안길 이야기나, 정성껏 불공을 드려 극락에 간 여자 종 이야기, 그리고 장가도 들지 않고 어머니를 모신 진정 법사의 이야기를 담았다. 이승과 저승 두 세상의 부모에게 효도하고 불국사와 석불사를 지은 대성의 이야기도 읽는 이의 공감을 자아낸다. 또한 자신의 살을 베어 부모를 공양한 상득, 어머니를 위해 자신의 아이를 묻으려 한 손순, 품을 팔아 어머니를 봉양한 효녀 지은의 이야기 는 적지 않은 감동을 준다.

　《삼국유사》에서 불교라는 하나의 사상적 틀을 저변에 깔고 이런저런 이야기를 전하는 일연 역시 결국 일상적인 삶의 모습에서 크게 벗어나 있지 않다. 속세와의 단절을 기본으로 하는 불교적 세계관과 효의 세계관은 어떤 면에선 배치된다. 그러나《삼국유사》에 나오는 효를 다한 자들의 이야기 몇 가지만 보아도 고래를 막론하고 인간의 삶을 지탱하는 중요한 한 축이 바로 효라는 사실을 알 수 있다. 물론 손순처럼 부모를 위해 자식을 희생시키려 하는, 다소 지나쳐 보이는 이야기도 있지만 그 바탕에 담긴 생각 속에 우리 마음을 뭉클하게 만드는 힘이 존재한다는 것은 분명한 사실이다.

01

꿈속의 허망한 사랑

조신

신라 시대, 세규사(世逵寺)라는 절의 농장이 명주 날리군(捺李郡)에 있었다. 세규사에서는 승려 조신(調信)을 보내 이 농장을 맡아 관리하게 하였다.

농장에 간 조신은 그 마을 태수 김흔(金昕)의 딸을 깊이 사랑하게 되었다. 그래서 남몰래 낙산사의 관음보살 앞에 몇 번이나 나아가 그녀와 인연을 맺게 해 달라고 기도한 지 몇 년이 흘렀는데, 그 여자에게 다른 짝이 생기고 말았다. 조신은 다시 불당에 나아가 관음보살이 자기의 뜻을 이루어 주지 않았다고 원망하며 날이 저물도록 슬피 울었다. 조신이 울다 지쳐 선잠이 들었는데 꿈에 김 씨의 딸이 기쁜 모습으로 갑자기 문을 열고 들어오더니 활짝 웃으며 말했다.

"저는 일찍이 스님의 얼굴을 본 뒤로 스님을 좋아하게 되어 한순간도

잊은 적이 없습니다. 부모님의 말씀을 어기지 못해 억지로 다른 사람의 아내가 되었지만 이제 죽어도 같은 무덤에 묻히고 싶어서 왔습니다.”

조신은 기뻐 어쩔 줄 모르며 그녀와 함께 고향으로 돌아가 40여 년을 살면서 자식 다섯을 두었다. 그러나 집이라곤 네 벽뿐이요 변변한 끼니도 댈 수 없어 마침내는 나머지 가족들을 이끌고 사방으로 다니며 입에 풀칠을 해야만 하였다. 그렇게 10년 동안 산과 들을 떠돌아다니다 보니 옷은 메추라기가 매달린 것처럼 너덜너덜해졌고 그나마도 백 번이나 기워 입어 몸뚱이조차 가리지 못할 정도였다.

어느 날 명주 해현령(蟹縣嶺)을 지날 때 열다섯 살 된 큰아들이 굶주리다 그만 죽고 말았다. 조신은 통곡하며 자식을 길가에다 묻고, 남은 네 자식을 데리고 우곡현(羽曲縣)에 도착하여 길가에 띳집을 짓고 살았다. 부부가 늙고 병들어 일어날 수도 없게 되자 열 살 난 딸아이가 돌아다니며 구걸을 하였다. 그러다가 마을의 개에 물려 아프다고 울며 드러눕자 조신과 그 부인이 탄식하며 하염없이 눈물을 흘렸다. 부인이 눈물을 씻더니 갑작스레 말했다.

“내가 처음 당신을 만났을 때는 얼굴도 아름답고 꽃다운 나이에 옷차림도 깨끗했습니다. 맛있는 음식 하나라도 있으면 당신과 나누어 먹었고 따뜻한 옷감이 조금 생겨도 당신과 함께 옷을 만들어 입었습니다. 집을 나와 함께 산 지 50년에 정은 두터워졌고 은혜와 사랑이 깊어졌으니 보통 인연이 아닐 것입니다. 그러나 몇 년 전부터 몸이 쇠약해져 나날이 병이 더욱 심해지고 굶주림과 추위도 갈수록 더해 오는데, 남의 집 곁방살이에 하찮은 음식조차 이 집 저 집으로 구걸하며 다니고 있으니 그 부끄러움은 말로 다하기 어렵습니다. 아이들이 추위에 떨고 굶주려도 돌봐 줄 수가 없는데, 어느 틈에 사랑의 싹을 틔워 부부의 정을 쌓을 수 있겠습니까? 젊은 날의 곱던 얼굴과 아름다운 웃음도 풀잎 위의 이슬처럼 허무하고, 흔들리지 않던 약속도 회오리바람에 날리는 버들가지가 되었습니다. 당신은 내가 있어 근심만 쌓이고 나는 당신 때문에 근심거리가 많아지니, 곰곰이 생각해 보면 옛날의 기쁨이 오늘 우리가 겪는 근심 걱정의 시작이었던 것입니다. 당신이나 나나 어째서 이 지경이 되었는지요. 여러 마리의 새가 함께 굶주리는 것보다는 짝 잃은 난새가 거울을 보며 짝을 그리워하는 것이 낫지 않겠습니까? 힘들면 버리고 편안하면 친해지는 것은 인정상 차마 할 수 없는 일입니다만, 행하느냐 마느냐 하는 것 역시 사람의 마음대로 되는 일이 아니고, 헤어지고 만나는 데도 운명이 있는 것입니다. 그러니 이제 그만 헤어지기로 합시다."

조신이 이 말을 듣고 기뻐하여 아내와 각기 아이를 둘씩 나누어 데리고 떠나려 하는데 아내가 말했다.

"저는 고향으로 갈 터이니 당신은 남쪽으로 가십시오."

그리하여 조신이 이별하고 막 길을 떠나려 하다가 꿈에서 깨어나니, 희미한 등불이 어른거리고 밤은 깊어만 가고 있었다.

아침이 되자 그의 수염과 머리카락은 모두 하얗게 세어 있었다. 넋나간 사람처럼 앉아 있던 조신은 세상일에 아무런 미련이 없어졌다. 고달프게 사는 것도 이미 싫어졌고 마치 백 년 동안의 괴로움을 맛본 것같아 온갖 탐심도 얼음이 녹듯 온데간데없어졌다. 그는 부끄러운 마음으로 성스러운 부처님의 얼굴을 바라보며 깊이 뉘우쳤다.

돌아오는 길에 해현으로 가서 꿈에 아이를 묻었던 곳을 파 보니 돌미륵이 나왔다. 조신은 돌미륵을 물로 깨끗이 씻어 가까운 절에 모시고 수도 경주로 돌아와 농장 관리직을 버리고 전 재산을 털어 정토사(淨土寺)라는 절을 짓고 수행하였다. 그 후 아무도 조신이 간 곳을 알지 못하였다.

02

인간과 미물의 고결한 사랑

김현

신라에는 해마다 2월이 되면 8일부터 15일까지 수도 경주의 남녀가 다투어 흥륜사의 탑을 돌면서 복을 비는 풍속이 있었다.

원성왕 시대에 화랑 김현(金現)이 밤이 깊도록 혼자 쉬지 않고 탑돌이를 하고 있었다. 그때 한 처녀가 염불을 하며 그의 뒤를 따라 돌다가 서로 눈길을 주고받았다. 그들은 탑돌이를 마치고는 조용한 곳으로 가 아무도 모르게 사랑을 나누었다. 처녀가 집으로 돌아가려 하니 김현 또한 뒤따라가고자 하였다. 처녀는 추억으로 남기자며 사양했으나 김현은 처녀의 말에 아랑곳하지 않고 뒤를 따라갔다.

서산 기슭에 이르러 처녀가 어느 초가로 들어가자, 김현은 염치 불구하고 함께 따라 들어갔다. 집 안에 있던 노파가 처녀에게 물었다.

"너를 따라온 사람은 누구냐?"

처녀는 밖에서 있었던 사실을 모두 털어놓았다. 이야기를 다 듣고 난 뒤 노파가 말했다.

"좋은 일이기는 하지만 없었던 것만 못하구나. 그러나 이미 저질러진 일이니 어쩌겠느냐? 저 총각을 은밀한 곳에 숨겨 주어라. 네 오라비들이 나쁜 짓을 할까 걱정된다."

처녀는 김현을 구석진 곳으로 데리고 가 숨겨 주었다. 그리고 얼마 후 나타난 것은, 사람이 아닌 호랑이 세 마리였다. 이들이 으르렁거리며 방으로 들어오더니 사람 말로 이야기하였다.

"배고파 죽겠다. 집에서 웬 비린내가 나는데 방에 뭔가 요깃거리라도 있는 거야?"

"잡히기만 하면 먹어 버려야지."

서로 히죽거리며 이야기하는 것이었다. 그러자 노파와 처녀가 호랑이들을 크게 꾸짖었다.

"너희들 코가 어떻게 된 게지. 어째서 정신 나간 소리를 하느냐?"

김현은 이들의 말을 듣고는 무서워 숨만 죽이고 있을 뿐이었다. 그때였다. 하늘에서 외치는 소리가 들렸다.

"너희들이 남의 생명 빼앗기를 좋아하니 마땅히 너희 중 한 놈을 죽여 그동안 저지른 행위를 엄히 다스리겠노라."

세 마리의 호랑이가 이 말을 듣고는 방금 전과 태도가 갑자기 바뀌어, 이제는 다들 걱정하는 애처로운 눈빛이었다. 그러자 김현과 사랑을 나누었던 처녀 호랑이가 말했다.

"만약 세 오라비가 스스로 뉘우치고 이곳에서 멀리 떨어진 곳에서 살아간다면 그 벌을 제가 대신 받겠습니다."

세 호랑이가 모두 기뻐하면서 고개를 숙이고 꼬리를 흔들며 도망갔다. 처녀가 김현에게 다가오더니 말했다.

"처음에 저는 이런 모습을 보이게 될까 봐 낭군께서 저희 집에 오시는 것을 부끄럽게 여겨 오지 못하게 했던 것인데, 이제 숨길 것이 없으니 속마음을 털어놓겠습니다. 비록 제가 낭군과 같은 인간은 아니지만 하룻밤의 즐거움을 같이했으니 그 의리는 부부의 결합처럼 소중한 것입니다. 그런데 세 오라비의 악행을 하늘이 미워하여 벌을 내리려 하시니 어차피 죽게 될 제가 우리 집안의 재앙을 견뎌 내고자 합니다. 다른 사람의 손에 죽는 것이 어찌 낭군의 칼에 죽어 은혜를 갚는 것과 같겠습니까? 제가 내일 거리로 들어가 사람을 심하게 해치면 나라 사람들은 저를 이겨 낼 수 없을 것입니다. 그러면 나라의 대왕께서는 반드시 높은 벼슬을 걸고 저를 잡으라고 할 것입니다. 그때 낭군께서 겁내지 말고 저를 좇아 성 북쪽 숲속으로 오시면 제가 기다리고 있겠습니다."

너무나도 비장한 말투였다.

김현이 대답하였다.

"사람이 사람을 사귀는 것은 사람의 도리이지만, 사람이 아닌 당신과 사귀는 것은 정상이 될 수 없겠지요. 그러나 이렇게 된 것도 하늘이 정해 준 운명인데 어찌 당신을 죽게 하며 벼슬자리를 바라겠소?"

그러자 처녀는 다시 단호하게 말했다.

"낭군께서는 그런 말씀을 하지 마십시오. 지금 제가 일찍 죽는 것은 우선 하늘의 뜻이고 저 또한 바라는 바입니다. 또한 낭군의 즐거운 일이고 우리 가족의 축복이며 온 나라 사람의 기쁨입니다. 하나가 죽어 이렇게 다섯 가지 이로움을 얻게 되는데 어찌 망설이겠습니까? 다만 한 가지 부탁이 있사오니 제가 죽은 뒤 저를 위해 절을 짓고 불경을 강하여 좋은 되갚음을 얻도록 도와주신다면 낭군의 은혜는 죽어도 잊지 않겠습니다."

김현과 처녀는 서로 울면서 헤어졌다.

다음 날이었다. 처녀가 호랑이의 모습으로 나타나더니 성안으로 들어와 정말로 사납게 닥치는 대로 사람들을 해치는 것이었다. 호랑이를 아무도 감당할 수가 없어 우왕좌왕하니 원성왕이 그 소식을 듣고는 명을 내렸다.

"호랑이를 잡는 사람에게 벼슬을 내리겠다."

김현은 어제 호랑이 처녀가 한 말을 떠올리며 고민하였다. 고민 끝에 자신이 나서서 호랑이를 잡겠다는 결심을 하고는 궁궐로 가서 왕에게 아뢰었다.

"제가 한번 해 보겠습니다."

원성왕은 김현의 늠름한 모습이 믿음직스러워 먼저 벼슬부터 내려 그를 격려하였다. 김현이 칼 한 자루를 들고 처녀와 약속한 숲속으로 들어가니 호랑이가 처녀로 변신하여 웃으며 말했다.

"어젯밤 저와 비밀리에 나눈 이야기를 잊지 마십시오. 오늘 제 발톱에 다친 사람들은 모두 흥륜사의 간장을 바르고 그 절의 나팔 소리를 들으면 금방 나을 것입니다."

처녀는 말을 마치자마자 김현이 차고 있던 칼을 뽑아 스스로 자기 몸을 찔렀다. 그의 눈앞에서 순식간에 벌어진 일이었다. 죽은 처녀는 다시 호랑이 모습으로 변했다. 김현은 슬픔에 젖어 통곡하다 숲에서 나왔다. 김현의 칼에 피가 묻은 것을 본 주위 사람들이 달려왔다.

김현이 말했다.

"제가 호랑이를 잡았습니다."

김현은 그간의 사정은 말하지 않고 단지 호랑이 처녀가 말해 준 대로 사람들을 치료하게 하니 그 상처가 모두 나았다. 그래서 사람들은 지금도 호랑이에게 상처를 입으면 곧잘 이 방법을 사용한다.

김현은 벼슬길에 나가서도 자신과 진실한 사랑을 나눈 호랑이 처녀의 마음을 결코 잊지 않았다. 그래서 그는 서천(西川) 냇가에 절을 세우고 호랑이의 바람이 깃든 절이라는 뜻으로 호원사(虎願寺)라는 이름을 붙였다. 그는 항상 불경을 강하여 호랑이의 넋을 위로하면서, 스스로를 희생하여 자비를 베푼 호랑이의 은혜를 갚으며 살다가 세상을 떠났다.

한편 중국에도 이와 비슷한 이야기가 전해 온다.

793년 중국의 당나라 때, 신도징(申屠澄)이라는 사람이 한주(漢州) 지방의 십방현(什邡縣)[1] 관리가 되어 임명받은 곳으로 가는 중이었다. 진부현(眞符縣) 동쪽 십 리 남짓 되는 곳에 도착했을 때 갑자기 눈보라와 심한 추위를 만나 말이 앞으로 나아가지 못하였다. 피할 곳을 찾다가 길가에 초가가 있어 들어가니 불이 피워져 있어 매우 따뜻하였고 등불도 켜져 있었다. 집 안에서는 늙은 부부와 젊은 처녀가 불가에 둘러앉

---

1   촉한 유비의 본거지였던 쓰촨(四川)성 청두(成都) 북쪽을 말한다.

아 불을 쬐고 있었다. 처녀는 열네댓 살쯤 되어 보였다. 비록 머리는 헝클어지고 옷은 볼품없었지만 눈처럼 하얀 살결에 볼이 꽃처럼 부드럽고 몸가짐이 고왔다. 늙은 부부는 신도징이 들어오는 것을 보고 급히 일어나 말했다.

"추위와 눈을 무릅쓰고 오셨으니 불가로 다가와 불을 쬐시지요."

신도징이 한참 동안 불을 쬐며 앉아, 날씨가 좋아지기를 기다렸으나 날은 이미 어두워졌고 눈보라도 그치지 않았다. 가자니 길이 멀고 거기서 잠을 자려니 그 또한 쉽지 않았다. 고민을 거듭하다 신도징이 말했다.

"서쪽 현까지 가기에는 아직도 갈 길이 머니 여기서 눈 좀 붙이고 가게 해 주십시오."

노부부가 말했다.

"집이 누추하지만 괜찮다면 그렇게 하십시오."

이리하여 신도징은 말안장을 풀고 이부자리를 펴 그곳에서 묵었다. 바르고 단정한 손님의 행동을 보고는 처녀 역시 곱게 얼굴을 단장하고 장막에서 나오니 그 아름다운 자태가 처음 보았을 때보다 훨씬 더하였다. 신도징이 말했다.

"어린 낭자가 참 아름답고 총명합니다. 아직 결혼하지 않았다면 제가 청혼을 하고 싶습니다."

노부부가 말했다.

"뜻밖의 귀한 손님께서 제 딸을 거두어 주신다면 이 어찌 하늘이 정한 인연이 아니겠습니까?"

이리하여 신도징은 사위의 예를 올리고 타고 온 말에 여자를 태우고는 길을 떠났다.

신도징이 임명받은 부임지로 갔더니 월급이 매우 적었다. 그 아내가 열심히 일하여 집안 살림을 꾸려 나갔으므로 늘 즐거운 마음뿐이었다. 부임지에서 맡은 일을 무사히 끝내고 수도로 돌아오게 되었는데, 그때는 벌써 아들 하나에 딸도 하나를 두고 있었다. 자식들도 아내를 닮아 매우 총명하였으므로 신도징은 처자식을 더욱 아꼈다. 그가 일찍이 아내에게 주는 시를 지었는데 다음과 같다.

한 번 벼슬하니 매복(梅福)에게 부끄럽고
삼 년이 지나니 맹광(孟光)에게 부끄럽다.
이 애정을 어디에 비유할까
시냇가에 날아다니는 원앙새 같구나.

매복은 한나라 사람인데 왕망(王莽)이 평제(平帝)를 독살하고 집권하자 처자를 버리고 신선이 되었던 자다. 그리고 맹광은 동한 시대 사람으로 가난하지만 어진 선비 양홍(梁鴻)의 아내다. 얼굴은 못생겼으나 어진 아내의 대명사이다.

신도징의 아내는 기뻐하며 종일 이 시를 읊조리며 그에 어울리는 화답 시를 생각하는 듯도 하였으나 소리 내어 읊지는 않았다. 마침내 신도징이 벼슬을 그만두고 가족을 데리고 본가로 돌아가려 하자 아내가 갑자기 슬픈 기색으로 신도징에게 말했다.

"이전에 시 한 편을 지어 주셨으니 답장을 하겠습니다."

그러고는 이렇게 읊었다.

금슬 같은 정이 비록 중하다지만
숲속의 내 고향이 그립구나.
시절이 변하는 것을 언제나 근심하고
백 년을 함께 살 마음 저버릴까 염려하네.

신도징은 아내가 지어 준 시의 뜻을 이해하지 못한 채 드디어 짐을 꾸려 귀향하려 했다. 그때 문득 옛날 자신이 하룻밤 묵으며 아내에게 청혼했던 집이 생각났다. 그래서 찾아가 보니 사람의 흔적이라곤 없었다. 아내가 부모를 매우 그리워하며 온종일 눈물을 흘리다가 갑자기 벽모서리에 한 장의 호랑이 가죽이 있는 것을 보고는 호탕하게 웃으면서 말했다.

"이 물건이 아직도 여기 있을 줄 몰랐다."

말을 마치고는 그것을 재빨리 뒤집어쓰니 곧 호랑이로 변해 으르렁거리며 할퀴다가 방문을 박차고 뛰쳐나갔다. 신도징이 놀라 피했다가 두 아이를 데리고 호랑이가 간 길을 쫓아가며 며칠 동안 통곡했으나 끝내 간 곳을 알 수 없었다.

아내를 이용해 출세하다

안길

신라의 문무왕이 어느 날 이복동생 차득 공(車得公)을 불러 말했다.

"너를 재상으로 삼을 테니 모든 관리를 감독하고 온 천하를 평화롭게 하라."

차득 공이 아뢰었다.

"만약 대왕께서 소신을 재상으로 임명하고자 하신다면, 신은 먼저 아무도 모르게 나라 안을 다니면서 백성들의 노동이 힘든지 편안한지, 세금이 무거운지 가벼운지, 관리들이 깨끗한지 더러운지를 살펴본 후에 벼슬에 나가고 싶습니다."

왕은 옳다고 여겨 그렇게 하도록 했다.

차득 공은 다른 사람의 눈에 띄지 않게 검은 빛깔의 승복을 입고 피리를 들고 거사(居士) 차림으로 수도 경주를 나가서 아슬라주(阿瑟羅

州), 우수주(牛首州), 북원경(北原京)²을 거쳐 무진주 등 전국의 여러 마을을 두루 돌아다녔다.

이때 무진주의 관리 안길(安吉)은 차득 공을 특별한 사람으로 여겨 집으로 맞아들여 극진히 대접하였다. 밤이 되자 안길은 자신의 아내 세 명을 불러 말했다.

"오늘 이 거사를 모시고 자는 사람은 죽을 때까지 나와 함께 살게 될 것이다."

두 아내가 말했다.

"차라리 당신과 함께 살지 못할지언정 어떻게 다른 사람과 잠자리를 같이하겠습니까?"

하지만 나머지 한 아내가 말했다.

"공께서 만약 죽을 때까지 저와 함께한다는 허락을 하신다면 명을 받들겠습니다."

그러고는 차득 공과 하룻밤을 보냈다. 이튿날 아침 일찍 차득 공이 떠나면서 말했다.

"나는 경주 사람입니다. 우리 집은 황룡사와 황성사(皇聖寺) 사이에 있으며, 내 이름은 단오(端午)라 합니다. 주인께서 경주에 오게 될 때 우리 집을 찾아 주시면 좋겠소이다."

당시 신라에는 해마다 각 주의 관리 한 사람을 불러 올라오게 하여

---

2   아슬라는 강원도 강릉, 우수는 강원도 춘천, 북원경은 신라의 지방행정구역인 5소경 중 하나로 오늘날의 강원도 원주이다.

중앙의 여러 부서를 지키게 하는 제도가 있었다. 지방 세력가의 자식을 중앙으로 불러들여 머물게 함으로써 일종의 볼모로 삼는 제도였다. 드디어 안길이 올라와 지킬 차례가 되었다. 수도 경주에 이르러 그가 두 절 사이에 있다는 단오 거사의 집을 물었으나 아는 사람이 없었다. 안길이 한동안 길가에 서 있었는데, 한 노인이 길을 지나다가 그의 말을 듣고는 한참 생각하더니 말했다.

"두 절 사이에 있는 한 집이라면 아마 궁궐일 테고 단오라면 바로 차득 공인 것 같구려. 바깥 군(郡)을 남몰래 다닐 때 아마 그대와 인연이 있었던 것 같소."

안길이 전에 겪은 이야기를 전하자, 노인이 말했다.

"궁성 서쪽에 있는 출입문인 귀정문으로 가서 드나드는 궁녀를 기다렸다가 용건을 말하시오."

안길은 그의 말대로 귀정문으로 가서 궁녀를 보자 차득 공에게 이렇게 알리도록 하였다.

"무진주의 안길이 문에 와 있다."

차득 공이 듣고 달려 나와 손을 잡아끌고 궁궐로 데리고 들어가 자기 부인을 부르더니 안길에게 잔치를 베풀었는데 차린 음식이 50가지나 됐다. 그러고 나서 왕에게 아뢰니 왕은 성부산(星浮山) 아래에 있는 땅을 무진주 상수리(上守里)의 소목전(燒木田)³으로 주고는 그 누구도 함부로 나무를 베어 가지 못하도록 명하여 사람들의 접근을 막았으므로

3　궁궐이나 관청에서 땔감으로 필요한 것을 거두어들이는 땅.

궁 안팎 사람들이 모두 부러워하였다. 산 아래 논밭이 서른 이랑 있어 씨앗 세 섬을 뿌리는데 이 논밭에 풍년이 들면 무진주에도 풍년이 들고 그렇지 않으면 무진주에도 흉년이 들었다고 한다.

한 걸음 더

상수리 제도 | "해마다 각 주의 관리 한 사람을 불러 올라오게 하여 중앙의 여러 부서를 지키게 하는 제도"가 바로 상수리 제도이다. 이는 고려 시대 기인(其人) 제도의 전신으로 지방의 권력을 통제하고 중앙의 힘을 강화하기 위한 방편이었다.

정성껏 불공을 드려 극락에 가다

욱면

신라 경덕왕 시대에 미타 신앙이 흥성했던 강주(康州)⁴ 지방에서 남자 신도 수십 명이 서방 정토로의 왕생을 정성껏 빌며 고을 안의 미타사(彌陀寺)라는 절에서 법회를 열었다.

당시 아간이라는 벼슬을 가진 귀진(貴珍)의 집에 욱면(郁面)이라는 여자 종이 있었다. 욱면은 제 주인이 절에 가서 기도할 때면 주인을 따라 절에 가서 뜰 한가운데 서서 스님을 따라 염불하였다. 이를 못마땅하게 여긴 얄궂은 주인은 그녀가 자기 일을 제대로 하지 않는다며 날마다 곡식을 두 섬씩 주고 하룻저녁에 모두 찧으라고 시켰다. 그런데 욱면은 초저녁에 곡식 두 섬을 다 찧고는 절로 되돌아와 밤낮으로 염불을

---

4 통일 신라 시대 전국 구주(九州) 가운데 현재의 경상남도 진주 자리에 있었던 행정 구역.

게을리하지 않았다. "내 일이 바빠서 주인집 방아를 서두른다."라는 속담이 아마 여기서 유래한 듯하다.

욱면은 뜰의 양쪽에다 긴 말뚝을 세우고 새끼줄을 가로건 뒤 두 손바닥을 뚫어 줄에 꿴 다음 합장하고 좌우로 흔들며 스스로를 위로했다. 이때 하늘에서 이런 소리가 들려왔다.

"욱면 낭자는 불당으로 들어가 염불하라."

절에 있는 사람들이 그 말을 듣고는 할 수 없이 여자 종에게 권유하여 법당 안으로 들어와 함께 예불하도록 하였다. 얼마 후 서쪽 하늘에서 음악 소리가 들려오자 욱면이 갑자기 솟아올라 지붕을 뚫고 나갔다. 서쪽 교외에 이르자 욱면은 육신을 버리고 부처의 참모습[진신(眞身)]을 드러내더니 연화대에 앉아 큰 빛을 내며 천천히 사라져 버렸는데 공중에서 음악 소리가 끊어지지 않았다. 그 불당에는 지금까지도 욱면이 뚫고 나간 구멍이 남아 있다고 한다.

욱면에 대한 또 다른 이야기도 있다.

동량팔진(棟梁八珍)이란 자는 관음의 모습으로서 승도(僧徒) 1,000명을 모아 둘로 나누어 한쪽은 일을 하게 하고 다른 한쪽은 도를 닦게 했다. 그 일하는 무리 가운데 한 사람이 계(戒)를 얻지 못하고 축생도(畜生道)에 떨어져 부석사의 소가 되었다. 축생도는 악행의 결과로 죽어서 가게 되는 짐승의 세계를 말한다. 그런데 이 부석사의 소가 불경을 싣고 가다가 불경의 힘으로 다시 사람으로 환생하여 아간 귀진의 집 여자 종으로 태어났으니 그 이름을 욱면이라 하였다. 어느 날 욱면이 볼일이 있어 하가산(下柯山)에 갔다가 꿈에 계시를 받아 불도를 닦을 마음이 생겨났다. 당시 아간의 집이 혜숙 법사가 지은 미타사와 가까운 거리에 있었으므로 아간이 매일 그 절에 가서 염불했는데, 여자 종도 따라가 뜰에서 함께하였다.

욱면은 염불을 9년 동안이나 계속하였다. 그러던 어느 날 욱면이 예불하다가 지붕을 뚫고 나가 소백산에 이르러 신발 한 짝을 떨어뜨리니 그 자리에 보리사(菩提寺)[5]를 세웠다. 욱면이 산 아래 도착하여 그 육신을 버렸으므로 그곳에 두 번째 보리사를 짓고 그 불당에 욱면등천지전(勗面登天之殿)[6]이라 방(榜)을 써서 붙였다. 그때 지붕에 뚫린 구멍이 열 아름 남짓 되었는데, 폭우와 함박눈이 내려도 그 구멍으로 새지 않았다. 훗날 어떤 사람이 금탑 한 개를 그 구멍에 맞게 만들어 우물 반자[7] 위에 모시고 그 신기하고 이상한 일을 기록했는데, 그 방과 탑이 지금까지도 남아 있다.

욱면이 떠난 후 귀진 또한 자기 집에서 비범한 인물이 나왔다 하여 집을 헐고 절을 지어 법왕사(法王寺)라고 한 뒤 밭과 소작인을 바쳤다. 오랜 세월이 흐른 후 법왕사는 폐허가 되었으므로, 대사 회경(懷鏡)이 승선(承宣) 유석(劉碩), 소경(小卿) 이원장(李元長)과 함께 뜻을 모아 절을 다시 지었는데, 회경이 몸소 절 짓는 일을 맡았다.

처음에 목재를 옮기는데 꿈에 노인이 삼으로 엮은 신과 칡으로 만든

---

5   현재 경상북도 경주시 배반동 남산 미륵골에 있는 사찰.
6   욱면이 하늘로 올라간 집이라는 뜻.
7   지붕 밑이나 위층 바닥 밑을 편평하게 만들어 치장하는 방의 윗면을 반자라고 하는데
     우물 반자는 이를 정사각형으로 네모반듯하게 만든 것을 말한다.

신을 각각 한 켤레씩 주었다. 또 옛 신당에 가서 불교 원리를 깨우쳤고, 그 옆의 나무를 베어 5년 만에 일을 끝마쳤다. 이 때문에 이 절은 동남쪽 지방의 유명한 절이 되었다. 사람들은 회경을 귀진의 환생이라 하였다.

한 걸음 더

미타 신앙 │ 아미타불 신앙·정토 신앙이라고도 한다. 열 겁(劫) 이전에 왕위를 버리고 출가한 법장(法藏) 비구가 48원(願)을 세우고 보살로서 수행한 끝에 그 원을 다 성취하여 아미타불이 되었다고 한다. 이 아미타불이 있는 곳이 극락정토인데 일체의 고(苦)가 없고 일체의 윤회(輪廻)도 없으며, 오로지 기쁨·평안만 있는 곳이며, 그곳에 가려면 살아서 열심히 아미타불을 염하여야 한다는 신앙이다. 《삼국유사》 기록을 보면 선덕여왕 때 이미 한반도에 미타 신앙이 전래되어 있었음을 알 수 있다.

장가도 들지 않고 어머니를 모시다

진정

진정(眞定) 법사는 신라 사람이고 의상의 10대 제자 가운데 한 사람이다. 그는 승려가 되기 전에 군졸로 있었는데, 집이 가난하여 장가도 들지 못하고 날품팔이로 먹을거리를 구해 어머니를 모셨다. 집 안의 재산이라고는 다리 부러진 솥 하나뿐이었다. 그런데 그는 승려가 되어 높은 도의 경지에 오르고 싶었다.

어느 날 한 승려가 진정의 집 문 앞에 와서는 절을 짓는 데 필요한 쇠붙이를 구한다고 하자 그의 어머니가 솥을 시주하였다. 저녁때가 되어 진정이 집에 돌아왔다. 어머니는 낮에 있었던 일을 말하고 아들의 뜻이 어떠한지 살폈다. 진정은 얼굴에 기쁜 기색을 보이며 말했다.

"부처님을 위해 시주하셨다니 얼마나 잘하신 일입니까? 솥이 없다 한들 걱정할 것이 무엇입니까?"

그러고는 솥 대신 질그릇으로 음식을 끓여 어머니를 모셨다.

진정은 의상 법사가 태백산에 머물며 불경을 강하여 사람을 이롭게 한다는 말을 군대에 있으면서 전해 듣고는 어머니께 말했다.

"효도를 다하고 나면 반드시 의상 법사에게 가서 머리를 깎고 불교의 교리를 배우겠습니다."

어머니가 말했다.

"부처님의 법은 만나기 어렵고 인생은 너무 빨리 지나간다. 그런데 효를 다하고 간다면 너무 늦지 않겠느냐? 내가 죽기 전에 네가 도를 깨우쳤다는 말을 듣는 것보다 기쁜 일이 어디 있겠느냐? 꾸물거리지 말고 빨리 가거라."

진정이 말했다.

"어머니 곁에는 저밖에 없는데 어찌 어머니를 버리고 승려가 되겠습니까?"

어머니가 말했다.

"네가 승려가 되는 데 내가 방해된다면, 이는 나를 지옥으로 빠뜨리는 것이다. 내 곁에 남아 진수성찬으로 나를 모신들 어찌 효도가 되겠느냐? 나는 남의 집 문 앞에서 밥과 옷을 빌어먹더라도 타고난 명을 살수 있으니, 네가 정말 나에게 효도를 하려거든 그런 말은 하지 마라."

진정은 오랫동안 깊은 생각에 잠겼다. 그사이 어머니가 일어나 쌀자루를 털어 보니 쌀이 일곱 되가 되었다. 어머니는 그것으로 밥을 지어놓고 또 말했다.

"네가 밥을 지어 먹으면서 가면 더딜까 염려되어 내가 다 지어 놓았다. 그중 한 되는 지금 먹고 여섯 되는 싸 들고 빨리 가야 한다."

진정은 눈물을 삼키고 한사코 고개를 내저으면서 말했다.

"어머니를 버리고 출가하는 것은 자식 된 도리로서 차마 하지 못할 일입니다. 그런데 더군다나 얼마 남지 않은 며칠분의 양식까지 제가 다 싸 가지고 가면 세상 사람들이 제게 뭐라고 하겠습니까?"

그러고는 세 번을 마다하였으나 어머니도 거듭 세 차례나 권하였다.

그는 어머니의 뜻을 더는 거스를 수가 없어 길을 떠나 밤낮으로 걸어 사흘 만에 태백산에 도착하였다. 그리고 의상의 문하에 들어가 머리를 깎고 제자가 되어 진정이라 이름하였다. 3년이 지났을 때 어머니께서 세상을 떠나셨다는 소식이 전해졌다. 진정은 가부좌를 틀고 참선에 들어간 지 이레 만에야 일어났다.

어떤 이는 말한다.

"어머니를 생각하는 슬픔이 지극하였던 나머지 아마도 견뎌 낼 수 없었기 때문에 참선하여 슬픔을 씻은 것이다."

또 어떤 사람은 말했다.

"참선에 들어가 어머니께서 사시는 곳을 관찰하였다."

또 어떤 사람은 말했다.

"참선을 통하여 어머니의 명복을 빈 것이다."

참선을 하고 나서 진정은 의상 법사에게 어머니의 죽음을 알렸다. 의상은 진정의 어머니를 위해 제자들을 이끌고 소백산의 추동(錐洞)으로 들어가 초가를 짓고 제자 3,000명을 모아 90일 동안 《화엄대전(華嚴大典)》을 강론하였다. 문인 지통(智通)이 그 강론에 참여하여 요점을 간추

려《추동기(錐洞記)》두 권을 만들었으므로 세상에 알려졌다. 강론이 끝
나자 진정의 어머니가 꿈에 나타나 말씀하셨다.

"나는 벌써 극락에 와 있노라."

두 세상의 부모에게 효도하다

김대성

신문왕 때의 일이다.

경주 모량리(牟梁里)에 사는 가난한 여인 경조(慶祖)에게는 아들이 하나 있었다. 머리가 크고 정수리가 평평한 것이 마치 커다란 성(城)과 같아 아들의 이름을 대성(大城)이라 하였다. 어머니 경조는 집안이 가난하여 아들을 키우기가 어려워 부자인 복안(福安)의 집에 가서 날품팔이를 하였는데, 그 집에서 대성의 집에 몇 이랑의 논을 주어 먹고사는 밑천을 삼게 하였다.

어느 날 덕망 있는 승려 점개(漸開)가 흥륜사에서 법회를 열기 위해 시주를 받으러 복안의 집에 이르자, 복안이 베를 50필이나 시주하였다. 시주를 받은 점개가 기원하였다.

"신도께서 부처님께 바치는 것을 좋아하므로 하늘의 신령이 항상 보호하여 하나를 바치면 만 배를 얻게 될 것이니, 바라건대 편안하고 장수할 것입니다."

대성이 그 말을 듣고는 집으로 달려와 어머니에게 말했다.

"제가 문밖에 온 스님이 기원하는 소리를 들으니 하나를 바치면 만 배를 얻는다고 하네요. 생각해 보면 저는 전생에 좋은 일을 한 것이 없어 지금 이렇게 가난한 것 같아요. 지금 또 바치지 못한다면 다음 세상에는 더욱 가난할 테지요. 우리가 품팔이로 얻은 밭을 바친다면 저세상에 가서 복을 받는 것이니 그 편이 더 낫지 않겠어요?"

대성의 이야기를 잠자코 듣고 있던 어머니가 나직하게 말했다.

"좋다. 네 뜻대로 하자."

그래서 밭을 점개에게 시주하였다.

얼마 후 대성이 죽었다. 그날 밤 재상 김문량(金文亮)의 집에 하늘에서 외치는 소리가 들렸다.

"모량리에 사는 대성이란 아이가 이제 너의 집에 태어나려고 한다."

집안사람들이 깜짝 놀라 모량리에 사람을 보내 조사하도록 하니 과연 대성이 죽었다고 하는데, 하늘에서 소리가 들리던 날과 같은 때였다. 바로 그날 김문량의 부인이 임신하여 열 달 뒤 아들을 낳았는데 왼쪽 주먹을 펴지 않고 있었다. 그러다가 이레 만에 주먹을 폈는데, '대성'이란 두 글자가 새겨진 금패를 쥐고 있었다. 그래서 이름을 또 대성이라 짓고 죽은 대성의 어머니도 집으로 모셔 와 받들었다.

어른이 된 뒤로 대성은 사냥을 좋아했다. 어느 날 토함산에 올라가 곰 한 마리를 잡고 산 아래 마을에서 묵게 되었다. 대성의 꿈에 곰이 귀신으로 변해 울부짖으며 말했다.

"너는 무엇 때문에 나를 죽였느냐? 나도 너를 잡아먹겠다."

대성이 두려워하며 용서를 비니, 귀신이 말했다.

"나를 위해 절을 지어 줄 수 있겠느냐?"

대성이 그렇게 하겠다는 맹세를 하고 꿈에서 깨어났는데, 이불이 땀으로 흠뻑 젖어 있었다. 그날 이후로는 사냥을 하지 않고 꿈속에 나타났던 곰을 위해 오래 살라는 뜻으로 장수사(長壽寺)라는 절을 세웠다. 이 일이 있은 뒤 대성은 깨달은 바가 있어 부처를 믿는 마음이 더욱 깊어졌다.

대성은 이승의 부모를 위해 불국사(佛國寺)를 세우고 전생의 부모를 위해 석불사(石佛寺)[8]를 세워, 신림(神琳)과 표훈(表訓) 두 승려에게 각각 절에 머물도록 부탁하였다. 대성은 아름답고 큰 불상을 세워 자신을 길러 준 부모의 노고에 보답하였으니, 제 한 몸으로 이 세상과 저세상의 두 부모에게 효도한 것이다. 이것은 옛날에도 찾아보기 어려웠던 일로, 시주를 잘해서 다음 생에 부잣집에서 태어났다는 사실을 어찌 믿지 않을 수 있겠는가?

석불(石佛)을 조각하면서 큰 돌 한 개를 다듬어 석불을 모셔 두는 방인 감실(龕室)을 만드는데 갑자기 돌이 세 개로 쪼개졌다. 그래서 억울해 하다가 얼핏 선잠이 들었는데 한밤중에 하늘에서 신이 내려와 감실

---

8   석굴암을 말한다. 불국사와 석굴암 두 불사를 한 개인이 일으켰다는 데 의심을 품는 학
    자도 있다.

을 다 만들어 놓고 돌아가는 것이었다. 대성은 잠자리에서 일어나 급히 남쪽 고개로 올라가 향나무를 태워 하늘의 신령에게 공양을 했다. 그리하여 그때부터 그 땅을 향고개[향령(香嶺)]라 부른다.

불국사의 구름다리와 석탑은 그 나무와 돌에 새긴 노력이 동도(東都)⁹의 여러 사찰 가운데 어느 것보다 뛰어나다.

---

9   현재의 경상북도 경주시를 말한다.

07

자신의 살을 베어 부모를 공양하다

상득

웅천주(熊川州)에 이름은 상득(向得)이고 사지(舍知)라는 벼슬을 하는 사람이 있었다. 그런데 그의 집은 너무나 가난하여 한 해 한 해 생계를 가까스로 이어 나갔다.

흉년이 심하던 어느 해였다. 그의 아버지가 거의 굶어 죽게 되자 상득이 허벅지 살을 베어 아버지를 살렸다. 주위 사람들이 그의 효심을 입에 침이 마르도록 칭찬하여 어느덧 왕에게도 알려졌다. 경덕왕이 이 이야기를 듣고는 벼 오백 섬을 상으로 내려 아름다운 효행을 널리 기렸다.

새로운 세대를 위한 삼국유사

08

가난한 딸이 눈먼 어머니를 봉양하다

효양리

화랑 효종랑(孝宗郞)이 남산의 포석정[鮑石亭, 또는 삼화술(三花述)이라고도 한다.]에 놀러 가기로 하여 같이 갈 친구들이 모두 급히 모였는데, 두 사람만 유독 늦게 왔다. 효종랑이 화가 나서 까닭을 물었더니 대답은 이러하였다.

"분황사 동쪽 마을에 20세 전후의 처녀 하나가 눈먼 어머니를 끌어안고 서로 목 놓아 울고 있었습니다. 그래서 동네 사람들에게 물었더니 '이 처녀는 집이 가난해 밥을 빌어 어머니를 공양한 지 몇 년이 되었습니다. 마침 흉년이 들어 구걸만으로는 밥을 얻기 어려워지자 남의 집에서 품을 팔아 서른 섬의 곡식을 얻어 주인집에 맡겨 두고는 그 집에서 일을 해 왔습니다. 날이 저물면 쌀을 싸 가지고 와 밥을 지어 드리고 어머니와 함께 잠을 자고, 다음 날 새벽이면 주인집으로 돌아가 일을 했

습니다. 이렇게 며칠이 지나자 어머니가, 옛날에는 거친 음식을 먹어도
마음이 편안했는데 요즈음에는 좋은 음식을 먹어도 가슴을 찌르는 듯
마음이 편치 못한 것은 무슨 까닭이냐고 물었습니다. 처녀가 저간의 사
정을 이야기하자 어머니가 큰 소리로 울었고, 처녀 또한 어머니를 배만
부르게 봉양하고 마음은 기쁘게 하지 못한 것을 탄식하여 서로 붙들고
우는 것입니다.'라고 하였습니다. 이 광경을 보느라 늦었습니다."

효종랑이 그 말을 듣고는 눈물을 흘리며 곡식 백 곡(斛)[10]을 처녀 집
으로 보냈다. 효종랑의 부모도 옷 한 벌을 보냈으며, 효종랑의 무리
1,000명도 벼 천 석을 거두어 효종랑에게 보내 주었다. 이런 사실이 조
정에 알려지자 진성 여왕이 곡식 오백 석과 집 한 채를 내리고, 군사를
보내 그 집을 호위하여 도둑으로부터 지키도록 했다. 그리고 그 마을에
선행을 기리는 기념문인 정문(旌門)을 세우고 마을 이름을 효양리(孝養
里)라 하였다. 이후 모녀가 그 집을 바쳐 절로 삼고 양존사(兩尊寺)라 이
름 지었다.

---

10 휘라고도 한다. 곡식의 분량을 헤아리는 데 쓰는 그릇의 하나로, 스무 말들이와 열닷 말
    들이가 있다.

09

어머니를 위해 아이를 땅에 묻으려 하다

손순

손순(孫順)은 모량리 사람으로 아버지는 학산(鶴山)이다. 아버지가 세상을 떠나자 아내와 함께 남의 집에서 품을 팔아 곡식을 얻어 늙은 어머니를 받들어 모셨다. 어머니의 이름은 운오(運烏)였다. 손순에게는 어린 아들이 있었는데 항상 어머니의 밥을 빼앗아 먹었다. 손순이 민망히 여겨 아내에게 말했다.

"아이는 또 얻을 수 있지만 어머니는 다시 모실 수 없소. 그런데 아이가 어머니 밥을 빼앗아 먹으니 어머니의 굶주림이 얼마나 심하겠소. 이 아이를 땅에 묻어 어머니의 배를 채워 드리도록 해야겠소."

그러고는 아이를 업고 모량리 서쪽에 있는 취산(醉山) 북쪽 들녘으로 가서 땅을 팠다. 그런데 땅속에서 종 모양의 돌이 나왔다. 부부가 놀라고 이상히 여겨 재빨리 나무 위에 걸고 한번 쳐 보니 그 소리가 은은하여 듣기에 참 좋았다. 아내가 말했다.

"이상한 물건을 얻은 것은 아마도 아이의 복인 것 같으니 아이를 묻어서는 안 되겠어요."

남편도 그렇게 여겨 아이를 종과 함께 업고는 집으로 돌아와 종을 대들보에 매달고 쳤다. 그러자 그 소리가 대궐에까지 들렸다. 흥덕왕이 종소리를 듣고는 신하들에게 말했다.

"서쪽 교외에서 이상한 종소리가 들리는데 그 소리가 맑고 고운 것이 보통 종에 비할 바가 아니니 빨리 가서 조사해 보라."

왕의 사신이 와서 손순의 집을 조사하여 자초지종을 모두 왕께 아뢰었다. 왕이 말했다.

"옛날 중국 한(漢)나라 곽거(郭巨)가 아들을 땅에 묻으려 하자 하늘이 금솥을 내려 주었는데, 지금 손순이 아이를 묻으려 하자 땅에서 돌종이 솟았다. 이는 곽거의 효도와 손순의 효도를 천지가 똑같이 본 것이다."

그리하여 손순에게 집 한 채를 내려 주고 해마다 벼 오십 섬을 주어 극진한 효성을 기렸다. 손순은 살던 집을 내놓아 절로 삼고 홍효사(弘孝寺)라 하였다. 들에서 얻은 돌종을 그 절에 모셨는데, 진성 여왕(眞聖女王) 시대에 후백제의 도적들이 이 마을에 들어오는 바람에 종은 없어지고 절만 남았다. 그 종을 얻은 자리를 완호평(完乎坪)이라 했는데, 지금은 잘못 전하여 지량평(枝良坪)이라 한다.

참고 문헌

찾아보기

참고 문헌

단행본

· 고운기 저, 《우리가 정말 알아야 할 삼국유사》 1·2, 현암사, 2002.

· 고운기 저, 《일연》, 한길사, 1997.

· 고운기 역, 《삼국유사》, 홍익출판사, 1998.

· 권상로 역, 《三國遺事》, 동서문화사, 1978.

· 김대문 저, 이종욱 역주해, 《화랑세기》, 소나무, 1999.

· 김열규 편, 《삼국유사와 한국 문학》, 학연사, 1983.

· 김열규 외 편, 《삼국유사의 문예적 연구》, 새문사, 1993.

· 김열규 외 저, 《신삼국유사》, 학연사, 2000.

· 김완진 외 저, 《향가 해독법 연구》, 서울대출판부, 1990.

· 김용옥 편, 《三國遺事引得》, 통나무, 1986.

· 김원중 저, 《중국문화사》, 을유문화사, 2001.

· 김원중 역, 《사기본기》, 민음사, 2011.

· 김원중 역, 《사기열전》, 민음사, 2011.

· 김원중 역, 《정사 삼국지》, 민음사, 2011.

· 김종명 저, 《한국 중세의 불교의례》, 문학과지성사, 2001.

· 김태식 저, 《미완의 문명 7백년 가야사》 1·2·3, 푸른역사, 2002.

· 리상호 역, 《삼국유사》, 까치, 2002.

· 미시나 쇼에이, 《三國遺事考察》 上, 하나와쇼보 1975.

· 민족문화연구소 편, 《삼국유사 연구》 상, 영남대출판부, 2002.

새로운 세대를 위한 삼국유사

- 박노준 저,《신라 가요의 연구》, 열화당, 1981.
- 박성봉·고경식 역,《삼국유사》, 서문문화사, 1987.
- 박진태 외 저,《삼국유사의 종합적 연구》, 박이정, 2002.
- 서대석 저,《한국 신화의 연구》, 집문당, 2001.
- 서대석 저,《한국의 신화》, 집문당, 1997.
- 승가대학원,《삼국유사》(현토본), 민족사, 1998.
- 양주동 저,《고가 연구》, 정음사, 1960.
- 위앤커 저, 전인초·김선자 역,《중국신화전설》1·2, 민음사, 1999.
- 이가원 역,《삼국유사신역》, 태학사, 1991.
- 이가원·허경진 역,《삼국유사》, 한양출판, 1996.
- 이강래 역,《삼국사기》Ⅰ·Ⅱ, 한길사, 2000.
- 이기백 저,《신라 사상사 연구》, 일조각, 1991.
- 이도흠 저,《신라인의 마음으로 삼국유사를 읽는다》, 푸른역사, 2000.
- 이동환 역,《삼국유사》, 민족문화추진회, 1982.
- 이동환 역,《삼국유사》, 장락, 1994.
- 이동환 역,《삼국유사》상·중·하, 글방문고, 1986.
- 이민수 역,《삼국유사》, 을유문화사, 1994.
- 이병도 저,《한국 고대사회와 그 문화》, 서문당, 1973.
- 이병도 역,《삼국유사》, 을유문화사, 1989.
- 이재호 역,《삼국유사》1·2, 솔출판사, 2000.
- 전인초 외 저,《중국신화의 이해》, 아카넷, 2001.
- 정재서 저,《도교와 문학 그리고 상상력》, 푸른숲, 2000.
- 정재서 저,《불사의 신화와 사상》, 민음사, 1994.
- 조동일 저,《한국 시가의 역사적 의미》, 지식산업사, 1997.
- 조동일 저,《한국문학통사》1·2, 지식산업사, 1990.
- 최남선 저,〈조선의 신화〉,《육당 최남선 전집》, 현암사, 1973.
- 최남선 편,《三國遺事》(영인본), 서문문화사, 1990.
- 최호 역,《三國遺事》, 홍신문화사, 1993.

- 황패강 저,《신라 불교 설화 연구》, 일지사, 1975.
- 황패강 저,《향가 문학의 이론과 해석》, 일지사, 2000.
- 한국정신문화연구원 저,《三國遺事索引》, 한국정신문화연구원, 1980.
- 홍윤식 저,《삼국유사와 한국 고대문화》, 원광대출판부, 1985.
- 효성여자대학교 한국전통문화연구소 저,《한국전통문화연구》(《삼국유사》 특집 II), 효성여대 출판부, 1986.

논문

- 강인구, 〈三國遺事의 考古學的 考察〉,《譯註三國遺事》5, 이회문화사, 2003.
- 강인구, 〈석탈해와 토함산, 그리고 석굴암〉,《精神文化研究》82, 한국정신문화연구원, 2001.
- 김두진, 〈三國遺事의 史料的 性格〉,《譯註三國遺事》5, 이회문화사, 2003.
- 김상현, 〈三國遺事의 간행과 유통〉,《韓國史研究》38, 한국사연구회, 1982.
- 김상현, 〈三國遺事의 書誌的 考察〉,《譯註三國遺事》5, 이회문화사, 2003.
- 김상현, 〈三國遺事의 서지학적 고찰〉,《三國遺事의 綜合的 檢討》, 한국정신문화연구원, 1987.
- 김정기, 〈황룡사지 발굴과 삼국유사의 기록〉,《三國遺事의 研究》, 중앙출판, 1982.
- 안병희, 〈국어사 자료로서의 삼국유사-향가의 해독과 관련하여〉,《三國遺事의 綜合的 檢討》, 한국정신문화연구원, 1987.
- 유탁일, 〈三國遺事의 文獻變化 樣相과 變因〉,《三國遺事研究》上, 영남대학교출판부, 1983.
- 이근직, 〈삼국유사 왕력의 편찬 성격과 시기〉,《韓國史研究》101, 한국사연구회, 1998.
- 이기백, 〈고조선의 국가 형성〉,《韓國史市民講座》2, 일조각, 1988.
- 이기백, 〈三國遺事의 사학사적 의의〉,《創作과 批評》(1976년 가을호), 일조각, 1978.
- 이기백, 〈三國遺事의 편목구성〉,《佛教와 諸科學》, 동국대출판부, 1987.
- 이우성, 〈고려 중기의 민족서사시-동명왕편과 제왕운기의 연구〉,《한국의 역사인식》上, 창작과비평사, 1976.
- 장충식, 〈三國遺事의 美術史的 考察〉,《譯註三國遺事》5, 이회문화사, 2003.

· 정구복, 〈三國遺事에 대한 사학사적 고찰〉, 《三國遺事의 綜合的 檢討》, 한국정신문화연구원, 1986.

· 조현설, 〈건국 신화의 형성과 재편에 관한 연구〉, 동국대학교 박사학위 논문, 1997.

· 정영호, 〈三國遺事 考古學〉, 《三國遺事의 연구》, 중앙출판, 1982.

· 채상식, 〈至元 15年(1278) 仁興社刊 歷代年表와 三國遺事〉, 《高麗史의 諸問題》, 삼영사, 1986.

· 하정룡, 〈삼국유사의 편찬과 간행에 대한 연구〉, 고려대학교 박사학위 논문, 2002.

· 황패강, 〈三國遺事의 文學的 考察〉, 《譯註三國遺事》 5, 이회문화사, 2003.

찾아보기

새로운 세대를 위한 삼국유사

새로운 세대를 위한 삼국유사

인문학적 상상력을 키워주는 우리 인물 이야기

지은이 | 일연
엮어 옮긴이 | 김원중

1판 1쇄 발행일 2017년 6월 26일
1판 2쇄 발행일 2018년 6월 18일

발행인 | 김학원
편집주간 | 김민기 황서현
기획 | 문성환 박상경 임은선 김보희 최윤영 전두현 최인영 이보람 정민애 이문경 임재희 이효온
디자인 | 김태형 유주현 구현석 박인규 한예슬
마케팅 | 이한주 김창규 김한밀 윤민영 김규빈 송희진
저자·독자서비스 | 조다영 윤경희 이현주 이령은(humanist@humanistbooks.com)
조판 | 홍영사
용지 | 화인페이퍼
인쇄 | 청아문화사
제본 | 정민문화사

발행처 | (주)휴머니스트 출판그룹
출판등록 | 제313-2007-000007호(2007년 1월 5일)
주소 | (03991) 서울시 마포구 동교로23길 76(연남동)
전화 | 02-335-4422 팩스 | 02-334-3427
홈페이지 | www.humanistbooks.com

ⓒ 김원중, 2017

ISBN 979-11-6080-047-0 03910

• 이 도서의 국립중앙도서관 출판예정도서목록(CIP)은 서지정보유통지원시스템 홈페이지(http://seoji.nl.go.
  kr)와 국가자료공동목록시스템(http://www.nl.go.kr/kolisnet)에서 이용하실 수 있습니다.
  (CIP제어번호: CIP2017013718)

만든 사람들

편집주간 | 황서현
기획 | 이보람(lbr2001@humanistbooks.com) 최윤영
책임편집 | 남미은
디자인 | 민진기디자인
일러스트 | 김민지

• 이 책은 2012년 2월 13일 초판 발행된 《김원중 교수의 청소년을 위한 삼국유사》의 개정판입니다.